La Guia Completa Sobre

PUERTAS Y VENTANAS

Reparar • Renovar • Reemplazar

Por Chris Marshall

Creative Publishing
international

MINNEAPOLIS, MINNESOTA
www.creativepub.com

Creative Publishing
international

Derechos Reservados © 2010
Creative Publishing international, Inc.
400 First Avenue North, Suite 300
Minneapolis, Minnesota 55401
1-800-328-3895
www.creativepub.com
Todos los derechos reservados

Impreso en China

10 9 8 7 6 5 4 3 2 1

Library of Congress Cataloging-in-Publication Data: (on file)
Biblioteca del Congreso. Información de esta publicación catalogada:
(en archivo)

Presidente y Director: Ken Fund

Home Improvement Group:

Editor y Director: Bryan Trandem
Editor Administrador: Tracy Stanley
Editor Principal: Mark Johanson
Editor Redactor: Jennifer Gehlhar

Director Creativo: Michele Lanci-Altomare
Director Principal de Diseño: Brad Springer
Administradores de Diseño: Jon Simpson, Mary Rohl

Director de Fotografía: Steve Galvin
Coordinador de Fotografía: Joanne Wawra
Director de Escenografía: Bryan McLain
Asistente de Escenografía: Cesar Fernandez Rodriguez

Administradores de Producción: Linda Halls, Laura Hokkanen

Autor: Chris Marshall
Diseñador Gráfico Artístico: Laura Rades
Fotografía: Peter Caley, Andrea Rugg, Joel Schnell
Auxiliares de Escenografía: Dan Anderson, Scott Boyd, John Haglof,
    Mark Hardy, David Hartley
Fotografía de la portada: © Peachtree Doors and Windows

Traducción al idioma Español: Edgar Rojas-EDITARO
Edición en Español: Edgar Rojas, María Teresa Rojas
Diagramación: Edgar Rojas

La Guía Completa sobre Puertas y Ventanas
Creado por: Los editores de Creative Publishing International, Inc., en colaboración con Black & Decker®.
Black & Decker es una marca registrada de Black & Decker Corporation y es usado bajo licencia.

Contenido

La Guía Completa sobre Puertas y Ventanas

Introducción

Las puertas y ventanas son los principales puntos de entrada de la vivienda y a su vez tienen un efecto importante en la apariencia general de la estructura. Su diseño debe permitir el libre acceso de elementos deseados —sus habitantes, la luz solar y el aire fresco—, pero también debe mantener alejados aquellos no deseados —intrusos, insectos, o los efectos inclementes del clima—.

Muy pocos trabajos de remodelación tienen un mayor efecto en el valor de la vivienda que el generado por el reemplazo, adición o reparación de las puertas y ventanas. Existen muchos beneficios: aumento del valor final de la casa, mayor seguridad y protección, costos menores de energía, incremento de la luz y la ventilación, y una mejor apariencia. Si ya posee cierta habilidad para manejar herramientas, este tipo de proyectos están al alcance de sus manos. De esta forma podrá ahorrar grandes sumas de dinero sin tener la necesidad de contratar a alguien para realizar el trabajo.

La Guía Completa sobre Puertas y Ventanas es una obra detallada sobre todos los aspectos indispensables para trabajar con estos elementos. Aquí se considera desde el proceso de preparación hasta la instalación, reparación y acondicionamiento. Las diez etapas contenidas en esta obra facilitarán su uso y seguimiento:

La sección sobre "Exteriores vistosos", en el primer capítulo, incluye una variedad de fabulosas fotografías que muestran cómo las puertas y ventanas pueden mejorar el estilo arquitectónico de la vivienda, y de esa forma inspirar su creatividad para lograr el acabado deseado.

El segundo capítulo, "Selección", le ayudará a evaluar las necesidades requeridas en el proyecto, así como a escoger los materiales, estilos y herramientas indispensables. También le ayudará a resolver preguntas básicas sobre la luz, la ventilación, la seguridad, el planeamiento general, y las herramientas a considerar para llevar a cabo los proyectos presentados en la obra.

Luego, las secciones de "Reemplazar ventanas" y "Reemplazar puertas", lo introducen los proyectos más populares aquí presentados. Paso a paso y en detalle, aprenderá cómo crear la estructura para las aberturas de puertas y ventanas para instalar 16 tipos diferentes de diseños de estos elementos. El capítulo de "Técnicas de acabado" cubre los pasos básicos sobre carpintería para darle a sus proyectos un toque elegante y vistoso teniendo en cuenta los detalles esenciales sobre enmarcados, chapas, cerraduras, pasadores, y accesorios de seguridad.

A continuación presentamos la sección "Adiciones a las entradas y puertas". Aquí se muestra cómo embellecer la vivienda con tres proyectos decorativos con cemento y baldosas.

El capítulo sobre "Sistemas y puertas de garajes en secciones" expande aún más las opciones del proyecto al incluir instrucciones de cómo reemplazar sistemas para abrir las puertas de garajes y puertas en secciones —dos proyectos hasta ahora no considerados por aficionados—.

Los siguientes dos capítulos muestran cómo mantener e impermeabilizar las puertas y ventanas ya instaladas en la vivienda. De esa forma podrá extender su vida útil y disminuir los costos de energía. Por último hemos incluido un extenso apéndice de "Preparación", al final del libro. Si tiene poca experiencia en reparar paredes, remover chapado de vinilo, o adicionar una pared provisional, esta sección le dará las bases esenciales para mejorar sus habilidades.

Le agradecemos por haber escogido *La Guía Completa sobre Puertas y Ventanas*. Esperamos que se convierta en una guía y referencia esencial para todos sus proyectos presentes y futuros.

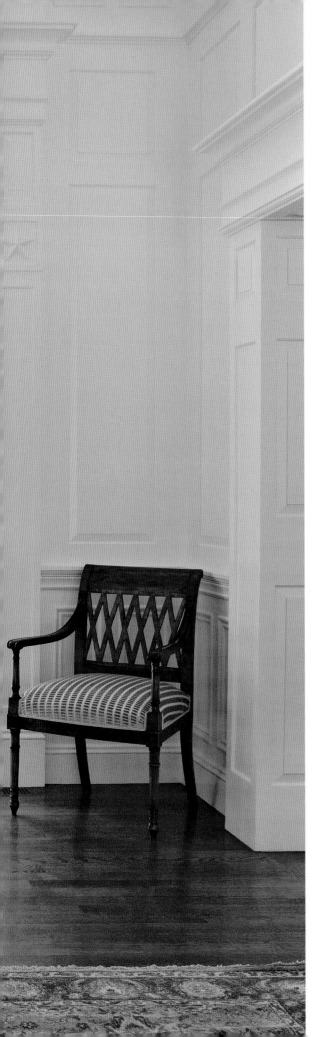

Exteriores vistosos

Una puerta perfecta es algo más que un componente de la construcción ampliamente usado en una vivienda. Fuera de ser el punto principal de acceso a la casa, la puerta de entrada por lo general es vista como un acento de estilo en el diseño total de la fachada. La puerta al interior de un pasillo sirve para suministrar seguridad y privacidad, al mismo tiempo que se combina con otros elementos arquitectónicos de la vivienda.

De igual forma, una ventana perfecta es más que un vehículo de entrada de luz. Las ventanas agregan personalidad y encanto a la decoración de una habitación, así como el grado de exposición a la luz solar y al aire exterior. Sus necesidades con respecto a la privacidad, el ahorro de energía, y la circulación a su alrededor, determinarán la clase, el estilo y la ubicación de todas las ventanas en la vivienda.

Las atractivas fotografías en esta sección presentan una variedad de puertas y ventanas llamativas y con gran creatividad. Sin duda alguna despertará su imaginación y lo ayudarán a tomar las decisiones finales que se acomoden a sus planes y necesidades de remodelación.

Una puerta de entrada extiende un mensaje implícito a los visitantes, ya sean temporales o permanentes, que dice: "Bienvenido" o "Por favor no entre". Esto depende de cuán atractiva o acogedora haya sido diseñada el área.

Cuando las puertas fabricadas con fibra de vidrio fueron introducidas en el mercado, su apariencia plana y sobria no tuvo muy buena aceptación. En la actualidad, este tipo de puertas se ofrecen en una gran variedad de diseños para combinarse armoniosamente con sus similares de madera o metal. Los tamaños, texturas, colores de acabados y arreglos de ventanas ahora se mezclan para acomodarse a cualquier estilo arquitectónico.

Los detalles de vidrio, como el diseño intrínseco de las barras de metal de la foto, crean un efecto visual encantador para cualquier visitante que llama a la puerta.

El acabado metálico y oscuro del vidrio adiciona un efecto muy atractivo a esta puerta de doble entrada de luz. El vistoso diseño de la cerradura se complementa en forma extraordinaria con esta acogedora puerta de entrada.

Las puertas de metal de seis paneles todavía dominan este mercado. Son relativamente baratas, son resistentes a los cambios del clima y ofrecen una excelente seguridad. La puerta por sí misma puede brindar una apariencia poco llamativa, pero al combinarse con un par de entradas de luz laterales y un travesaño de diseño similar, la transforman en un elemento majestuoso.

La puerta ubicada a la derecha del área de entrada puede transformar esta zona en un espacio espectacular. La pared lateral es el sitio preciso para colgar las fotos familiares preferidas, o las decoraciones para las fiestas de fin de año.

Estas ventanas de colgantes dobles y estilo triple de guillotina crean olas de luz que se reflejan magníficamente sobre las paredes y el acabado oscuro de la madera. La luz suaviza la apariencia sobria del salón e invita a la conversación, a la lectura, y también a una buena siesta.

Reemplazar las ventanas viejas

agrietadas, o las puertas deterioradas, no ponen en peligro la conservación de las estructuras históricas. En esta foto, note cómo las ventanas dobles extendidas de estilo guillotina de esta casa Sureña se acomodan perfectamente con las molduras y paneles existentes. Las ventanas dan la apariencia como si siempre hubieran sido parte de la arquitectura de la vivienda.

Una vista cautivadora impresiona mucho más que cualquier adorno o pieza de arte colgado sobre una pared. Aproveche las ventajas que ofrece un sistema de ventanas de este tipo. Este fascinante ventanal diseñado para ahorrar energía, y que requiere poco mantenimiento, garantizará por muchos años una vista espectacular.

Sin importar el estilo o tamaño, la mayoría de las ventanas de estilo guillotina tienen un sistema que abre e inclina para facilitar la limpieza. Lavar las ventanas ha dejado de ser un trabajo difícil, y ahora puede hacerlo desde el interior de la vivienda sin usar una escalera.

Este sistema de ventanal con paneles de estilo guillotina crea casi que una vista panorámica desde el comedor hacia el jardín. El espacio abierto maximiza la entrada de luz natural dándole la apariencia de una atmósfera aireada.

La presencia de múltiples claraboyas
llena esta terraza y área de la piscina con
luz cálida y natural mientras que mantienen
alejados los aspectos indeseables del mal clima
o frías temperaturas del exterior.

¿Qué puede ser más seductor y lujoso
que esta atractiva bañera con vista hacia el
océano? Aún cuando si su bañera está instalada
en el primer piso, muchos fabricantes de
ventanas ofrecen privacidad en sus productos
que permiten la vista hacia el exterior en
situaciones similares.

Cuando se trata de lograr una completa funcionalidad, esta puerta de patio hacia el exterior estilo Francés es difícil de igualar. Al abrir ambas puertas, crea el espacio suficiente para mover al interior objetos o muebles de gran tamaño.

Esta misma puerta trae beneficios estéticos. Los grandes vidrios en los paneles proveen una visión ininterrumpida de la terraza y colina del exterior. Cierre los ojos e imagínese el amanecer o atardecer desde este lugar.

Las múltiples puertas hacia el patio transforman este espacio en un lugar ideal para reuniones de grandes grupos y a su vez reduce la congestión sobre las puertas de entrada.

¿Quién dijo que una puerta debe ser convencional? Esta puerta elemental de metal y vidrio se acomoda perfectamente en áreas recluidas al interior de la vivienda, y los ventanales anchos laterales iluminan lo que podría ser un recibidor oscuro.

Selección

Comprar puertas o ventanas es algo que no hacemos muy a menudo. Pero, cuando llega el momento de hacer estas mejoras en la casa, la inversión puede ser significativa, y por tal razón es importante dedicar el tiempo necesario para tomar la mejor decisión. La nueva puerta a la entrada del recibidor, o la ventana de estilo bahía para el salón principal, van a estar allí probablemente por mucho tiempo y es importante estar satisfecho con el estilo, el color y otras características de lo escogido. Sin duda alguna también tendrá en cuenta la funcionalidad que facilitarán su diario vivir. Las ventanas deben ser fáciles de abrir y limpiar, y a su vez deben proveer la suficiente luz y ventilación. Las puertas deberán mejorar la apariencia de las habitaciones o entradas, y a su vez deben crear una barrera para mantener el aire frío del invierno y el calor del verano afuera de la vivienda.

Si no ha hecho este tipo de compras por mucho tiempo, quizás se sorprenderá al saber que la cantidad de estilos, colores, tamaños y funcionalidad, son casi que ilimitados. Las puertas y ventanas son una parte muy lucrativa en la industria de la construcción, y esto actúa en favor del consumidor final. Sin embargo, todas estas posibilidades pueden hacer el proceso de selección más problemático e interminable.

Este capítulo incluye:

- Escoger las puertas, ventanas y accesorios
- Materiales

Escoger las puertas, ventanas y accesorios

Debido a que las puertas y ventanas tienen una función básica, debe considerar sus opciones con cuidado antes de hacer alguna compra. Las consideraciones sobre el diseño afectarán los estilos seleccionados. Tenga en cuenta el tamaño y fortaleza de quienes van a operar las ventanas, y recuerde que los accesorios para su manejo deberán estar al alcance de quienes las utilizan.

Consideraciones sobre las ventanas: Las ventanas que se abren como puertas ofrecen diseños muy atractivos. Los modelos más finos son fáciles de operar y algunos vienen equipados con pestillos en fila, o sistemas

Las ventanas de giro son fáciles de abrir y cerrar usando una sola manija. También es posible instalar abridores automáticos en este tipo de unidades.

individuales de seguro. Este tipo de diseño no permite la instalación de equipos de aire acondicionado de ventana.

Muchas de las ventanas que operan en forma de carril han mejorado bastante en los últimos años. Algunos fabricantes ahora producen modelos con mecanismos de deslice y cerrado de excelente calidad. Estas ventanas permiten la instalación de equipos de aire acondicionado y mallas exteriores.

Las ventanas dobles de estilo guillotina (o de operación y cerrado vertical), son una buena alternativa debido a su precio y disponibilidad. También aceptan mallas exteriores y equipos de aire acondicionado. Los modelos más finos son fáciles de operar y pueden conseguirse en modelos que se inclinan para facilitar su limpieza.

Los accesorios para la instalación y operación son determinados por el tipo de ventana escogido. Los sistemas con pestillos en fila (que pueden manejar el mecanismo de múltiples seguros con un solo movimiento) pueden ser opcionales en algunos modelos y además simplifican su uso considerablemente. En lo posible, escoja ventanas con manijas grandes o abridores automáticos. En el caso de otros sistemas, consulte sobre adaptadores que facilitan su manejo.

Consideraciones sobre las puertas: Una puerta abisagrada (o con batiente), requiere de un espacio de oscilación igual al ancho de la puerta, más 18" a 24" de espacio en el lado del seguro para maniobrarla (ver página 41). Tenga en cuenta la dirección del giro, el espacio disponible, y si la oscilación de la puerta interrumpe el tráfico en el pasillo. Muchos expertos recomiendan que las

Las ventanas corredizas casi que no requieren de esfuerzo para operarlas y son muy sencillas de maniobrar.

bisagras de las puertas del baño oscilen hacia afuera para evitar el bloqueo y permitir el acceso en el caso que ocurra algún accidente al interior.

Escoja las puertas sin umbrales o con umbrales bajos (ver las páginas 238 a 241). La parte frontal del mismo debe tener no más de $\frac{1}{4}$" de altura si tiene el borde cuadrado, o $\frac{1}{2}$" si lo tiene angulado. Las bisagras a los lados de las puertas las hace más fáciles de maniobrar en especial cuando esté moviendo objetos pesados.

Las puertas de vidrio (abisagrada o sobre rieles) son consideradas peligrosas por algunas personas porque pueden parecer abiertas cuando están cerradas.

Las puertas sobre rieles pueden ser difíciles de maniobrar desde una posición sentada, y a medida que envejecen y se acumula la mugre al interior de los rieles, son aún más difíciles de abrir. Los umbrales en esta clase de puertas son por lo general altos y pueden crear barreras para personas en sillas de ruedas o con otras limitaciones. En este caso las puertas de estilo Francés pueden ser una mejor alternativa teniendo en cuenta que cada puerta debe ser al menos 32" de ancha. Existen muchos estilos de este tipo de puertas de vidrio (ver las páginas 118 a 121).

Los picaportes o manijas requieren menos exactitud de manejo al momento de abrir la puerta, en comparación con las perillas o puertas de halar. Las cerraduras vienen en una gran variedad. En el caso de las usadas en exteriores, un sistema sin llave para la entrada es perfecto cuando se trata de lidiar con muchas llaves durante el invierno. En cuanto a las usadas en el interior, los pasadores son preferidos sobre las chapas o cerrojos porque son más fáciles de utilizar. También puede aumentar el espacio de oscilación en las puertas instalando bisagras de extensión. Este accesorio tiene una forma de "L" y permite que la puerta gire separada del larguero incrementando el espacio de abertura al tamaño del espesor de la puerta.

Una puerta de vaivén sin cerradura requiere de espacio de oscilación en ambos lados. Debido a que no necesitan accesorios para abrirlas o cerrarlas, pueden ser una buena alternativa en lugares donde no se necesitan cerraduras o pasadores. En cuanto a las puertas abisagradas estándar, tenga en cuenta el espacio de oscilación y si éste puede interrumpir el tráfico en el área.

Quizás la mejor alternativa para las puertas abisagradas o corredizas, son las puertas empotradas. De esa forma puede ahorrar espacio, no hay necesidad de instalar umbrales, y son fáciles de usar. Sin embargo estas puertas requieren de un enmarcado especial. Debido a que la puerta se desliza al interior de la pared, su abertura es casi dos veces más ancha que la de una puerta convencional.

Las manijas tradicionales para operar estas puertas son difíciles de instalar en este caso, así que en su lugar utilice manijas en forma de "D" (ver la página 115). Este tipo de accesorio da más cabida a los dedos cuando la puerta está cerrada. Las puertas pueden diseñarse a la medida o comprarse en unidades listas para colgar.

Las manijas de las puertas abisagradas facilitan el acceso a otros lugares de la vivienda. Pueden conseguirse en una gran variedad de tamaños y diseños.

Las ventanas dobles estilo guillotina pueden ser instaladas en la mayoría de las casas y vienen en una gran variedad de tamaños y formas.

Estilos de puertas y ventanas

Las siguientes páginas contienen ejemplos de algunas puertas y ventanas que puede considerar para instalar en la vivienda. Con seguridad su imaginación puede conducirlo a tomar en cuenta otras opciones o combinaciones.

Las ventanas con giro sobre bisagras montadas a los lados tienen un diseño contemporáneo y ofrecen una buena ventilación. Sin importar si la ventana tiene los seguros escondidos o a la vista, tiene una buena reputación para contrarrestar el clima.

Las ventanas dobles estilo guillotina se deslizan de arriba hacia abajo y tienen una apariencia tradicional. El nuevo estilo del mecanismo interior de resorte casi que no requiere de mantenimiento. Las tiras sobre los paneles pueden dividir el vidrio o ser usados sólo como decoración.

Las ventanas en forma de bahía consisten de tres partes: Una ventana central por lo general fija y paralela a la pared, y dos ventanas laterales (por lo general ventanas con giro o dobles de estilo guillotina). Cada lado está instalado a 30°, 45° ó 60°. La profundidad de la ventana la convierte en una práctica repisa.

Las ventanas salientes tienen cuatro o más unidades instaladas unas a otras con incrementos de ángulo. Su efecto final es de una leve curvatura. Cuando se usan unidades grandes, pueden parecer como la continuación de la habitación o aún reemplazar una pared.

Las ventanas hacia el jardín abren un gran espacio hacia el interior creando espacio para repisas y dejando entrar la luz y la ventilación. Hay muchos estilos prefabricados fáciles de instalar que caven en el espacio de la ventana existente. Pueden ser adicionadas a cualquier habitación de la vivienda.

Las ventanas corredizas son poco costosas y requieren de mínimo mantenimiento, pero restringen la ventilación porque sólo puede abrirse la mitad de la misma. Pueden ser una alternativa para lugares donde no se obstruye la visibilidad.

Las ventanas en forma de toldo con giro sobre bisagras montadas a los lados son muy funcionales cuando se combinan con otro tipo de ventanas. Proveen ventilación sin dejar entrar el agua. Son apropiadas en climas lluviosos.

Los ventanales fijos no se abren y pueden ser del tamaño y forma de la habitación. Pueden instalarse junto a otras ventanas fijas o estilos que se abren como las de toldo, con giro, o dobles de guillotina.

Las agrupaciones de ventanas en infinidad de tamaños y formas pueden ser usadas para adicionar un dramático efecto en la vivienda. Pueden convertirse en el punto de atracción principal de la habitación, o servir como una gran fuente de luz con una vista espectacular.

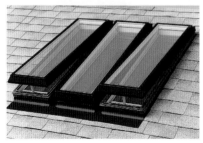

Las claraboyas adicionan luz a las habitaciones con espacio limitado en las paredes. Pueden servir como recolectores de luz solar. Aquellas que se pueden abrir mejoran la ventilación al interior de la casa.

Las puertas corredizas hacia el patio ofrecen una buena visibilidad y claridad. Su diseño corredizo no requiere de espacio extra para su operación, y son una buena solución en espacios limitados donde las puertas oscilantes son difíciles de instalar.

Las puertas con estilo Francés se sostienen y abren con bisagras y la habitación debe dar cabida a la oscilación necesaria. Los modelos para controlar el clima conectan el exterior con el interior de la casa, y los interiores conectan diferentes espacios.

Las puertas con paneles interiores
(también conocidas como 'paneles levantados' o de 'estilo de rieles') tienen un diseño tradicional. Están disponibles en variedad de diseños y configuraciones de paneles.

Las puertas corredizas empotradas
pueden tener un panel diseñado a ras o sobresaliente de la superficie. Su gran ventaja es que ahorran espacio en lugares estrechos. También permite esconderla cuando no está en uso.

Las puertas plegables son muy convenientes cuando se tiene poco espacio para la oscilación de la puerta interior abisagrada. La superficie puede ser plana, con paneles, y parcial o completamente con estilo de persiana para permitir el flujo de aire.

Las puertas de entrada pueden ser hechas de acero, madera, fibra de vidrio, o una variedad de materiales compuestos. Cada una tiene un atractivo especial para el comprador (funcionalidad, costo o durabilidad).

Las puertas de entrada con paneles
laterales iluminan las entradas oscuras y crean un aspecto atractivo. Los laterales por lo general están hechos con paneles dobles de vidrios templados para mayor ahorro de energía y seguridad.

Las puertas contra las tormentas
pueden mejorar el ahorro de energía y la apariencia de la entrada. Estas puertas prolongan la vida de la puerta principal protegiéndola contra los elementos externos.

Estilos de puertas de garajes

Las puertas de garajes no deben ser solamente elementos utilitarios de la estructura. En esta foto, los paneles traslúcidos de la puerta la hacen ver como otra ventana de la vivienda sin perder su función básica requerida.

Las puertas fabricadas con madera de primera calidad pueden ser ordenadas en diferentes estilos y calidades para complementar el resto de la fachada. Esta puerta en secciones también incluye un panel con ventanas para iluminar el interior oscuro del garaje.

Este tipo de puerta estilo cochera con cerraduras de imitación y dos tonos de pintura, ayuda a ocultar su verdadera construcción (es una puerta dividida en dos secciones que se abre en el centro).

Las puertas de garajes contribuyen en gran parte a mejorar la apariencia de la vivienda debido a su ubicación y tamaño. Los detalles como las luces divididas, los enmarcados, la construcción de los paneles, o los acabados en madera, pueden elevar su característica de funcional a elegante, y hacer la casa aún más atractiva.

Accesorios para las puertas

Las ventanas por lo general vienen con los accesorios incluidos necesarios para su funcionamiento. Las puertas normalmente son vendidas sin ningún tipo de elementos para su instalación, y esto ofrece una gran oportunidad para adornar las puertas a su gusto e impactar la presencia de la vivienda. Puede comprar puertas enmarcadas listas para instalar (ya tienen bisagras). Si desea comprar sólo la puerta, deberá seleccionar las bisagras junto con las chapas y cerraduras (si es una puerta exterior). También puede agregar todo tipo de accesorios como aldabas lujosas de bronce, o una lámina brillante para cubrir la base de la puerta de entrada.

Los accesorios para las puertas pueden ser simples y prácticos, o elegantes y decorativos. Fuera de las selecciones tradicionales (contemporáneo versus clásico), necesitará decidir en cuanto a los acabados y la calidad en general. Por ejemplo, los accesorios de bronce puro son más durables que los cubiertos con capas plateadas, pero son mucho más costosos.

Si vive en una ciudad grande, con seguridad encontrará algún almacén que se especializa casi que exclusivamente en accesorios decorativos. También existen cantidad de sitios en la Internet y catálogos para ordenar por correo todo este tipo de elementos. Tenga en cuenta los sitios de venta de demoliciones donde puede encontrar accesorios muy interesantes. Quizás no pueda ahorrar dinero de esta forma, pero sin duda es una manera de diferenciar su casa de todas las demás.

Existe una variedad de acabados de metal para la mayoría de los accesorios para las puertas como picaportes, manijas, cerraduras, chapas o bisagras. Entre ellos se destacan los de apariencia antigua (A), bronce brillante (B), níquel mate (C), cromo pulido (D), o acero mate (E).

Estilos de picaportes

Los picaportes son fabricados en variedad de formas, estilos y materiales. Entre estos se incluyen los de metal dorado (A), metal sólido con acabados en mate o pulidos (B), de vidrio (C), o de porcelana (D). Estos son apenas unas pocas muestras de los estilos y formas disponibles. Cada fabricante le ofrecerá su propia o única línea de opciones.

Juegos de manijas y bases

Otra opción es usar manijas en lugar de picaportes. En el caso de puertas que no requieren de cerraduras puede usar sólo la manija (A), o una combinada con una palanca para el dedo (B). Los juegos de manijas con cerraduras integradas o separadas (C) son ofrecidos para una mayor seguridad. Los picaportes con placas de base decorativas (D) son ideales para conservaciones históricas o sólo para agregar un toque distinguido.

Funciones de los picaportes

Los picaportes de las puertas tienen tres funciones básicas. Uno sin cerradura (A) es diseñado para puertas interiores o de closets donde la seguridad no es una prioridad. Los picaportes con llave de seguridad (B) son utilizados en las puertas de entradas. Los de privacidad (C) con un agujero en el picaporte del lado de la habitación son ideales para baños o alcobas.

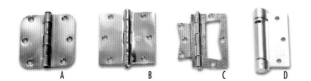

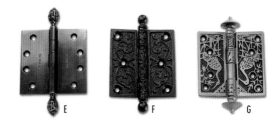

Las bisagras de las puertas son fabricadas en cantidad de estilos, incluyendo las de hojas con esquinas cuadradas y redondas (A, B), sin muescas (C), y con resorte para auto-cerrado (D).

Las bisagras con estilos clásicos pueden agregar un toque de elegancia a las viviendas históricas. Algunas tienen decoraciones o bolas en las puntas del perno (E); otras tienen hojas con variedad de detalles (F, G). Si no puede encontrar una bisagra que se ajuste a su diseño deseado, contacte los sitios de demolición en su área. Estos sitios ofrecen bisagras con ornamentos de diferentes periodos que pueden acomodarse a sus necesidades.

Accesorios para la seguridad

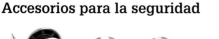

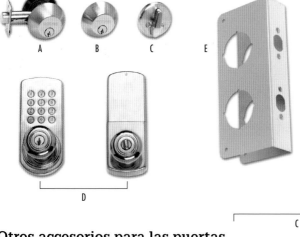

Una gran variedad de accesorios puede ayudar a mejorar la seguridad de la vivienda. Entre ellos se destacan los cerrojos (A) activados ya sea por llaves (B) o por palancas (C). Los cerrojos operados sin llaves (D) son ideales para los momentos cuando pierde u olvida las llaves, o cuando los niños necesitan una forma segura de abrir la puerta frontal. La plaqueta de refuerzo (E) cubre los cerrojos para prevenir ser violados por intrusos.

Otros accesorios para las puertas

Puede considerar otros tipos de accesorios para hacer sus puertas más versátiles y durables. Entre ellos se destacan los de cierre automático (A), las láminas de metal para las bases (B), las aldabas decorativas en gran variedad de diseños (C), variedades de elementos para evitar que al abrir la puerta golpee la pared: instalados sobre la pared (D, E), en el piso (F), o en la bisagra (G). Los buzones de correo para las puertas son diseñados en forma vertical u horizontal, y son una solución cuando no existe un buzón exterior.

Materiales

Materiales para las puertas y ventanas

Antes de comprar nuevas ventanas, deberá decidir sobre el estilo deseado, el enmarcado, la clase de vidrio, y comparar su eficiencia en cuanto a la resistencia contra el clima. También encontrará que muchos fabricantes ofrecen una gran variedad de accesorios decorativos como vidrios de colores y biselados.

Puede considerar la instalación de claraboyas. Éstas pueden ser fijas o tener mecanismos para abrir y cerrar.

Si no le agrada el estilo de la ventana que va a reemplazar, o desea instalar más ventanas, dedique un tiempo a examinar casas similares o pida consejo a los fabricantes o distribuidores.

Cuando compre puertas nuevas, ya sea para el exterior o interior de la vivienda, puede escoger juegos de puertas con los marcos ya instalados. Muchos prefieren esta forma de instalación comparada con la instalación de la puerta y el marco por separado, pero ambas labores pueden ser complicadas si no se asegura que toda la estructura está a plomo, nivelada y en la posición correcta a lo largo de todo el proyecto.

Las puertas interiores no sólo son un elemento focal importante en todo el diseño, pero a menudo son piezas muy utilizadas a lo largo de toda la casa.

Reemplazar las puertas interiores de estructura hueca por sólidas creará una gran diferencia. Una puerta de estructura interna sólida se siente más fuerte, cierran con menor esfuerzo, aíslan el ruido más eficazmente y soportan mucho más uso. Sin embargo, son por lo general más costosas. En este caso, un buen presupuesto le ayudará a tomar la mejor decisión.

Las puertas exteriores son casi siempre las más costosas en la vivienda. Sin importar qué material escoja, instalar una puerta auxiliar frontal contra tormentas extenderá la vida de la puerta principal y la mantendrá luciendo como nueva.

Los marcos de madera son una buena alternativa para las ventanas y las puertas de patios usadas en las remodelaciones. La moldura sobre el ladrillo pre-instalada se combina muy bien con el diseño de las ventanas existentes.

Moldura sobre la ventana

Cubierta de aluminio o vinilo

Los marcos de las puertas y ventanas presentan una capa protectora de aluminio o vinilo en la parte exterior de la ventana. La mayoría son ancladas por medio de las pestañas de clavado ensambladas por debajo de la fachada.

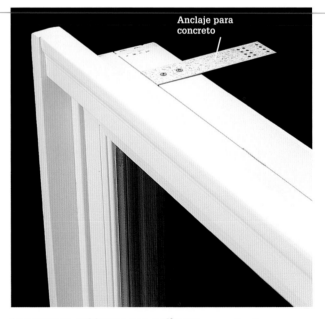

Anclaje para concreto

Los marcos cubiertos con polímero son opcionales en algunas puertas y ventanas. Vienen en una variedad de colores y no necesitan pintarse. Para evitar el uso de puntillas con cabeza (pueden averiar la capa impermeable), instale las unidades por medio de anclajes para concreto clavados sobre el enmarcado y sobre la estructura de la pared (ver la página 57).

Existe una amplia variedad de vidrios para puertas y ventanas ofrecidas por los fabricantes. El panel de vidrio sencillo (A) es diseñado sólo para climas templados. Los paneles dobles (B) tienen un espacio sellado entre ambos vidrios para reducir la pérdida de calor. Están disponibles en diferentes variaciones y con mejores capacidades aislantes. Entre éstos se incluyen el vidrio "low E" con una capa invisible de metal sobre una superficie, y las ventanas cargadas con gas no nocivo (como el argón). En el Sur de los Estados Unidos, los vidrios dobles pintados (C) reducen la transferencia de calor. El vidrio templado (o de 'seguridad') (D), tiene mayor resistencia y es usado en patios, puertas contra tormentas, y en grandes ventanales.

Sin importar la clase de enmarcado, o de vidrio de la ventana, el panel puede ser sólo una unidad o estar dividido en paneles pequeños usando divisores. Los divisores incorporados dividen la unidad en piezas individuales de vidrio, mientras los de ajuste pueden ser removidos para facilitar la limpieza o cambiar la apariencia de la ventana.

Consejos para la inspección de puertas y ventanas ▸

Estas son algunas cosas a tener en cuenta al inspeccionar una nueva puerta o ventana antes de ser instalada:

- Los accesorios son de calidad y todas las piezas están completas.
- Todos los mecanismos de cerrado y seguridad funcionan correctamente.
- Los vidrios no tienen rajaduras o partes oscuras.
- La tira de protección contra el clima en la ventana es uniforme y está bien ajustada.
- Todas las bisagras de las puertas funcionan.
- Los agujeros para instalar los picaportes están bien centrados.
- No hay manchas visibles en las vetas de la madera.
- Cada pieza tiene un sello de garantía estampado por alguna de las entidades de control de calidad: National Woodwork Manufactures Association, Architectural Aluminum Manufacturers Association, American National Standards Institute, American Wood Window Institute. La National Fenestration Rating Council Council prueba las puertas y ventanas contra la pérdida de calor (U-value), R-value, y contra el aumento de calor.

Los valores-R (R-values) de las puertas y ventanas, listado en los catálogos de fabricantes, indica la eficiencia en energía de cada unidad. Los valores más altos indican mejor capacidad aislante. Las ventanas de mayor calidad pueden tener valores hasta 4.0. Las puertas exteriores con valores-R superiores a 10 se consideran eficientes.

(continúa)

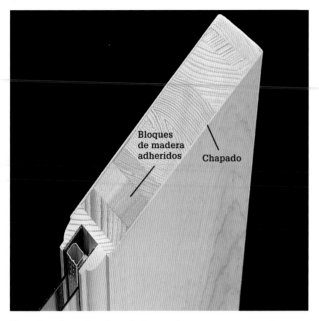

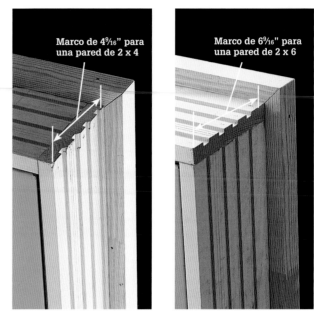

Examine la estructura interna al escoger puertas exteriores de madera. Estas puertas están hechas de bloques de madera pegada o laminada y cubiertas con un chapado. Estas puertas no se comban debido a que la veta de la madera es intercalada.

Antes de ordenar las piezas, establezca el ancho de la pared midiendo el ancho de la puerta o ventana existente. Los fabricantes pueden cortar las piezas a la medida de las paredes. Muchas fábricas también pueden construir puertas hasta 14 pies de alto y 5 pies de ancho.

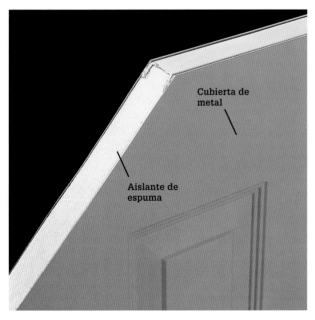

Las puertas de acero tienen un buen sistema aislante. Son menos costosas que las de madera y requieren de poco mantenimiento. Aún cuando el acero puede rallarse y abollarse, es usado en las puertas exteriores de casi el 70% de las puertas vendidas a dueños de casa.

Las puertas de fibra de vidrio son costosas, pero son resistentes, tienen valores aislantes altos y requieren de poco mantenimiento. La superficie de estas puertas se asemeja a la madera y puede ser sellada y pintada de diferentes colores.

Materiales de las puertas de garajes

Una puerta para garaje hecha de aluminio y vidrio convierten una pieza convencional en una atractiva. La transparencia del cristal permite la entrada de la luz solar al interior del garaje, pero no descubre el contenido en su interior.

Las puertas de madera ofrecen una excelente durabilidad, seguridad y distinción. Están disponibles en una gran variedad de estilos y clases de madera. Lo único negativo en este caso es que necesitará periódicamente remover las secciones manchadas y barnizarlas en lugar de pintarlas.

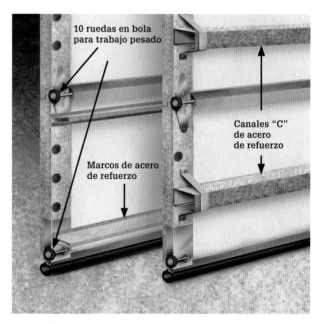

Las puertas de acero aislantes son populares en el mercado. Los terminados de excelente calidad garantizan que resistirán la corrosión y pérdida de color por muchos años, y dependiendo de la calidad, pueden durar de por vida.

Dependiendo de donde viva, las puertas quizás deban resistir vientos y lluvias fuertes, o cantidades de nieve. No dude en invertir en puertas con refuerzos y ruedas para trabajo pesado. Estas opciones también son importantes en las puertas grandes o en las expuestas a uso frecuente.

Planear los proyectos de puertas y ventanas

Una vez tenga buena idea del estilo de las puertas y ventanas que le gustaría instalar en la vivienda, el siguiente paso es planear con cuidado. En términos del tamaño del proyecto, necesitará considerar cómo las nuevas puertas y ventanas se ajustan a las necesidades de ahorro de energía, durabilidad, fácil mantenimiento y seguridad.

También es de igual importancia cómo las nuevas piezas van a impactar en el valor de la casa. ¿Van a quedar instaladas en la dirección de la luz solar y los vientos que puedan calentar demasiado la vivienda en medio del verano? Agregar una ventana a un área habitada trae a consideración el aspecto de las salidas de emergencia. Los códigos obligan que la ventana proyectada cumpla con esos requerimientos. De igual manera, una puerta de entrada a una habitación puede mejorar el tráfico a su alrededor, pero puede dificultar el arreglo de muebles en su interior.

El siguiente capítulo lo ayudará a planear cuidadosamente el proyecto para que lo satisfaga y beneficie la vivienda por completo.

Este capítulo incluye:

- Preparación
- Evaluar sus necesidades
- Diseño universal
- Planeación y preparación
- Herramientas necesarias
- Anatomía de la estructura

Preparación

Las puertas y ventanas conectan la vivienda al mundo exterior y son los elementos más importantes en cualquier proyecto de remodelación. Nuevas ventanas transforman la casa en un lugar más brillante y hace ver los espacios más grandes. Reemplazar una puerta de entrada deteriorada puede mejorar la apariencia de la fachada, hacerla más atractiva y segura. Las puertas interiores pueden ser usadas para acentuar aspectos decorativos, estilos, y privacidad entre las habitaciones que divide.

En el momento de planear el proyecto, tenga en cuenta que este tipo de cambios, como la ubicación de las piezas, afectará su estilo de vida. Por ejemplo, una habitación con bastantes ventanas puede permitir el flujo de luz natural y crear una vista extraordinaria, pero a su vez puede dificultar la distribución de los muebles. Una puerta grande hacia el patio es una buena forma de conectar espacios internos y externos, pero también cambia el tráfico alrededor de la casa y puede afectar la privacidad. Las habitaciones con muchas puertas parecen más pequeñas porque la mayoría del espacio del piso es usado para caminar y para dar espacio al giro de las puertas.

Las ventanas combinadas pueden ser ordenadas directamente al fabricante. Las que tienen formas inusuales se combinan muy bien en estructuras con diseños contemporáneos y también pueden ayudar a acentuar partes de las viviendas tradicionales.

Además del estilo, considere la ubicación y el tamaño de estos elementos a medida que elabora el plan del proyecto. Por lo general la atención va dirigida a proveer más luz, pero tenga en cuenta que las ventanas bien ubicadas pueden disminuir el consumo de energía. Si las coloca en el lugar preciso pueden servir como colectores pasivos de luz solar durante los meses de invierno y dar la ventilación adecuada durante el verano.

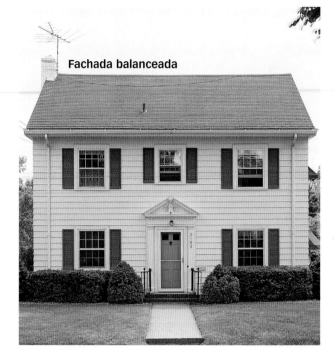

Fachada balanceada

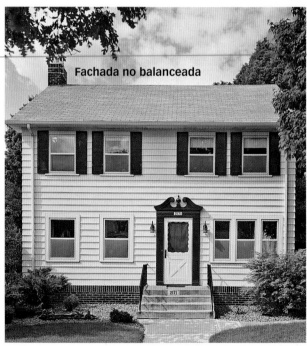

Fachada no balanceada

Escoja las nuevas puertas y ventanas que se acomoden al estilo y forma de la vivienda. En las estructuras tradicionales, busque un balance como lo muestra la foto superior. Instale puertas y ventanas con las medidas ideales para mantener las proporciones y simetría de la casa. En la foto inferior, las ventanas de diferentes estilos afectan la apariencia tradicional de la fachada.

Evaluar sus necesidades

Existen muchas razones para cambiar una puerta o ventana. Algunas de las opciones discutidas en esta sección pueden relacionarse con su proyecto, o quizás usted tenga otras razones. Éstas a su vez pueden cambiar a medida que lo hace su estilo de vida, o aparecen nuevos productos u oportunidades.

La necesidad de reducir costos de energía en las casas antiguas es uno de los principales motivadores. Esta sección presenta muchas de las señales que indican que la vivienda no es eficiente como lo debería ser. Instalar nuevas ventanas construidas con tecnología avanzada, con vidrios de 'low-E', y con mayor capacidad aislante, es una forma de ahorrar energía todo el año. Las puertas de entrada son también una fuente de pérdida de energía, y las nuevas variaciones con aislantes mejorados pueden satisfacer casi que cualquier necesidad.

El condicionamiento de las puertas y ventanas existentes en la vivienda es una forma instantánea de ahorrar energía. Vea las páginas 254 a 263 para información y fáciles consejos de cómo llevar a cabo esta labor.

El incremento de la luz y la ventilación son otros aspectos que mejoran el uso de la vivienda. Las ventanas bien ubicadas aprovechan la luz natural y las corrientes de aire predominantes, pero también pueden controlar estos factores si así se desea. Las puertas con paneles de vidrio ofrecen nuevas formas de conectar áreas dentro de la vivienda y pueden dar la apariencia de más accesibilidad mientras mantienen la separación.

Quizás la habitación necesite una salida adicional, y una puerta cubrirá esta necesidad. Una ventana puede incrementar el uso del sótano. Si cumple con los códigos de salidas de emergencia, una ventana en el sótano puede convertirlo en otra habitación funcional.

Para muchos la seguridad es primordial. Las nuevas puertas y ventanas construidas con la más reciente tecnología de cerraduras, puede darle la tranquilidad que desea. También hay muchas formas de convertir la vivienda en un lugar más seguro sin tener que reemplazar las puertas o ventanas. Las páginas 168 a 179 presentan consejos e ilustraciones para instalar diferentes sistemas de seguridad.

La mejora de los espacios a utilizar justifica agregar o reemplazar las puertas o ventanas. Algunas veces los cambios de estilos o el deseo de una nueva unidad, es la única razón que necesita.

Las ventanas juegan un papel importante e integral en el diseño del interior de la vivienda. Pueden mejorar su estilo de vida influenciando la forma como utiliza el área. Su capacidad de 'traer' el exterior hacia el interior puede convertir la ventana en el elemento visual principal de la habitación. Una nueva puerta sin duda puede ser más atractiva tanto para los visitantes como para los residentes.

Al igual que con cualquier otro proyecto de remodelación, consulte su inspector de construcción local para confirmar si necesita permisos especiales antes de iniciar el trabajo.

Antes de invertir una suma grande de dinero en una nueva puerta o ventana, piense con cuidado porqué necesita reemplazarla, las características que desea, y cómo impactará el lugar donde se va a instalar.

Las puertas y ventanas son accesos al mundo exterior. Mejoran la circulación de la luz natural y la ventilación, y otorgan mayor seguridad contra intrusos.

Luz natural y ventilación

Estos son algunos consejos para tener en cuenta si está considerando instalar nuevas ventanas para dar más luz y ventilación a la habitación.

- Las ventanas deben abrirse y operarse desde adentro y deben abrirse hacia afuera (hacia una calle, callejón, patio o balcón).
- Las ventanas deben igualar al menos 8% del tamaño del área del piso en las habitaciones. El área mínima de abertura de la ventana debe ser igual al menos 4% del área del piso de la habitación.
- Las ventanas de los baños deben tener por lo menos 3 pies^2, y debe abrirse por lo menos la mitad de la misma.
- Los vidrios en bloque, mate o esmerilado, metálico o pintado, son también ideales para traer luz natural al interior mientras se preserva la privacidad.
- Las ventanas con estilo de guillotina son las mejores para la ventilación porque hay más circulación de aire debido a que puede abrir toda la unidad.

Seguridad de la vivienda

Cuando se trata de la seguridad de la casa, el componente más lógico es la puerta de entrada principal. Deberá tener bisagras de seguridad y un buen sistema de picaportes. Un cerrojo es lo mejor. También debe tener por lo menos una forma de observar quién está afuera de la puerta. Si la puerta no tiene una ventana que le permita ver claramente hacia el exterior, deberá agregar una ventana lateral o un orificio (ojo) de observación.

Las puertas especiales como las de carriles para los patios o las de estilo Francés, son difíciles de asegurar debido a su gran tamaño y porque son construidas en su mayoría con vidrio. Puede tratarlas como si fueran ventanas. Agregue más cerrojos e instale tornillos sobre las divisiones para prevenir que los paneles sean removidos desde las uniones.

La mayoría de los depósitos de materiales para construcción ofrecen gran variedad de cerrojos y accesorios de seguridad poco costosos para cualquier tipo de puerta o ventana que pueda tener en su vivienda.

Permisos y códigos para la construcción

Cualquier proyecto de remodelación que incluya el cambio o adición de la estructura de la vivienda o sistemas mecánicos de operación requieren de un permiso de construcción.

Los cambios más simples de puertas o ventanas no requieren de permisos. Consulte su departamento de construcción local para confirmar qué tipo de regulaciones se aplican a su proyecto.

Los permisos para la construcción se emiten para asegurar que los proyectos de remodelación cumplan con los códigos locales que establecen la calidad de materiales, requerimientos estructurales y las guías para la instalación. En otras palabras, asegura que el trabajo sea realizado en forma correcta.

Los permisos son requeridos por ley. Si no tiene la autorización necesaria, puede ser penalizado por la ciudad y posiblemente por las compañías de seguros. Un trabajo acabado sin un permiso puede traerle problemas cuando intente vender la propiedad.

La mayoría de los códigos locales siguen los códigos nacionales, como el Código Nacional de Electricidad (National Electrical Code), pero son adaptados para cumplir con las necesidades y demandas de las condiciones y legislación locales. Tenga en cuenta que los códigos locales siempre suplantan los códigos nacionales.

Su departamento de construcción local requerirá los planos y los cálculos de costos del proyecto antes de emitir el permiso. Después que el plan ha sido aprobado, deberá pagar los cargos que son basados en el costo total del proyecto. También aprenderá cuáles son los requerimientos de los inspectores y cuándo debe consultarlos.

Después que el permiso ha sido emitido, es válido aproximadamente por 180 días.

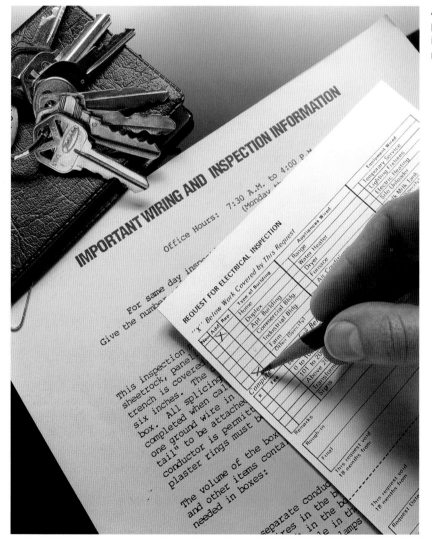

Antes de iniciar un proyecto con puertas o ventanas, deberá contactar el inspector de la localidad para comprobar si necesita un permiso especial.

Consideraciones para las ventanas de emergencia

Si la vivienda tiene un sótano sin terminar, es un lugar tentador (y sensible) para convertirlo en un área habitable. Puede adicionar una o dos habitaciones, crear un espacio para oficina, o un salón de juegos. Todo esto es posible. Sin embargo, al menos que el sótano tenga puertas de salida, necesitará agregar ventanas de emergencia para que el lugar cumpla con los códigos locales. El Código de Residencia Internacional (IRC) requiere de dos formas de escape por cada espacio habitado —una puerta de salida y una ventana lo suficientemente grande para que le permita salir, o entrar a la ayuda de emergencia—.

Los códigos requieren que una ventana abajo del nivel del terreno tenga un mínimo de área de abertura de 5.7 pies^2. Existen estipulaciones de cómo debe proporcionarse el área abierta. La ventana debe tener por lo menos 20" de ancho y 24" de altura al abrir. Además, la altura del alféizar instalado de la ventana debe estar entre 44" del piso del sótano para permitir una fácil salida. Las ventanas normales de los sótanos no cumplen con estos requisitos.

Las ventanas grandes de salidas de emergencia requieren de una cubierta de protección exterior más grande. La cubierta debe ser por lo menos 36" de ancha y proteger 36" o más desde el cimiento. Si la cubierta de la ventana tiene más de 44" de profundidad, deberá tener una escalera de escape instalada.

¿Qué significa todo esto? Si en realidad tiene el arduo deseo de cortar una abertura grande en los cimientos de su propiedad, y si no le importa pasar un buen tiempo trabajando con una pala instalando una ventana de emergencia en el sótano, este proyecto es manejable. En este caso, un cuidadoso planeamiento, un permiso de construcción, y algo de ayuda, pueden ahorrarle una considerable suma de dinero, y no tendrá que contratar a un especialista. Para mayor información paso a paso sobre este tipo de instalación, vea las páginas 92 a 97. Contacte el departamento de construcción en su localidad para más detalles sobre las normas específicas establecidas al respecto en su región.

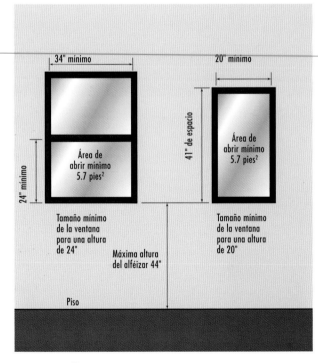

Para cumplir con los códigos establecidos para las ventanas de emergencia en los sótanos, debe tener mínimo de área de abertura de 5.7 pies^2 a través de un marco, con al menos 20" de espacio en el ancho y 24" en la altura. Las ventanas dobles de estilo guillotina o las corredizas pueden usarse en la medida en que sus dimensiones cumplan con los mínimos requisitos.

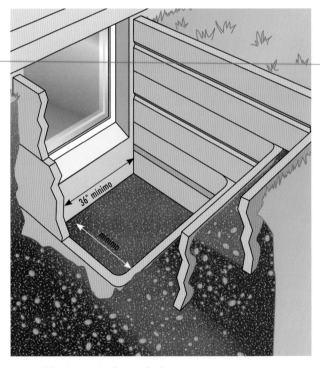

Las cubiertas exteriores de las ventanas de emergencia deben tener por lo menos 36" de ancho y proyectarse a la misma distancia desde el cimiento. Las que tienen más de 44" de profundidad deben tener alguna forma de escape como escalones o una escalera adherida. El drenaje al interior debe extenderse por debajo de los cimientos usando gravilla como material de construcción.

Diseño universal

Todos tenemos derecho a un estilo de vida sin limitaciones o barreras. Mientras que la mayoría de las viviendas y productos son diseñados pensando en el tipo de persona 'normal' —el típico hombre adulto—, no todos cumplen con esa categoría. Algunas personas son de baja estatura, otras son altas; algunas tienen dificultades para caminar, y otras pueden hacerlo pero se les dificulta agacharse. Las habilidades físicas cambian constantemente al igual que las situaciones de las personas. Al incorporar los conceptos de elementos sin barreras o limitaciones y un diseño universal en sus planes de remodelación, puede crear mejores espacios que sirven mejor a todos aquellos que habitan la vivienda o que la visitan, sin importar la edad, el tamaño o la habilidad de movimiento.

Estos conceptos de "accesibilidad" y "sin limitaciones" son simplemente buenos diseños que mejoran el diario vivir. Por ejemplo, las puertas anchas facilitan el paso de alguien cargando una canasta llena de ropa, o alguien en silla de ruedas o con otra limitación. Las ventanas que se abren con facilidad permiten una mejor ventilación del lugar o de la vivienda por completo. Siendo más una forma de pensar que una serie de normas y reglas, los diseños universales sin limitaciones o barreras pueden ser aplicados a cualquier área de la casa —desde el espacio de la habitación hasta los accesorios para operar las puertas—. En todos los casos, este tipo de diseño promueve la independencia en la forma de vivir creando espacios seguros y confortables.

Reemplazar las puertas y ventanas puede ser el primer paso en implementar cambios en la vivienda —antes que estos cambios se tornen en problemas—. Poner en práctica ideas que inciten a un diseño universal sin limitaciones mejorará sin duda su forma de vivir. También transforma la vivienda en un elemento más atractivo para variedad de futuros compradores si piensa venderla en algún momento.

Mucha de la información aquí presentada proviene de especialistas en este tipo de diseño, en especial constructores y fabricantes de productos.

Para aprovechar aún más este tipo de conceptos y adaptaciones, contacte un experto en el ramo. Como siempre, asegúrese que todos los aspectos del proyecto cumplan con los requerimientos de los códigos y normas locales.

El diseño universal trata sobre accesibilidad, y no otro elemento en la vivienda restringe más el acceso que las escaleras. Poniendo en práctica un ingenioso diseño exterior, los dueños de esta vivienda pudieron eliminar las escaleras por medio de la creación de un declive sobre el terreno.

Planeación y preparación

Un paso inicial importante en el proyecto de remodelación es medir cuidadosamente las puertas y ventanas que desea reemplazar. Estas medidas serán usadas para comprar las nuevas unidades y debe estar seguro que van a acomodarse después.

El siguiente paso es colocar todas sus ideas en papel para confirmar si van a funcionar. Hay dos tipos básicos de dibujos para la construcción: los planos y los dibujos de alzada. Estos pueden ser requeridos en el caso que necesite un permiso de construcción.

Los planos muestran un área vista desde arriba. Son importantes para presentar los tamaños y dimensiones de los espacios, su distribución y relación con las habitaciones conjuntas. Los dibujos de alzadas muestran la vista lateral de una habitación (por lo general una pared por cada dibujo). Las alzadas son creadas para el exterior e interior de la vivienda y casi siempre muestran más detalles arquitectónicos que los planos.

Ambos elementos proveen el método para grabar y planear los sistemas mecánicos y estructurales del proyecto. También ayudan a los departamentos locales de construcción a asegurarse que el proyecto cumple con los requisitos y códigos necesarios.

Si va a realizar varios proyectos en un corto tiempo, quizás deba crear un plano para cada piso de la vivienda. Si sólo va a trabajar con un proyecto, únicamente necesitará crear el plano para esa habitación.

Para crear los planos, dibuje un solo piso a la vez. Mida cada habitación de pared a pared. Transfiera las medidas sobre un papel cuadriculado de $1/4$" usando una escala de $1/4$" = 1 pie. Marque cada habitación y señale las dimensiones totales. Incluya el espesor de todas las paredes (hágalo midiendo el ancho de los marcos de las puertas y ventanas) no incluya las molduras.

Luego adicione los siguientes elementos al dibujo:

- Puertas y ventanas: note en qué dirección abre la puerta.
- Las escaleras y su dirección en relación con cada piso.
- Elementos permanentes como accesorios de plomería, grandes electrodomésticos, encimeras, muebles empotrados y chimeneas.
- Elementos elevados como gabinetes de cocina o vigas expuestas (use líneas en guiones).
- Elementos de plomería, eléctricos y HVAC. Puede crear otra serie de dibujos para estos elementos mecánicos y líneas de servicios.
- Las dimensiones totales de la vivienda medida desde afuera. Use esto para comprobar la veracidad de las dimensiones internas.
- Para crear los dibujos de alzada use la misma escala de $1/4$" = 1 pie. Dibuje todo lo que ve en la pared (cada habitación tiene cuatro elevaciones). Incluya:
- Altura de los cielo rasos, y la altura de elementos notorios como aleros o vigas expuestas.
- Ventanas, incluyendo la altura y ancho de alféizares y cimas de las aberturas.
- Puertas, incluyendo la altura (desde el piso hasta la cima de la abertura) y el ancho.
- Las molduras y otros elementos decorativos.

Cuando los planos y dibujos de alzadas iniciales hayan sido terminados, úselos para dibujar los detalles de la remodelación. Utilice papel transparente para resaltar elementos escondidos o cambios propuestos al plano. Las fotos del interior y exterior de la vivienda también pueden ayudar. Piense con creatividad y haga diferentes dibujos; mientras más opciones considere, mejor será el plano final.

Cuando haya completado los planos de la remodelación, dibuje los planos finales y haga una lista de todos los materiales del proyecto.

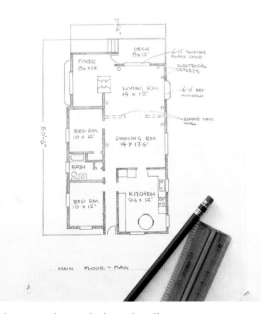

Un plano puede ayudarlo a visualizar cómo una nueva puerta o ventana impactará el área escogida y el tráfico generado.

Medir las puertas y ventanas

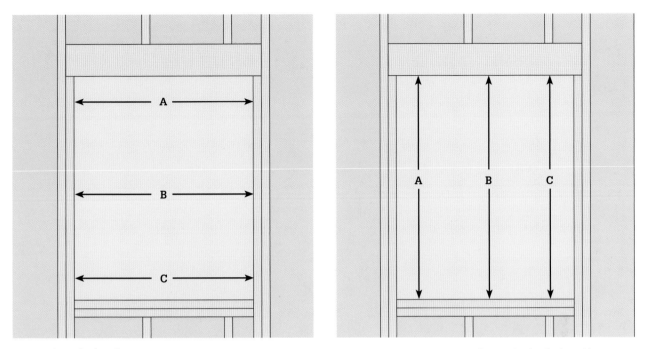

Determine el tamaño exacto de la nueva puerta o ventana midiendo la abertura con cuidado. Para medir el ancho (izquierda), mida entre las vigas en tres lugares diferentes: cerca de la parte superior, en el medio, y cerca de la parte inferior. Use el mismo procedimiento para la altura (derecha), midiendo desde la cabecera hasta el alféizar cerca al borde izquierdo, en el medio, y cerca del borde derecho de la abertura. Utilice la medida más pequeña en cada lado para ordenar la nueva unidad.

Trabajar con planos

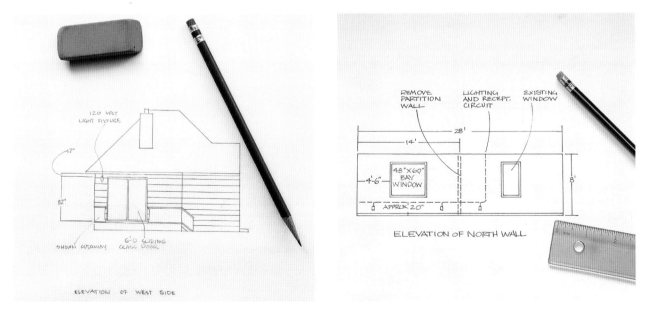

Elabore dibujos de alzada mostrando la vista lateral de las puertas y ventanas (como se ve desde afuera y adentro de la casa). Indique el tamaño de puertas y ventanas, la altura de los cielo rasos, y la ubicación de los accesorios eléctricos y de plomería.

Ubicación de las puertas y ventanas

Una de las consideraciones más importantes al decidir exactamente dónde va a instalar las nuevas unidades tiene que ver con el medio ambiente. En algunas partes de los Estados Unidos las condiciones climatológicas cambian dramáticamente de una estación a otra, al igual que del día a la noche.

Minimizar el número de puertas y ventanas en el lado norte de la vivienda puede ser beneficioso si vive en zonas con inviernos extremos. Si tiene que soportar calores extremos y largas horas de luz solar, quizás deba instalar menos ventanas en el lado sur y oeste de la casa. Sin importar qué tan eficientes son las puertas y ventanas, se beneficiará aún más si las ubica en el lugar correcto.

Otros elementos como un patio con los árboles necesarios, el uso de aleros y salientes, y un sistema de ventilación controlada, son por supuesto otros mecanismos que puede utilizar para mantener confortable la vivienda todo el año.

Cambiar la posición de una puerta o agregar otra cambiará por completo el tráfico en la habitación. Considere si el cambio es positivo o negativo. Cambiar ventanas quizás no cambie el tráfico y movimiento en la habitación, pero puede alterar dramáticamente el punto de visión. Agregar más ventanas (o más grandes) pueden revelar tanto una agradable como poco acogedora vista exterior. Asegúrese de inspeccionar las afueras para tener idea de lo que podría trasladar hacia el interior.

El sistema de diseño de interiores llamado Feng Shui ha crecido en popularidad en los últimos años. Es un antiguo método de construcción Chino para optimizar las residencias y traerles felicidad, abundancia y armonía. El objetivo es incrementar la cantidad de 'chi' —o fuerza universal de vida— en la casa. Se cree que si se colocan correctamente las puertas y ventanas al interior de la casa, estimula la circulación de 'chi', la cual tiene una influencia positiva sobre los residentes.

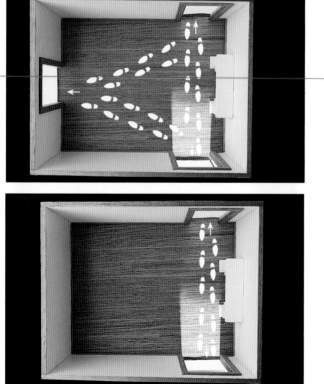

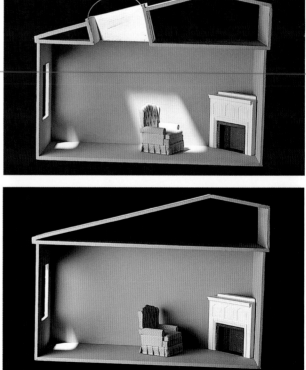

Los patrones de tráfico a lo largo de la vivienda son determinados por la ubicación de las puertas. Las áreas con muchas puertas parecen pequeñas porque el patrón de tráfico consume todo el espacio abierto (arriba). Cuando planee la distribución de una habitación, reserve espacio suficiente para la oscilación libre de las puertas.

Considere el efecto de la luz solar cuando planee la posición de una ventana. Por ejemplo, cuando instale una claraboya, escoja su ubicación y construya la abertura para que dirija la luz a donde lo desea. Una serie de claraboyas también puede cambiar dramáticamente la atmósfera de la habitación.

Antes de empezar

Revise cualquier otra instalación escondida en el área de trabajo antes de iniciar la labor. Quizás deba cortar el suministro de electricidad o reinstalar cables o tubos de plomería u otro tipo de servicios. Si no está seguro de llevar a cabo estos cambios, contrate a un profesional.

Para estar completamente seguro de los dibujos que ha realizado, marque los sitios donde va a colocar las nuevas puertas y ventanas usando cinta para enmascarar. Siempre marque la oscilación completa de las puertas. Utilice papel de periódico o cartón para crear las formas de los muebles y colóquelos en diferentes sitios de la habitación para ensayar diferentes diseños. Para crear un estilo de vida sin barreras (o un diseño universal), el plano del área debe permitir amplio espacio alrededor de los muebles: 22" alrededor de la cama; 36" alrededor de los sofás, sillas y mesas; y 40" en frente de los tocadores, baúles o cómodas y closets.

Camine alrededor de la habitación sobre las diferentes marcaciones para examinar cómo van a combinarse todos los elementos. No olvide dejar 40" de ancho para los caminos de acceso en toda el área. Cuando haya escogido una distribución agradable, haga el último plano y el dibujo de alzada (vea las páginas 38 y 39).

Marque el área de trabajo con cinta para enmascarar para establecer la oscilación de la puerta y el tamaño tanto de la puerta como de la ventana.

Revisar la distribución de la habitación

La elaboración cuidadosa de los planos puede crear fácil acceso y manejo de las puertas y ventanas. Asegúrese que haya un espacio abierto de acercamiento y que las ventanas queden instaladas a una altura accesible para personas de baja estatura o en silla de ruedas. En la página 18 encontrará algunos consejos para seleccionar nuevas puertas, ventanas y los accesorios de operación para sus trabajos de remodelación que incorporan un diseño universal.

- Diseñe un espacio libre de acercamiento para cada ventana (30" de profundidad por 48" de ancho).
- Ubique las ventanas con una máxima altura del alféizar de 30 a 36" para permitir que los niños y las personas sentadas puedan ver hacia el exterior. Las alturas menores pueden crear riesgos para los niños. Seleccione la altura correcta de la ventana en cada situación.
- Instale vidrios templados en ventanas a menos de 18" de altura del piso o a una distancia hasta 24" de la puerta (cuando sea requerido por los códigos locales).
- Instale las ventanas para que sus accesorios de operación queden a una máxima altura de 48".

- Deje un espacio libre de operación de 48 × 48" al frente de cada puerta. Esto incluye un espacio entre 18" y 24" de ancho en el lado del pestillo de la puerta y la pared adyacente para permitir una fácil maniobra de operación.
- Deje por lo menos un espacio de 32" de ancho en aberturas sin puertas (preferiblemente 36").
- Tenga en cuenta la oscilación de la puerta que se abrirá hacia el interior de la habitación.

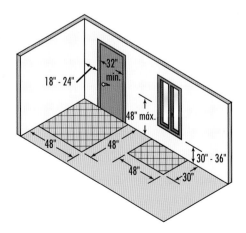

Herramientas necesarias

Caladora / Ruteador

Lijadora orbital

Engalletadora / Ranuradora

Sierra circular

Planeadora manual eléctrica

Lijadora de acabado

Sierra ingletadora compuesta

Lijadora de banda

Sierra recíproca

Sierra de vaivén

Sierra de mesa

Taladro sin cordón

Herramientas eléctricas

Las herramientas eléctricas permiten trabajar con más rapidez y precisión que las herramientas manuales. También facilitan las operaciones repetitivas (cortar, lijar o perforar). Las instalaciones de puertas o ventanas no requieren de todas las herramientas aquí mostradas, pero con seguridad podrá necesitar una sierra circular y un taladro en la mayoría de los proyectos de remodelación. Una sierra recíproca es de gran ayuda para quitar ventanas y puertas, o para cortar al interior de techos o paredes para crear nuevas aberturas. Una sierra ingletadora o de mesa es aconsejable para hacer los cortes precisos, como al instalar repisas sobre la base de ventanas o los marcos de las puertas.

Compre las herramientas a medida que las necesita. Tenga en cuenta que no siempre la más barata es la mejor opción, ni la más costosa es la que necesita. Las herramientas menos costosas por lo general no son tan precisas; las más costosas son fabricadas para el uso constante y no para labores ocasionales. Las de costo intermedio ofrecen una buena combinación entre economía y calidad para el usuario aficionado.

Herramientas para el diseño

Es importante tener a la mano un grupo de herramientas básicas para trabajar con puertas y ventanas en especial si va a abrir nuevas cavidades o va a instalar marcos. Esta colección también le ayudará en otra diversidad de proyectos. Las cintas métricas, las escuadras, las reglas de metal de graduación y la falsa escuadra le ayudarán a reproducir y medir ángulos con precisión. Los niveles largos y cortos y las plomadas son importantes para crear superficies de referencia o líneas. Un lápiz de carpintero tiene una punta más ancha que un lápiz convencional. Esto le da una mejor visión y le permite hacer marcas más notorias. Para crear líneas de marcas de referencia entre dos puntos utilice una cuerda con tiza. Esto le permite seguir las marcas con mayor facilidad cuando hace cortes con una sierra.

Herramientas para la construcción

Sin importar si va a cortar a través de paredes, sacar puntillas, instalar pestañas alrededor de ventanas, o quitar la moldura de las puertas, necesitará una serie de herramientas básicas para llevar a cabo ese trabajo, y es posible que ya posea varias de ellas en su colección. Durante la etapa de demolición, las máscaras contra el polvo, guantes, barras, sierra manual de vaivén y cinceles son esenciales. En la fase de construcción requerirá de un buen martillo y un juego de punzones para puntillas de varios tamaños, destornilladores, una sierra manual pequeña y quizás unas limas y un cepillo para aplanar. Para hacer ensambles o clavados más fáciles o rápidos, puede usar un martillo hidráulico activado por un compresor de aire. Si no desea comprar estas herramientas, puede alquilarlas en muchos sitios. Siempre debe usar la vestimenta protectora correcta para el tipo de trabajo a realizar. Unas buenas gafas y tapones para los oídos son tan importantes como un buen martillo. Acostúmbrese a usar equipo de protección cada vez que trabaje con herramientas manuales o eléctricas.

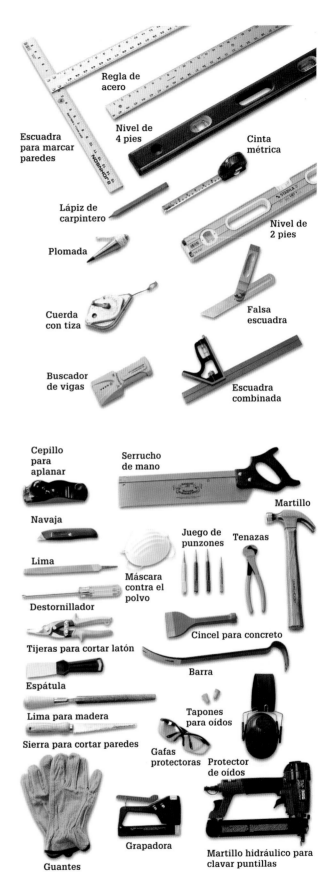

Regla de acero

Escuadra para marcar paredes

Nivel de 4 pies

Cinta métrica

Lápiz de carpintero

Nivel de 2 pies

Plomada

Cuerda con tiza

Falsa escuadra

Buscador de vigas

Escuadra combinada

Cepillo para aplanar

Serrucho de mano

Martillo

Navaja

Lima

Juego de punzones

Tenazas

Máscara contra el polvo

Destornillador

Cincel para concreto

Tijeras para cortar latón

Barra

Espátula

Lima para madera

Tapones para oídos

Sierra para cortar paredes

Gafas protectoras

Protector de oídos

Guantes

Grapadora

Martillo hidráulico para clavar puntillas

Anatomía de la estructura

Muchos proyectos de remodelación, incluyendo cuando se agregan puertas o ventanas exteriores, requieren de remover vigas en paredes de soporte para dar cabida a aberturas. Durante la etapa de planeación, recuerde que nuevas aberturas requieren de vigas de soporte permanentes o cabeceras instaladas por encima de las vigas removidas para sostener el peso de la estructura.

El tamaño requerido para los soportes es determinado por los códigos locales de construcción y varían de acuerdo al tamaño de la abertura. En el caso de puertas y ventanas, el soporte puede ser construido de dos piezas de 2" de maderos dimensionales unidos en el medio por una lámina de contrachapado de ½" (tabla a la derecha). Cuando es removida una gran porción de la pared de soporte (o toda la pared), puede usarse una viga de contrachapado para construir la nueva cabecera o soporte.

Si va a remover más de una pared de soporte, fabrique soportes provisionales para sostener el peso de la estructura hasta que la cabecera sea instalada.

Tamaños recomendados de las cabeceras ▸

Ancho aproximado de la abertura	Construcción de la cabecera recomendada
Hasta 3 pies	Contrachapado de ½" entre dos 2 × 4
De 3 pies a 5 pies	Contrachapado de ½" entre dos 2 × 6
De 5 pies a 7 pies	Contrachapado de ½" entre dos 2 × 8
De 7 pies a 8 pies	Contrachapado de ½" entre dos 2 × 10

Los tamaños de cabeceras arriba recomendados son apropiados para proyectos donde el piso completo y el techo están localizados sobre la abertura. Esta tabla considera sólo medidas aproximadas. Para establecer los requerimientos exactos, contacte un arquitecto o su inspector local de construcción.

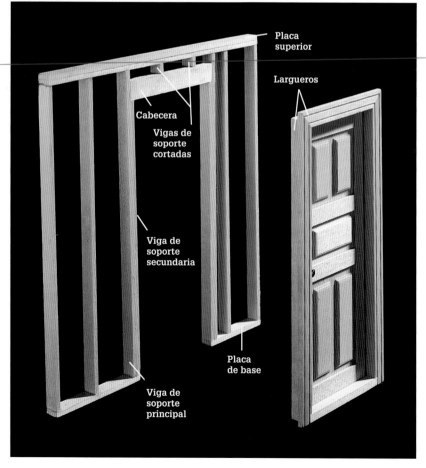

Placa superior

Largueros

Cabecera

Vigas de soporte cortadas

Viga de soporte secundaria

Placa de base

Viga de soporte principal

Aberturas de puertas: El peso estructural sobre la puerta es sostenido por vigas de soporte cortadas que descansan sobre la cabecera. Las puntas de la cabecera son soportadas por vigas de soporte secundarias y vigas principales que transfieren todo el peso sobre la placa de base y los cimientos de la casa. La abertura aproximada debe ser 1" más ancha y ½" más alta que las dimensiones de toda la unidad de la puerta (incluyendo los largueros). Este espacio extra permite el fácil ajuste de la puerta durante la instalación.

Opciones de enmarcado para las aberturas de puertas y ventanas (la madera nueva se muestra en amarillo) ▸

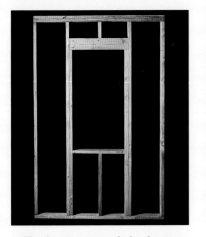

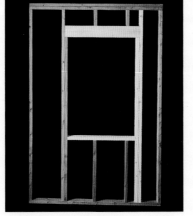

Utilice la estructura de la abertura existente para evitar la necesidad de un nuevo enmarcado. Esta es una buena opción en viviendas con exteriores de cemento que son difíciles de alterar. Compre la unidad de reemplazo 1" más angosta y ½" más baja que el tamaño de la abertura.

Agrandar la abertura existente simplifica el enmarcado. En muchos casos puede usar la viga principal y secundaria de un lado de la nueva abertura.

Enmarcar una nueva abertura es la única solución cuando instala una puerta o ventana donde antes no existía, o está colocando una unidad mucho más grande.

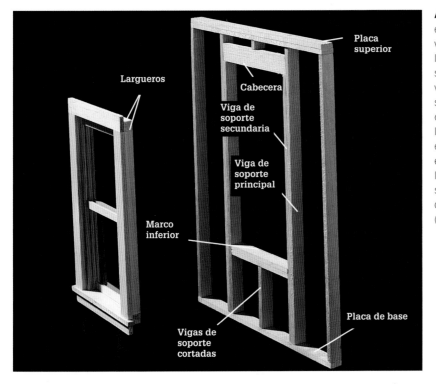

Largueros

Placa superior

Cabecera

Viga de soporte secundaria

Viga de soporte principal

Marco inferior

Vigas de soporte cortadas

Placa de base

Aberturas de ventanas: El peso estructural sobre la ventana es sostenido por vigas de soporte cortadas que descansan sobre la cabecera. Las puntas de la cabecera son sostenidas por vigas de soporte secundarias y vigas principales que transfieren todo el peso sobre la placa de base y los cimientos de la casa. El marco inferior (que ayuda a ensamblar la ventana pero no acarrea ningún peso), es soportado por vigas cortadas. Para crear espacio para ajustes durante la instalación, la abertura aproximada para la ventana debe ser 1" más ancha y ½" más alta que las dimensiones de toda la unidad de la ventana (incluyendo los largueros).

Reemplazar ventanas

Este capítulo lo ayudará en el proceso de enmarcar la abertura de una pared para una ventana y luego cómo instalarla. También aprenderá cómo actualizar una unidad existente reemplazando el marco. Antes de iniciar cualquiera de estos proyectos planee con cuidado para estar seguro sobre la ubicación y tamaño de las unidades. Si no tiene el conocimiento de cómo remover la fachada exterior, lo cual puede ser necesario en el proyecto, vaya a la página 280 para mayor información.

Lea por completo el manual de instalación que viene con la ventana para una mayor información al respecto. Debido a que esas instrucciones impactarán la garantía del producto, sígalas con cuidado cuando se diferencian de las instrucciones paso a paso presentadas en esta obra.

Este capítulo incluye:

- Nuevas ventanas estilo guillotina
- Enmarcado e instalación de las ventanas
- Ventanas hacia el jardín
- Ventanas en forma de bahía
- Ventanas con bloques de vidrio
- Claraboyas
- Iluminación tubular
- Ventanas de emergencia en el sótano

Nuevas ventanas estilo guillotina

Si va a reemplazar o mejorar ventanas sencillas o dobles de estilo guillotina, puede utilizar juegos de marcos de reemplazo. Estas unidades prácticamente no necesitan mantenimiento, ahorran energía, y no cambian la apariencia exterior de la vivienda ni sobrepasan su presupuesto.

A diferencia cambiar toda la ventana (se reemplaza la ventana y el marco), o el cambio del cuerpo de la ventana (una nueva unidad es instalada en un enmarcado existente), las ventanas de estilo guillotina utilizan los marcos originales eliminando así la necesidad de alterar las paredes internas o externas, o las molduras. Instalar un juego de reemplazo requiere un poco más que quitar los topes y marcos de la ventana, e instalar nuevos componentes de vinilo y marcos del mismo material o de madera. Todo el trabajo puede ser llevado a cabo desde el interior de la vivienda.

La mayoría de los juegos de reemplazo ofrecen accesorios para la inclinación de la ventana y otras conveniencias modernas. Los juegos se consiguen en vinilo, aluminio o madera, y con diferentes opciones de color, textura, seguridad, ahorro de energía y control del ruido.

La mayoría de los fabricantes ofrecen juegos de reemplazo diseñados para sus propias ventanas. También puede ordenar juegos que se ajusten al tamaño de su ventana. Es importante instalar el tamaño correcto para el correcto funcionamiento de la unidad. Lea los consejos presentados en las siguientes páginas para medir las ventanas y siga las instrucciones del fabricante para un mejor acabado.

Herramientas y materiales ›

Medidor del alféizar
Barra plana / Tijeras
Destornillador
Juego de punzones
Juego de marcos de reemplazo
Puntillas de acabado

Puntillas galvanizadas para techo de 1"
Aislante de fibra de vidrio
Materiales de acabados madera
Nivel corto (torpedo)

Actualice las viejas ventanas cambiándolas por unidades modernas más eficientes. Los juegos están disponibles en variedad de estilos para igualar las ventanas existentes o agregar un toque de decoración a la vivienda. La mayoría de los juegos ofrecen superficies interiores pintadas o naturales, y una diversidad de texturas sobre la superficie exterior.

Cómo instalar una nueva ventana estilo guillotina

Mida el ancho de la ventana existente en la parte de arriba, en el medio y abajo del marco. Utilice la medida más pequeña y reste $3/8$". Luego mida la altura desde el marco superior hasta el punto donde el marco inferior exterior se une con el alféizar. Reste y $3/8$" a esa medida. *Nota: Las especificaciones de tamaños de los fabricantes de ventanas puede variar.*

Compruebe la rectitud, nivel y plomada de los marcos superior, lateral e inferior usando un nivel de torpedo. Mida el enmarcado en forma diagonal. Si las medidas diagonales son iguales, el marco está cuadrado. De lo contrario, consulte con el fabricante de la ventana. La mayoría de los juegos de ventanas pueden acomodarse a cierta desviación en las dimensiones del enmarcado.

Quite con cuidado los topes de la ventana de los marcos laterales. Use una espátula o barra. Utilícelos de nuevo en la reinstalación.

Cierre la parte inferior de la ventana. Corte el cordón que sostiene el peso del balance en cada lado. Deje caer las pesas y el cordón al interior de los compartimientos.

(continúa)

Retire la ventana inferior. Remueva los topes de separación de la cabecera y marcos laterales. Estos son tiras delgadas de madera que separan la ventana superior e inferior. Corte los cordones de la ventana superior y luego sáquela. Quite las poleas del cordón de la ventana. Si es posible, saque las pesas del compartimento en la parte inferior al lado de la ventana, luego llene ese espacio con aislante de fibra de vidrio. Repare cualquier parte de la ventana que esté averiada o roída.

Ubique las abrazaderas del marco y clávelas al mismo con puntillas galvanizadas para techo de 1". Coloque una abrazadera a más o menos 4" de la cabecera del marco, y otra a 4" de distancia del alféizar. Deje $1/16$" de espacio entre el tope escondido y la abrazadera. Instale las abrazaderas restantes espaciándolas simétricamente alrededor del marco.

Instale cualquier accesorio protector suministrado para los marcos laterales. Coloque cada tira al interior de la canal y ajústelas con cuidado. Después de instalar ambas tiras, coloque el nuevo tope separador en la ranura de la cabecera existente y clávela con puntillas pequeñas. Instale el tope de vinilo al interior de la canal en la parte superior de cada tira para prevenir que la ventana inferior se abra demasiado.

Instale el mecanismo de control de la ventana usando un destornillador de punta plana. Sostenga el destornillador con firmeza y deslice el mecanismo hasta dejarlo a unas 9" arriba del alféizar. Luego apriete el sistema para prevenir que rebote hacia arriba. Los mecanismos de control están compuestos de resortes —no los suelte hasta que estén ajustados en su posición—. Instale el mecanismo en cada una de las cuatro canales de la ventana.

Instale la ventana superior al interior de las ranuras del marco. Coloque el pivote de uno de los lados de la ventana en la ranura exterior. Incline la unidad e inserte el pivote al otro lado de la ventana. Compruebe que ambos pivotes están colocados por encima de los mecanismos de control de la ventana. Sostenga la unidad a nivel, inclínela hacia arriba, suelte las canales a ambos lados y coloque la ventana en posición vertical sobre las ranuras. Una vez en posición, deslícela hacia abajo hasta que los pivotes hagan contacto con los mecanismos de cerrado.

Instale la ventana inferior al interior de las ranuras del marco. Cuando la ventana inferior es colocada en su lugar en forma vertical, deslícela hacia abajo hasta que se conecte con los mecanismos de control. Abra y cierre ambas partes de la ventana para probar el funcionamiento.

Reinstale los topes que removió en el paso 3. Clávelos con puntillas para acabados usando los mismos agujeros, o perfore nuevos huecos guía para las puntillas.

Ensaye la abertura en inclinación de la ventana inferior para comprobar que el topo no interfiere con la acción. Quite las marcas de los vidrios y límpielos. Pinte o barnice la ventana del color deseado.

Enmarcado e instalación de las ventanas

Muchas ventanas a la medida hay que ordenarlas semanas por anticipado. Para ahorrar tiempo, puede terminar el enmarcado interior antes de que lleguen las piezas, pero deberá estar seguro de las medidas finales antes de construir el enmarcado. No remueva la superficie de la pared exterior hasta que tenga las nuevas ventanas y accesorios listos para instalar.

Siempre siga las direcciones del fabricante en cuanto a las dimensiones requeridas cuando esté enmarcando la ventana. Las aberturas por lo general son 1" más ancha y ½" más alta que las dimensiones de las unidades. Las siguientes páginas muestran técnicas de enmarcado para las casas con plataformas de madera.

Si la vivienda tiene una armazón continua donde las vigas de las paredes pasan continuamente de un piso a otro, utilice el método presentado en la página 271 para instalar la cabecera. Consulte a un profesional si va a instalar una ventana en un segundo piso con este tipo de armazón.

Si la vivienda tiene paredes de concreto, o si va a instalar ventanas con terminado de polímero, debe anclar las unidades por medio de anclajes para cemento en lugar de puntillas.

Si el exterior de la casa tiene una fachada o un terminado de estuco, vea las recomendaciones en las páginas 285 a 287 para remover estas superficies para fabricar la abertura.

Las técnicas correctas de enmarcado asegurarán una fácil instalación y mantendrá las ventanas funcionando correctamente.

Herramientas y materiales ▶

Cinta métrica
Lápiz / Estacas
Escuadra combinada
Martillo / Nivel
Sierra circular
Serrucho de mano
Barra / Grapadora
Tenazas / Taladro
Sierra recíproca
Juego de punzones
Pistola para silicona
Puntillas comunes
   10d

Puntillas galvanizadas
   de 1"para techo
Maderos 2×
Contrachapado de ⅛"
Papel de construcción
Canal de borde
Puntillas sin cabeza
   galvanizadas 10d
Puntillas sin cabeza 8d
Aislante de fibra
   de vidrio
Silicona que
   pueda pintarse

Anatomía de la estructura

Muchos proyectos de remodelación, incluyendo cuando se agregan puertas o ventanas exteriores, requieren de remover vigas en paredes de soporte para dar cabida a aberturas. Durante la etapa de planeación, recuerde que nuevas aberturas requieren de vigas de soporte permanentes o cabeceras instaladas por encima de las vigas removidas para sostener el peso de la estructura.

El tamaño requerido para los soportes es determinado por los códigos locales de construcción y varían de acuerdo al tamaño de la abertura. En el caso de puertas y ventanas, el soporte puede ser construido de dos piezas de 2" de maderas dimensionales unidos en el medio por una lámina de contrachapado de ½" (tabla a la derecha). Cuando es removida una gran porción de la pared de soporte (o toda la pared), puede usarse una viga de contrachapado para construir la nueva cabecera o soporte.

Si va a remover más de una pared de soporte, fabrique soportes provisionales para sostener el peso de la estructura hasta que la cabecera sea instalada.

Tamaños recomendados de las cabeceras ▸

Ancho aproximado de la abertura	Construcción de la cabecera recomendada
Hasta 3 pies	Contrachapado de ½" entre dos 2 × 4
De 3 pies a 5 pies	Contrachapado de ½" entre dos 2 × 6
De 5 pies a 7 pies	Contrachapado de ½" entre dos 2 × 8
De 7 pies a 8 pies	Contrachapado de ½" entre dos 2 × 10

Los tamaños de cabeceras arriba recomendados son apropiados para proyectos donde el piso completo y el techo están localizados sobre la abertura. Esta tabla considera sólo medidas aproximadas. Para establecer los requerimientos exactos, contacte un arquitecto o su inspector local de construcción.

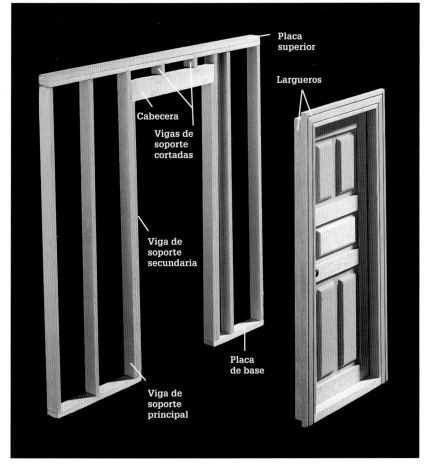

Aberturas de puertas: El peso estructural sobre la puerta es sostenido por vigas de soporte cortadas que descansan sobre la cabecera. Las puntas de la cabecera son soportadas por vigas de soporte secundarias y vigas principales que transfieren todo el peso sobre la placa de base y los cimientos de la casa. La abertura aproximada debe ser 1" más ancha y ½" más alta que las dimensiones de toda la unidad de la puerta (incluyendo los largueros). Este espacio extra permite el fácil ajuste de la puerta durante la instalación.

Placa superior

Largueros

Cabecera

Vigas de soporte cortadas

Viga de soporte secundaria

Placa de base

Viga de soporte principal

Herramientas para el diseño

Es importante tener a la mano un grupo de herramientas básicas para trabajar con puertas y ventanas en especial si va a abrir nuevas cavidades o va a instalar marcos. Esta colección también le ayudará en otra diversidad de proyectos. Las cintas métricas, las escuadras, las reglas de metal de graduación y la falsa escuadra le ayudarán a reproducir y medir ángulos con precisión. Los niveles largos y cortos y las plomadas son importantes para crear superficies de referencia o líneas. Un lápiz de carpintero tiene una punta más ancha que un lápiz convencional. Esto le da una mejor visión y le permite hacer marcas más notorias. Para crear líneas de marcas de referencia entre dos puntos utilice una cuerda con tiza. Esto le permite seguir las marcas con mayor facilidad cuando hace cortes con una sierra.

Herramientas para la construcción

Sin importar si va a cortar a través de paredes, sacar puntillas, instalar pestañas alrededor de ventanas, o quitar la moldura de las puertas, necesitará una serie de herramientas básicas para llevar a cabo ese trabajo, y es posible que ya posea varias de ellas en su colección. Durante la etapa de demolición, las máscaras contra el polvo, guantes, barras, sierra manual de vaivén y cinceles son esenciales. En la fase de construcción requerirá de un buen martillo y un juego de punzones para puntillas de varios tamaños, destornilladores, una sierra manual pequeña y quizás unas limas y un cepillo para aplanar. Para hacer ensambles o clavados más fáciles o rápidos, puede usar un martillo hidráulico activado por un compresor de aire. Si no desea comprar estas herramientas, puede alquilarlas en muchos sitios. Siempre debe usar la vestimenta protectora correcta para el tipo de trabajo a realizar. Unas buenas gafas y tapones para los oídos son tan importantes como un buen martillo. Acostúmbrese a usar equipo de protección cada vez que trabaje con herramientas manuales o eléctricas.

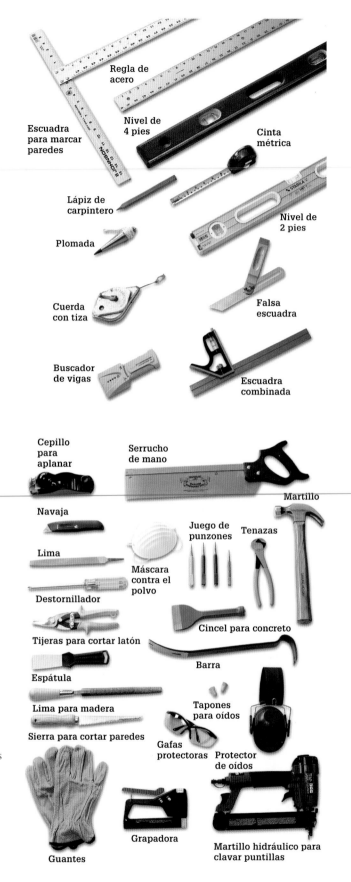

Regla de acero

Escuadra para marcar paredes

Nivel de 4 pies

Cinta métrica

Lápiz de carpintero

Nivel de 2 pies

Plomada

Cuerda con tiza

Falsa escuadra

Buscador de vigas

Escuadra combinada

Cepillo para aplanar

Serrucho de mano

Martillo

Navaja

Juego de punzones

Tenazas

Lima

Máscara contra el polvo

Destornillador

Cincel para concreto

Tijeras para cortar latón

Barra

Espátula

Tapones para oídos

Lima para madera

Sierra para cortar paredes

Gafas protectoras

Protector de oídos

Guantes

Grapadora

Martillo hidráulico para clavar puntillas

Cómo enmarcar una abertura para ventana

Prepare el sitio de trabajo. Quite la superficie de la pared interior (vea las páginas 266 a 271). Mida y marque el ancho de la abertura sobre la placa de la base. Marque la ubicación de las vigas principales y secundarias sobre la base. En lo posible use las vigas existentes como vigas principales.

Mida y corte las vigas principales para colocarlas entre la base y la cabecera. Clávelas en ángulo a la placa de base con puntillas 10d.

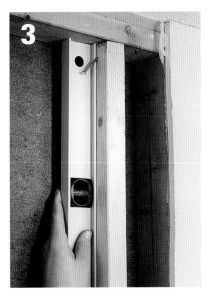

Examine las vigas principales con el nivel para comprobar que están a plomo. Luego clávelas en ángulo a la viga de la cabecera con puntillas 10d.

Midiendo a partir del piso, marque el borde superior de la abertura sobre una de las vigas principales. Esta marca representa la parte inferior de la cabecera de la ventana. Se recomienda dejar la abertura ½" más alta que la altura del marco de la ventana.

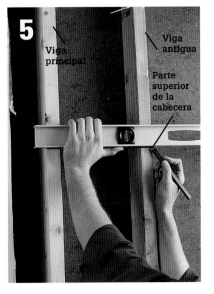

Mida y marque el lugar donde la parte superior de la cabecera se unirá con las vigas principales. El tamaño es igual a la distancia entre las vigas. Use un nivel largo para extender las marcas de una viga a la otra.

Mida hacia abajo a partir de la cabecera y marque un doble alféizar sobre la viga principal. Use un nivel largo para extender las marcas de una viga a la otra. Haga marcas para los soportes provisionales (ver las páginas 268 a 271) si va a remover más de una viga.

(continúa)

7

Parte inferior del alféizar

Coloque el disco de la sierra circular a su máxima profundidad de corte. Corte a lo largo de las marcas tanto de la parte inferior como la superior siguiendo las líneas trazadas. No corte las vigas principales. Haga un corte adicional sobre cada viga de unas 3" sobre el corte del alféizar. Termine los cortes con un serrucho manual.

8

Vigas de soporte cortadas

Parte superior de la cabecera

Parte inferior del alféizar

Remueva las secciones de 3" de las vigas. Quite las vigas antiguas al interior de la abertura con una barra de palanca. Saque todas las puntillas expuestas con unas tenazas. Las secciones restantes de las vigas servirán como vigas de soporte cortadas para la ventana.

9

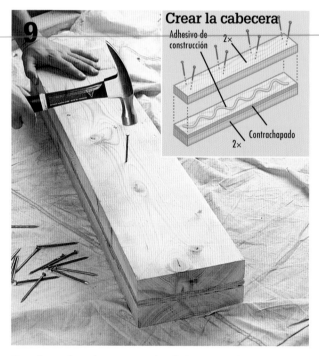

Crear la cabecera

Adhesivo de construcción

2×

Contrachapado

2×

Construya la cabecera para instalarla entre las vigas principales por encima del marco de la ventana. Use dos piezas de madera de 2× unidas por una pieza de contrachapado de 1/2".

10

Corte dos vigas secundarias de una longitud desde la base hasta las marcas inferiores sobre las vigas principales. Clávelas sobre las vigas principales con puntillas 10d separadas cada 12" de distancia. *Nota: En las viviendas con armazones continuas, las vigas secundarias llegarán hasta la base del alféizar.*

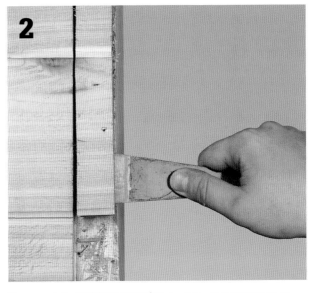

Coloque la cabecera sobre las vigas de soporte secundaria. Ajústela con un martillo si es necesario. Clave la pieza sobre las vigas de soporte principales, secundarias y cortadas con puntillas 10d.

Construya el alféizar entre las vigas de soporte secundarias clavando juntos un par de maderas de 2 × 4. Colóquelo sobre las vigas de soporte cortadas y clávelo sobre las vigas con puntillas 10d.

Cómo reemplazar una ventana con pestaña de clavado

Remueva la ventana existente (ver la página 273). Coloque la nueva ventana en la abertura. Céntrela de izquierda a derecha e introduzca cuñas debajo del alféizar para nivelarla. En el lado exterior, mida la unidad en todos los lados para marcar el ancho de la moldura que instalará alrededor de la nueva ventana. Extienda las líneas de marca para señalar dónde cortará la moldura.

Remueva la moldura exterior alrededor de la ventana hasta exponer la pared de base. Use una espátula para separar y remover el vinilo, o una barra y martillo para quitar la madera. Vea las páginas 280 a 287 para recomendaciones de cómo remover otras superficies.

(continúa)

3

Cubra el alféizar y todas las vigas que conforman la abertura con lámina contra la humedad autoadhesiva. Instale tiras adicionales detrás del enmarcado y por encima del alféizar. Termine de cubrir colocando una tira de lámina a lo largo de la cabecera. El material debe cubrir los bordes frontales y los lados de las vigas de la abertura.

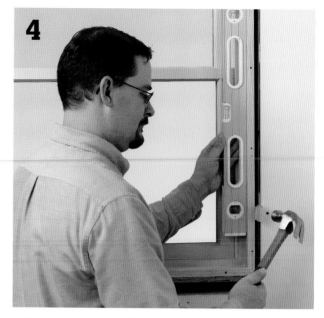

4

Aplique una capa de silicona alrededor de la cara trasera de la pestaña de la ventana y colóquela al interior de la abertura. Centre la unidad de lado a lado. Sosténgala en su lugar clavando parcialmente una puntilla de techo sobre la pestaña superior. Nivele y colóquela a plomo desde el lado interior. Use estacas para hacer los ajustes necesarios.

5

Ancle la unidad contra la cabecera en una esquina de la pestaña de clavado. Use una puntilla galvanizada para el techo de 1". Clávela sobre la otra esquina superior para sostener la unidad, y luego asegúrela por completo clavando el resto de puntillas a su alrededor. Instale tiras de lámina contra la humedad para cubrir toda la pestaña de la ventana. Comience sobre la pestaña inferior, luego cubra los lados traslapando la lámina inferior y extendiéndola entre 8 y 10" sobre la ventana. Instale toda la lámina hasta llegar arriba y traslapando los lados laterales.

6

Instale una pieza de canal de borde debajo de la cubierta de fachada y sobre el lado superior de la ventana. Asegúrela solamente con silicona.

Corte e instale la moldura alrededor de la ventana dejando un espacio pequeño entre la misma y el marco de la ventana. Utilice puntillas galvanizadas sin cabeza 8d. Abra huecos guía para asegurar la moldura contra la armazón. Corte las esquinas en un ángulo de 45°. Reinstale la fachada sobre el área de la ventana. Ajústela si es necesario.

Utilice una silicona de buena calidad para llenar los espacios entre la moldura y la fachada. En el lado interior llene los espacios entre la ventana y el área adyacente con espuma aislante, con espuma de expansión, o aislante de fibra de vidrio. Instale el marco interior.

Consejos para otro tipo de instalación: Anclajes para concreto ▶

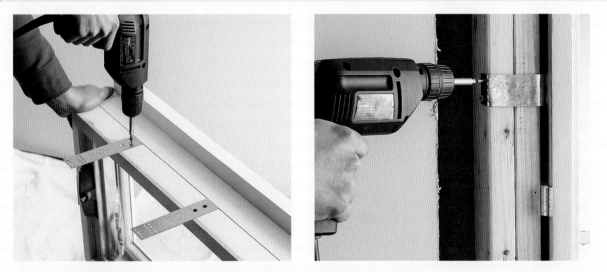

Utilice anclajes de metal para concreto cuando no pueda clavar la moldura porque descansa sobre una superficie de concreto o ladrillo. Los anclajes se instalan sobre canales pre-cortadas sobre el marco de la ventana (arriba a la izquierda) y se clavan con tornillos. Después que la ventana es colocada en la abertura, los anclajes se doblan sobre los marcos y se clavan con tornillos (arriba a la derecha). *Nota: Los anclajes para concreto pueden usarse en instalaciones de fachadas si quiere evitar abrir agujeros guía sobre la superficie fina de la moldura Por ejemplo, las ventanas que ya vienen pintadas con pintura a base de polímeros, pueden ser instaladas con estos anclajes sobre las molduras para evitar abrir agujeros con puntillas.*

Cómo instalar un marco superior redondo sobre una ventana

Remueva la superficie exterior de la pared como lo muestra las páginas 280 a 287, luego pruebe el tamaño de la ventana centrándola al interior de la abertura. Sostenga la unidad con bloques de madera y estacas colocadas debajo de los marcos laterales y el poste intermedio. Compruebe que la ventana esté nivelada y a plomo, y ajuste las estacas si es necesario.

Marque la forma de la moldura sobre la fachada. Quite la ventana después de medir la forma. *Nota: Si está trabajando sobre fachada de vinilo o metal, deje espacio suficiente para instalar la moldura de la canal "J" extra requerida para estas instalaciones.*

Consejos para enmarcar una ventana con moldura redonda ▸

Construya una plantilla como ayuda para marcar la abertura sobre la pared. Dibuje la curvatura sobre un cartón dejando ½" de sobra para permitir el ajuste al interior de la abertura. Puede usar una arandela de metal de ¼ × 1¼" como guía al trazar el círculo. Corte la plantilla a lo largo de la línea.

Pegue la plantilla sobre la superficie de la pared dejando la parte superior a ras con el marco de cabecera. Use la plantilla como guía para instalar vigas diagonales sobre las esquinas superiores. Las vigas sólo deben tocar la plantilla. Dibuje la plantilla sobre la pared como guía para cortar la superficie de la pared exterior.

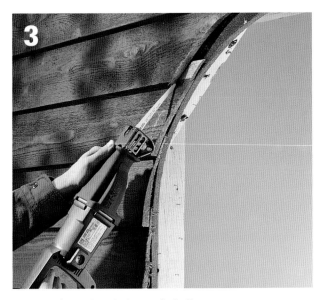

3

Corte la fachada a lo largo de la línea marcada sólo hasta la base de la pared. Use una sierra recíproca sostenida en ángulo para el corte redondo, y una sierra circular en cortes rectos ajustando el disco sólo para cortar la fachada. Use un formón para cortar los sobrantes en las esquinas.

4

Corte tiras de papel de construcción de 8" de ancho e incrústelas alrededor de toda la ventana. Doble el papel hacia el lado de las vigas y luego clávelo con grapas. Trabaje desde abajo hacia arriba para traslapar cada pieza de papel. *Nota: Puede usar lámina autoadhesiva en rollos contra la humedad en lugar del papel de construcción.*

5

Corte una pieza de canal de borde a la medida para colocarla sobre la parte superior de la ventana. Incrústela entre la fachada y el papel de construcción. Utilice canal flexible de vinilo en ventanas redondas. En ventanas rectangulares use canal rígida de borde de metal.

6

Coloque la ventana en la abertura y empuje la moldura en forma ajustada hasta que toque la pared. Clávela al interior de la moldura en forma usual para asegurar la ventana en su posición.

Cómo enmarcar una ventana en una pared con hastial

Aún cuando la mayoría de las ventanas de una vivienda están localizadas en paredes exteriores que acarrean poco peso, las ventanas del ático están comúnmente ubicadas en las paredes con hastial, y por lo general no soportan peso. Instalar una ventana en un hastial de estas características es simple y no requiere de un soporte provisional para el enmarcado de la estructura. Sin embargo, algunas paredes con hastial son también de soporte: Una señal de lo anterior es la viga pesada del caballete que sostiene las vigas por debajo, en lugar de sólo las puntas de las mismas. En este caso contrate a un experto para construir los marcos de ventanas. Si no está seguro de qué tipo de pared tiene, consulte a un profesional.

Un problema común que se presenta al enmarcar en la pared con hastial es la posición de las vigas sobre el piso, y esto puede dificultar unir nuevas vigas a la base de la pared. Una solución es instalar una cabecera más larga y un alféizar entre dos vigas existentes, y colocarlas a la altura precisa de la abertura de la ventana. Así podrá ajustar el ancho de la abertura instalando vigas verticales entre la cabecera y el alféizar.

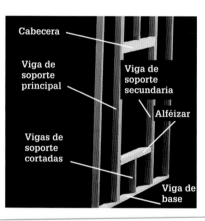

Los enmarcados de las ventanas tienen vigas de soporte principal, vigas de soporte secundarias que sostienen la cabecera. El alféizar determina el borde inferior de la abertura de la ventana.

Herramientas y materiales ▸

Sierra circular	Ventana o puerta
Serrucho de mano	enmarcada
Plomada	Madero de 2 × 4
Falsa escuadra	Puntillas comunes
Escuadra combinada	16d, 10d y 8d
Nivel de 4 pies	Contrachapado de ½"
Sierra recíproca	Adhesivo para construcción

Determine el ancho de la abertura midiendo la ventana y agregando 1". Agregue 3" a esa medida para determinar la distancia entre las vigas de soporte principales. Marque su posición sobre la viga de base en la pared con hastial.

Use una plomada para transferir las medidas de la viga principal desde la viga de base hasta las vigas inclinadas superiores en el hastial.

Corte las vigas principales de soporte a la longitud correcta. Corte en ángulo las puntas superiores para que encajen con las vigas inclinadas. Clave en ángulo las puntas de cada viga con tres puntillas 8d.

Determine la altura de la abertura
midiendo la altura de la unidad y agregando
$\frac{1}{2}$". Mida a partir de donde va a quedar la
altura del piso terminado y marque la parte
superior del alféizar. Haga una segunda
marca para la parte inferior del mismo, a 3"
más abajo de la marca superior.

Mida a partir de la marca superior
del alféizar y marque la altura de la abertura
(parte inferior de la cabecera). Haga otra
marca $3\frac{1}{2}$" más arriba para indicar la parte
superior de la cabecera. Use un nivel para
transferir todas las medidas a la otra viga de
soporte principal y a las vigas intermedias.

Dibuje las líneas de corte sobre
las vigas intermedias en las marcas para
la parte baja del alféizar y parte de arriba
de la cabecera. Haga el corte con una
sierra reciproca. Quite la pieza cortada. Las
secciones restantes de las vigas servirán
como vigas de soporte cortadas.

Corte las vigas de soporte
secundarias a una longitud desde la base
hasta las marcas de la cabecera en la viga
principal. Clávelas en las caras interiores de
las vigas principales con puntillas comunes
10d separadas cada 16".

Haga la cabecera con maderos y
contrachapado de 2 × 4 (página 54). Córtelos
para ajustarlos entre las vigas principales.
Colóquela sobre las vigas secundarias.
Clávela desde la viga principal con puntillas
16d, luego con puntillas 8d en ángulo desde
las vigas secundarias y de soporte cortadas
al interior de la cabecera.

Construya un alféizar uniendo un par
de 2 × 4 para acomodarlo en forma ajustada
entre las vigas secundarias. Colóquelo sobre
las marcas superiores y clávelo sobre las vigas
secundarias. Clave en ángulo las vigas cortadas
en el alféizar. Vea las páginas 280 a 287 para
remover la superficie de la pared exterior, y las
páginas 55 a 57 para instalar la ventana.

Ventanas hacia el jardín

Este tipo de ventanas están ubicadas por lo general en las cocinas, y también son una buena opción para casi que cualquier habitación en la vivienda. Su capacidad de proyectarse desde la pared entre 16 y 24", adiciona espacio y hace ver las habitaciones más grandes. El techo de vidrio y el diseño en forma encajonada las hace ideales para colocar plantas o desplegar objetos de colección. Estas ventanas por lo general incluyen secciones que se abren hacia el frente o a los lados permitiendo la ventilación. Están disponibles en estilo de toldo o con bisagras.

Los centros de distribución ofrecen una gran variedad de tamaños populares, pero puede ser difícil conseguir una unidad que se acople precisamente en la abertura existente. En estos casos debe reconstruir el tamaño de la abertura al tamaño apropiado. Quizás valga la pena el costo extra de ordenar la ventana a la medida de la abertura.

La cantidad de vidrio instalado en estas ventanas tiene un efecto directo en la eficiencia y ahorro de energía. Al comprarlas, deben tener por lo menos paneles de vidrios dobles cubiertos con capas de baja emisión (low-E). Existen unidades más costosas y eficientes disponibles para climas fríos.

Los métodos de aislamiento para estas ventanas varían según el fabricante. Algunos incluyen una pestaña de clavado que se ancla a la estructura y sostiene la ventana contra la casa. Otros modelos se cuelgan sobre enmarcados que se unen a la parte exterior de la vivienda. En este proyecto, la ventana hacia el jardín tiene un sistema de colgado de funda que se desliza al interior de la abertura y se ancla directamente a la estructura de enmarcado.

Herramientas y materiales ▸

Cinta métrica	Molduras para exteriores
Martillo / Nivel	Papel de construcción
Escuadra para enmarcar	Tornillos de 3"
Sierra circular	Canal de borde
Formón / Grapadora	Pegamento para construcción
Taladro y brocas	Puntillas para fachada 4d
Pistola para silicona	Puntillas con cubierta galvanizada 8d
Navaja / Estacas	Molduras para interiores
Juego de ventana hacia el jardín	Silicona que permita pintarse
Tiras de madera	
Maderos de 2 × 4	

Una ventana hacia el jardín con techo de vidrio es un lugar ideal para colocar plantas interiores, y además hace ver la habitación más grande.

Cómo instalar una ventana hacia el jardín

Prepare el lugar de trabajo y remueva la moldura exterior e interior. Luego quite la ventana (ver la página 273).

Tome las medidas al interior de la abertura para verificar el tamaño correcto de la ventana. La abertura debe ser más o menos ½" más grande que la altura y ancho de la ventana. Inserte tiras de madera y estacas si es necesario para dejar la abertura al tamaño correcto.

Utilice un nivel para comprobar que el alféizar está a nivel y los lados están a plomo. Use una escuadra para enmarcar para comprobar que cada esquina está cuadrada. El enmarcado de la abertura debe estar en buena condición para sostener el peso de la ventana. Si está muy deteriorado, descuadrado o desnivelado, quizás tenga que reconstruir el enmarcado de la abertura (ver las páginas 53 a 55).

Inserte la ventana hacia el jardín en la abertura presionándola en forma ajustada contra el enmarcado. Soporte la unidad con maderos en ángulo de 2 × 4 colocados por debajo del borde de la ventana hasta que haya sido asegurada contra la estructura.

(continúa)

5

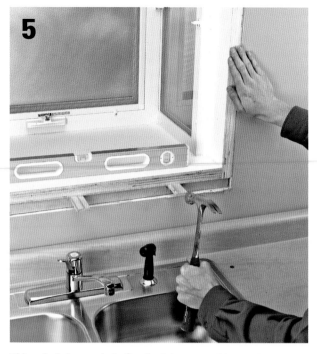

El borde interno de la funda de la ventana debe quedar a ras con la superficie de la pared. Nivele el alféizar de la ventana. Coloque estacas debajo de la parte más baja del alféizar para nivelarlo si es necesario.

6

Después que la ventana está en su lugar y a nivel, sostenga una pieza de moldura a lo largo del lado exterior de la ventana y trace una marca sobre la fachada. Quite la ventana y corte el trozo de la superficie marcada con una sierra circular. Vea las páginas 280 a 287 para instrucciones de cómo remover diferentes clases de fachada.

7

Instale tiras de papel de construcción entre la fachada y la base de la pared. Envuélvalas alrededor del enmarcado y clávelas con grapas. Trabaje de abajo hacia arriba en los lados para que cada pieza traslape la anterior. Coloque la ventana otra vez y nivélela. Compruebe que la distancia entre la ventana y la fachada es igual al ancho de la moldura en todos los lados.

8

Perfore agujeros cónicos para dar cabida a la cabeza de los tornillos de cada 12" a 16" de distancia sobre la funda de la ventana al interior de la cabecera, vigas secundarias y alféizar en la abertura.

Inserte las estacas entre la funda de la ventana y el enmarcado de la abertura en el sitio de cada agujero a lo largo de la parte superior y los lados para evitar que la ventana se incline. Ancle la ventana con tornillos de 3". Compruebe que todo queda a nivel y a plomo a medida que aprieta los tornillos.

Utilice un localizador de vigas para ubicar las que están cerca de los bordes de la ventana. Corte dos piezas de la fachada para colocarlas detrás de los soportes en ángulo y clávelas sobre las vigas con puntillas 4d. Coloque el lado angosto del soporte sobre la pared y el largo por debajo de la ventana. Clave los soportes contra la pared y sobre ventana utilizando los tornillos suministrados.

Corte una pieza de canal de borde a la longitud correcta, aplique adhesivo sobre la pestaña superior e insértela entre la fachada y la parte superior de la ventana. Corte las molduras a la medida, colóquelas en su posición y clávelas con puntillas con capa galvanizada y sin cabeza 8d a través de los agujeros guía. Selle los bordes de la moldura con una capa de silicona que pueda pintarse de unas $3/8$" de ancho.

Corte todas las estacas sobresalientes a ras con la moldura usando una sierra manual o una navaja. Instale aislante o silicona en los espacios entre el marco de la ventana y la pared. Termine el trabajo instalando la moldura antigua o una nueva si es necesario.

Ventanas en forma de bahía

Las ventanas modernas con este tipo de diseño vienen pre-ensambladas para facilitar su instalación, pero de todos modos toma varios días para completar la labor. Estas ventanas son grandes y pesadas y se requiere de técnicas especiales de instalación. Pida ayuda durante el proceso y trate de realizar el trabajo cuando haya poca posibilidad de lluvia. Utilizar accesorios pre-instalados facilitarán la operación (ver la siguiente página).

Una ventana de este tipo puede pesar cientos de libras, y debe anclarla con seguridad a las vigas de la estructura de la pared y con soportes en ángulo conectados a las vigas ubicadas por debajo de la ventana. Algunos fabricantes incluyen cables que pueden ser usados en reemplazo de los soportes en ángulo de metal.

Antes de comprar este tipo de ventana, consulte la oficina local de construcción en referencia a los requerimientos de los códigos. Muchas normas requieren que las ventanas grandes y las de este estilo bahía a baja altura con opción para sentarse tengan vidrios templados para mayor seguridad.

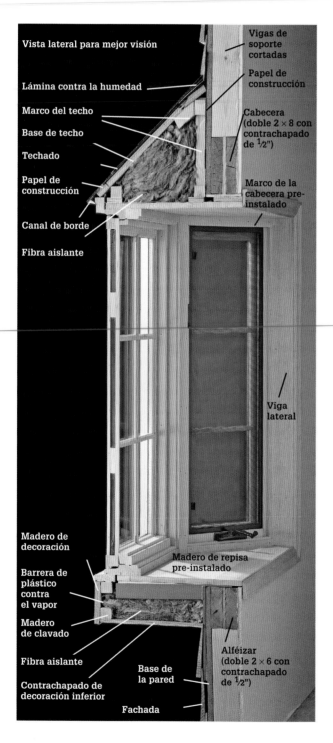

Vista lateral para mejor visión

Lámina contra la humedad

Marco del techo

Base de techo

Techado

Papel de construcción

Canal de borde

Fibra aislante

Vigas de soporte cortadas

Papel de construcción

Cabecera (doble 2 × 8 con contrachapado de ½")

Marco de la cabecera pre-instalado

Viga lateral

Madero de decoración

Barrera de plástico contra el vapor

Madero de clavado

Fibra aislante

Contrachapado de decoración inferior

Madero de repisa pre-instalado

Alféizar (doble 2 × 6 con contrachapado de ½")

Base de la pared

Fachada

Herramientas y materiales ▸

Regla	Tornillos galvanizados
Sierra circular	de 3" y 2"
Formón / Barra	Puntillas sin
Taladro / Nivel	cabeza 16d
Juego de punzones	Papel de construcción
Grapadora / Navaja	Aislante de fibra
Tijeras para	de vidrio
cortar latón	Papel de base de
Navaja para techado	polietileno 6-mil
Pistola para silicona	Canal de borde
Falsa escuadra	Puntillas para techo de 1"
Ventana en forma	Lámina protectora contra
de bahía	la humedad (vertical y
Juego prefabricado	sobre el techo)
para la estructura	Techado
del techo	Cemento para techo
Soportes de metal	Maderos de 2 × 2
en ángulo	Molduras de decoración
Maderos 2×	de 5½"
Puntillas galvanizadas	Contrachapado para uso
comunes 16d	exterior de ¾"
Puntillas galvanizadas	Silicona que
sin cabeza 16d y 8d	pueda pintarse
Estacas de madera	

Use accesorios prefabricados para facilitar la instalación. Los enmarcados para el techo (A) vienen completos con la base (B), la lámina de protección sobre el techo (C), la vertical (D), y puede comprarse a la medida en muchos centros de construcción. Especifique la medida exacta de la ventana y el ángulo de declive del techo. Puede cubrir el techo con papel de construcción y techado, o comprar una cubierta de cobre o aluminio. Los soportes en ángulo de metal (E), y las molduras de decoración (F) se compran en depósitos si no están incluidas con la ventana. Use dos soportes en ángulo en ventanas hasta 5 pies de ancho, y tres en ventanas más grandes. Las molduras de decoración vienen cubiertas con una capa de aluminio o vinilo y pueden cortarse con una sierra circular o de mesa.

Construya la abertura de manera similar a una ventana convencional (páginas 53 a 55), pero construya el alféizar con dos maderos de 2 × 6 dejando en el medio una pieza de contrachapado de ¹⁄₂" Instale vigas extras de soporte secundario debajo del alféizar para ayudar a sostener el peso de la ventana.

Construya la estructura sobre la ventana si el alero del techo sobresale la ventana. Use maderos de 2 × 2 (arriba) para empatar los ángulos de la ventana, y asegure el marco contra la pared y el alero sobresaliente. Instale una barrera contra el vapor y el aislante (ver página 74), y termine igualando la fachada (abajo).

Cómo instalar una ventana en forma de bahía

Prepare el sitio de instalación y remueva las superficies de las paredes interiores (páginas 276 a 279). Construya el enmarcado de la abertura. Quite la superficie de las paredes exteriores (páginas 280 a 287). Haga una marca para cortar una sección de la fachada directamente debajo de la abertura. El ancho de la medida debe ser igual al de la ventana, y la altura debe ser igual a la moldura para decoración.

Coloque el disco de la sierra sólo a la profundidad necesaria para cortar la fachada. Haga el corte a lo largo de la línea. Deténgase antes de llegar a las esquinas para no averiar la fachada afuera de la marca Use un formón con filo para completar los cortes. Retire la pieza cortada.

Instale los soportes en ángulo a lo largo del alféizar en el área más ancha de la ventana y sobre las vigas de soporte cortadas. Agregue más vigas cortadas para igualar los soportes si es necesario. Marque el sitio de los soportes sobre la parte de arriba del alféizar. Use un formón para abrir una muesca a una profundidad del espesor del brazo del soporte.

Deslice el soporte entre la fachada y la base de la pared. Si es necesario, utilice una barra de palanca para separar la fachada de la base en ese lugar para dar campo al soporte. *Nota: Si trabaja sobre paredes de estuco, necesitará abrir muescas con un cincel para dar cabida a los soportes.*

5

Puntillas 16d

Ancle los soportes sobre el alféizar usando puntillas galvanizadas comunes 16d. Clave tornillos de 3" en el frente de los soportes y sobre el alféizar para evitar que se muevan.

6

Levante la ventana sobre los soportes y deslícela al interior de la abertura. Centre la unidad.

7

Compruebe que la ventana esté a nivel. Si es necesario, incruste estacas debajo del lado más bajo para nivelar la unidad. Sostenga temporalmente el borde de la parte saliente de la ventana con maderos de 2 × 4 para evitar que se mueva sobre los soportes.

8

Base del techo

Instale el enmarcado del techo por encima de la ventana dejando la base un poco suelta en su lugar. Marque el borde de la ventana y del techo sobre la fachada. Deje un espacio de ½"alrededor del techo para dar cabida a la lámina de protección contra la humedad y el techado.

9

Viga de soporte secundaria

Viga lateral

Bloques marcados a ras con las caras de las vigas

Estacas

Si el espacio entre los marcos laterales y las vigas de soporte secundarias es más de 1" de ancho, marque y corte bloques de madera para cubrir el espacio (aberturas pequeñas no requieren de bloques). Deje un espacio angosto para insertar estacas. Quite la ventana, y luego clave los bloques cada 12" a lo largo de las vigas.

(continúa)

10

Corte la fachada sólo hasta llegar a la base a lo largo de la línea marcada. Use una sierra circular. Pare antes de llegar a las esquinas y luego use un formón para finalizar el corte. Remueva la pieza cortada. Use una barra para quitar la fachada restante a lo largo de la marca del techo para facilitar la instalación de la lámina protectora contra la humedad. Cubra la base expuesta con tiras de papel para construcción de 8" de ancho (ver el paso 4 en la página 59).

11

Estaca

Soporte

Coloque una vez más la ventana sobre los soportes y deslícela sobre la abertura hasta que las molduras de los bordes queden ajustadas contra la base de la pared. Inserte estacas entre la punta exterior de los soportes de metal y el tablero de descanso (ver foto anexa). Compruebe que la unidad esté nivelada y ajuste las estacas si es necesario.

12

Ancle la ventana a la pared abriendo agujeros guía y clavando puntillas sin cabeza 16d a través de las molduras al interior de las vigas de la estructura. Clave las puntillas cada 12" y use un punzón para enterrar la puntilla por debajo de la superficie de la madera.

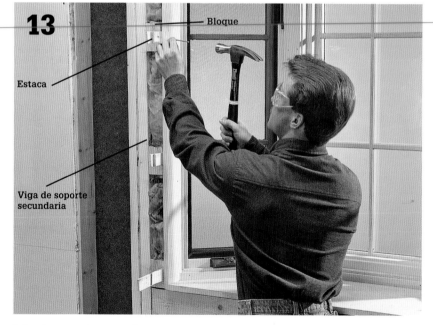

13

Bloque

Estaca

Viga de soporte secundaria

Introduzca estacas cada 12" en los espacios entre los marcos laterales y los bloques o las vigas de soporte secundarias, y entre el marco superior y la cabecera. Llene los espacios alrededor de la ventana con trozos de aislante de fibra de vidrio. Clave puntillas 16d sin cabeza entre los marcos y las estacas al interior de las vigas de la estructura. Corte las estacas a ras con el enmarcado usando una sierra manual o una navaja. Use un punzón para clavar las puntillas por debajo de la superficie. Si es necesario abra agujeros guía para evitar rajar la madera.

Instale un pliego de plástico y clávelo con grapas sobre la parte de arriba de la ventana para que sirva como barrera contra el vapor. Corte los sobrantes de plástico alrededor del borde de la ventana usando una navaja.

Remueva las piezas de la base de la pared que cubren la base de la pared y luego coloque el enmarcado sobre la ventana. Clave el enmarcado a la ventana y a la pared sobre las vigas de la estructura usando tornillos de 3" de largo.

Llene el espacio vacío al interior de la estructura con trozos de espuma aislante de fibra de vidrio. Clave las piezas de la base de nuevo con tornillos de 2" de largo.

Instale papel de construcción sobre la base del techo y clávelo con grapas. Asegúrese de traslapar las tiras de papel por lo menos 5".

Corte las canales de borde con tijeras para cortar latón, instálelo alrededor del borde del techo de la ventana y clávelo con puntillas para techo.

(continúa)

19 Lámina vertical contra la humedad

Corte a la medida una pieza de lámina vertical contra la humedad para cada lado de la estructura. Ajuste la lámina para que sobrepase la canal de borde ¼". La lámina ayuda a proteger la estructura contra los daños de humedad.

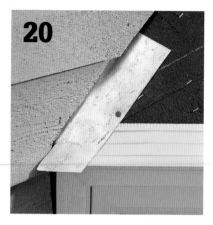

20

Corte la punta de la lámina al mismo ángulo de la canal de borde. Clave la lámina contra la base de la pared usando puntillas para techo.

21

Corte tiras de techado de 6" de ancho para colocarlas sobre la hilera inicial. Clávela con puntillas de techo dejándolas que sobresalgan de la canal de borde más o menos ½". Corte el techado a lo largo de los caballetes del techo usando una regla y una navaja para techado.

22 Hilera de techado completo

Hilera inicial de 6"

Canal de borde

Clave una hilera completa de techado sobre la hilera inicial. Alinee los bordes inferiores con el borde inferior de la hilera inicial. Las muescas del techado no deben quedar alineadas.

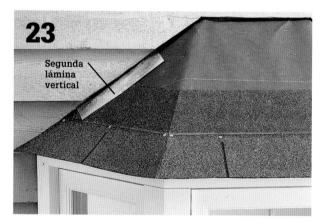

23 Segunda lámina vertical

Instale otra pieza de lámina contra la humedad vertical en cada lado del techo traslapando la primera pieza unas 5".

24

Corte e instale otra hilera de techado. Los bordes inferiores deben traslapar los superiores más o menos ½". Clave el techado con puntillas para techo más o menos cada tres lengüetas.

25

Continúe instalando hileras alternas de lámina contra la humedad y techado hasta llegar a la parte superior del techo. Doble las últimas piezas de lámina para sobreponerlas sobre el caballete.

26

Cuando haya cubierto el techo con tejas, instale la lámina contra la humedad sobre el techo. Corte y doble las puntas sobre los caballetes del techo y clávelas con puntillas para techo. Instale las hileras restantes de techado sobre la lámina.

27

Establezca la altura de la última hilera de tejas midiendo desde la parte superior del techo hasta ½" más abajo del borde de las últimas tejas instaladas. Corte el techado a esa medida.

28

Instale la última hilera del techado con una capa gruesa de cemento para techo (no use puntillas). Presione con firmeza para presionar el pegamento.

29

Construya las cubiertas para el caballete cortando piezas de techado en secciones de 1 pie de largo. Use una navaja para cortar las esquinas superiores de cada pieza. De esa forma las cubiertas serán más angostas en la parte de arriba que de abajo.

30

Instale las cubiertas sobre el caballete. Comience desde abajo del techo. Corte el borde inferior a ras con los bordes del techo. Mantenga la misma distancia de traslape entre cada teja.

(continúa)

31

Use una navaja para techos para cortar las piezas en la parte superior del caballete para que queden a ras con la pared. Pegue las piezas con cemento para techo (no use puntillas).

32

Clave un pliego de plástico con grapas por debajo de la ventana para que sirva como barrera contra el vapor. Corte el plástico a lo largo del borde de la ventana.

33

Corte e instale un marco para la moldura decorativa de 2 × 2 por debajo de la ventana usando tornillos galvanizados de 3". Clávelo a más o menos 1" al interior del borde.

34

Corte la moldura decorativa para empatar la forma de la parte inferior de la ventana. Una las esquinas en ángulo de 45°. Pruebe las piezas para asegurarse que empatan en la parte inferior de la ventana.

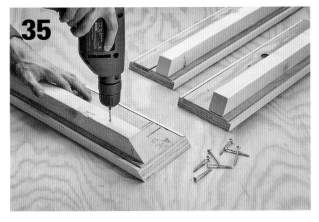

Corte un madero de clavado de 2 × 2 por cada moldura a instalar. Corte las puntas al mismo ángulo de la moldura. Clave los maderos a la parte posterior de las molduras a 1"de los bordes inferiores usando tornillos galvanizados de 2" de largo.

Clave las piezas para la moldura sobre el marco de la misma. Perfore agujeros guía de $\frac{1}{8}$" cada 6" de distancia por detrás del marco y al interior de la moldura. Luego clave las molduras decorativas con tornillos galvanizados de 2" de largo.

Mida el espacio al interior de las molduras decorativas con una falsa escuadra para duplicar los ángulos. Corte la cubierta inferior de una lámina de contrachapado de $\frac{3}{4}$" para uso exterior.

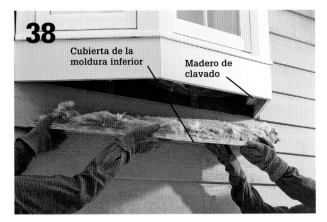

Coloque una capa de aislante de fibra de vidrio sobre la base de cubierta. Colóquela sobre el madero de clavado y clávela con tornillos galvanizados de 2" de largo, cada 6", y a lo largo de todo el borde.

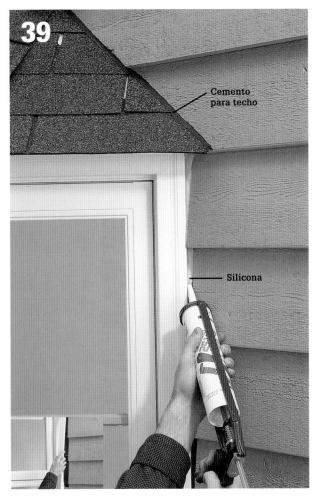

Instale cualquier otra moldura adicional (foto anexa) recomendada por el fabricante de la ventana usando puntillas galvanizadas sin cabeza 8d. Selle todos los bordes con cemento para techo, y selle todo alrededor de la ventana con silicona que pueda pintar. Vea las páginas 288 y 289 para el acabado de las paredes, y las páginas 144 a 155 para el acabado del interior de la ventana.

Ventanas con bloques de vidrio

Los bloques de vidrio son un material durable translúcido y a su vez reducen la visibilidad. Son una alternativa excelente para realizar diseños creativos. Estos tipos de ventanas ahorran energía y funcionan a la perfección en lugares donde sea necesaria la privacidad, como en el caso de baños.

Están disponibles en una gran variedad de tamaños, formas y diseños, y son fácilmente encontrados en centros de distribución de materiales para construcción u otros almacenes especializados.

La construcción con este material es casi que igual a trabajar con ladrillos, pero hay dos diferencias importantes. Primero, el bloque de vidrio debe ser soportado por otra estructura y no puede usarse para sostener carga. Segundo, los bloques no pueden ser cortados y es necesario instalarlos teniendo en cuenta las medidas exactas.

Cuando instale este material en las ventanas, el tamaño de la abertura está determinado por el número de bloques que va a usar. Es mucho más fácil reducir el espacio de una abertura existente para acomodar los bloques que agrandar el espacio (lo cual requiere re-diseñar el enmarcado). Para establecer el ancho de la abertura, multiplique el ancho de los bloques por la cantidad de bloques horizontales y agregue $\frac{1}{4}$". Para determinar la altura, multiplique la altura nominal por la cantidad de bloques verticales y adicione $\frac{1}{4}$".

Debido a su peso, la ventana de bloques de vidrio requiere de una base sólida, y las vigas del enmarcado necesitarán reforzarse. Contacte el departamento de construcción de su localidad para poner en práctica las normas requeridas.

Al hacer la instalación, use separadores tipo "T" entre los bloques para mantener la distancia consistente entre los mismos en el momento de aplicar el cemento. Así puede evitar que la mezcla se derrame antes que se haya solidificado. Los separadores en forma de "T" pueden ser modificados por otros en forma de "L" o planos para usarlos en las esquinas o a lo largo de las canales. Utilice cemento pre-mezclado para bloques de vidrio para lograr mejores resultados. Este tipo de mezcla es fuerte y un poco más seca que la usada en ladrillos porque el vidrio no absorbe agua de la mezcla como lo hace el ladrillo.

Debido a la gran variedad de aplicaciones y técnicas de instalación de este material, consulte al fabricante o distribuidor sobre los mejores productos y formas de instalar dependiendo de su tipo de proyecto.

Las ventanas de bloques de vidrio son de excelente durabilidad, transmiten buena luz y crean privacidad. Los nuevos productos facilitan su instalación para todos aquellos que deseen trabajar con este material.

Herramientas y materiales ▶

Cinta métrica
Sierra circular
Martillo / Navaja
Tijeras (cortar latón)
Taladro / Palustre
Caja para
  mezclar cemento
Nivel de 4 pies
Mazo de caucho
Herramienta para
  las uniones
Esponja
Juego de punzones
Brocha para pintar

Pistola para silicona
Maderos de 2 × 4
Puntillas comunes 16d
Canales de perímetro para
  bloques de vidrio
Tornillos galvanizados de
  cabeza plana de 1"
Cemento / bloques
  de vidrio
Separadores "T" de $\frac{1}{4}$"
Tiras de expansión
Silicona
Adhesivo para construcción
Sellador para cemento

Cómo instalar ventanas con bloques de vidrio

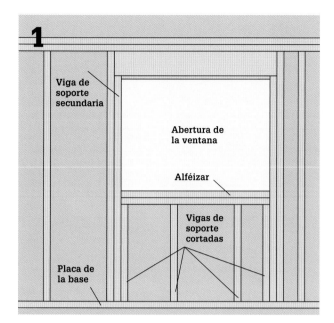

Mida el tamaño de la abertura y determine el tamaño de los bloques de vidrio que va a instalar (ver la página opuesta). Refuerce el enmarcado de la abertura colocando vigas dobles sobre el alféizar e instalando vigas cortadas adicionales. Corte todas las piezas al tamaño correcto y clávelas con puntillas comunes 16d.

Corte la canal de perímetro para el alféizar y los marcos laterales dejando las puntas en 45°. Alinee el borde frontal de la canal a ras con el borde de la base de la pared exterior. Abra agujeros guía sobre las canales cada 12" (si no vienen ya abiertos) y clávelos con tornillos galvanizados de cabeza plana de 1". *Nota: Pinte la cabeza de los tornillos de color blanco para empatarlos con el color de la canal.*

Instale la canal sobre la cabecera dejando las esquinas en un ángulo de 45°, luego córtela a lo largo por la mitad con una navaja. Alinee una mitad de la canal a ras con el borde de la base de la pared exterior y clávela con tornillos galvanizados de cabeza plana de 1".

Instale un par de bloques juntos sobre la canal (no eche cemento entre los bloques y las canales). Coloque un separador plano de 1/4" contra el primer bloque. Mezcle el cemento para bloques y aplíquelo sobre el lado del siguiente bloque a instalar. Presiónelo contra el primer bloque. Compruebe que la unión esté llena de mezcla.

(continúa)

Instale los bloques restantes de la primera hilera comenzando desde las esquinas hacia el centro. Use separadores planos entre los bloques para mantener la distancia constante. Nivele cada bloque a medida que lo instala y luego revise la hilera completa cuando acabe. Golpee los bloques para nivelarlos desde arriba usando un mazo de caucho o el mango del palustre (no los golpee con herramientas de metal). Aplique mezcla en ambos lados de los bloques finales de la hilera.

Llene de cemento cualquier vacío sobre las uniones en la parte superior de cada hilera e inserte un separador "T" de $\frac{1}{4}$". Aplique una capa de cemento de $\frac{3}{8}$" de espesor para la siguiente hilera. Instale los bloques usando separadores "T" para mantener constante la separación. Compruebe el nivel y plomada de cada bloque y ajústelos a medida que los instala.

Pruebe la mezcla a medida que trabaja. Cuando soporte la presión del dedo, retire los separadores "T" (foto anexa) y llene de cemento los vacíos dejados. Empareje el cemento con una herramienta. Remueva el exceso con una esponja mojada o un cepillo de cerdas duras.

Para facilitar la instalación de los bloques en la última hilera, corte una de las puntas del separador "T" con unas tijeras para cortar latón. Instale la última hilera y luego limpie el cemento que se haya salido de las uniones.

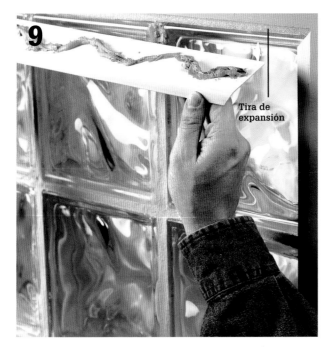

9

Tira de expansión

Corte una tira de expansión para la cabecera de 1½" de ancho y a la longitud correcta. Colóquela entre la última hilera y la cabecera de la abertura. Aplique una capa de pegamento para construcción sobre la parte superior de la otra mitad de la canal y deslícela entre la tira de expansión y la cabecera.

10

Limpie los bloques por completo con una esponja húmeda. Enjuáguela con frecuencia. Deje secar por completo la superficie y remueva la capa opaca con un trapo limpio y seco. Aplique silicona entre los bloques y las canales, y entre las canales y los marcos antes de instalar las molduras exteriores. Después de instalar las molduras, deje curar la mezcla por dos semanas. Aplique sellador.

Variación: Juegos de ventanas con bloques de vidrio ▶

Algunos juegos de ventanas con bloques de vidrio no requieren de cemento. Aquí los bloques son colocados al interior de las canales de perímetro, y las uniones son creadas usando tiras de plástico como separación. Luego las uniones son selladas con silicona.

Las ventanas de bloques de vidrio pre-ensambladas son sencillas de instalar. Estas unidades cubiertas con capa de vinilo tienen una pestaña de clavado alrededor del marco que permite la misma instalación como una ventana con pestañas (ver las páginas 55 a 57).

Claraboyas

Debido a que las claraboyas son una fuente importante de luz, debe tener en cuenta su tamaño y ubicación. Una claraboya muy grande puede calentar el área muy rápido, especialmente en el ático. Lo mismo sucede cuando se instalan varias claraboyas en una sola habitación. Por esta razón es mejor ubicarla lejos de la luz solar más brillante durante las horas del día. Puede considerar instalar una claraboya que pueda abrirla y cerrarla para circular el aire caliente.

Al instalar una claraboya sobre un ático sin terminar, debe incluir un compartimiento especial para dirigir o canalizar la luz hacia la habitación.

Cuando las instala sobre espacios ya terminados, hay que tener otras consideraciones. Primero, debe remover la cubierta del cielo raso hasta exponer las vigas de soporte. Para realizar esta operación, vea las páginas 86 a 89.

El enmarcado de una claraboya es similar al de una ventana. Tiene una cabecera y un alféizar, y las vigas del techo sirven como soporte en lugar de las vigas verticales en una ventana. También tienen marcos que definen los lados de la abertura. Lea las instrucciones del fabricante para determinar el tamaño de la abertura para la claraboya que vaya a seleccionar.

En los techos construidos con enmarcados estándar puede cortar con seguridad una o dos vigas con tal que las mantenga sostenidas —como lo muestran los pasos siguientes—. Si la claraboya requiere la alteración de más de dos vigas, o si el techo está construido con material muy pesado (como tejas de arcilla o laja), consulte un arquitecto o un ingeniero antes de iniciar el proyecto.

Las claraboyas modernas de buena calidad difícilmente dejarán filtrar el agua, pero esto es sólo garantizado con una buena instalación. Siga las instrucciones del fabricante, e instale la lámina contra la humedad con cuidado ya que durará mucho más tiempo que cualquier sellador.

Las claraboyas pueden brindar calor durante el invierno, ventilación durante el verano, y la vista exterior desde la vivienda en cualquier estación. Por supuesto también ofrecen luz natural.

Herramientas y materiales ▶

Nivel de 4 pies
Sierra circular
Taladro / Navaja
Escuadra combinada
Sierra recíproca
Barra de palanca
Cuerda con tiza
Grapadora
Pistola para silicona
Tijeras (cortar latón)
Plomada
Sierra de vaivén
Herramientas para
   remover la pared
Madero 2×
Puntillas comunes
   10d y 16d

Madero de 1 × 4
Papel de construcción
Cemento para techo
Lámina contra la
   humedad para
   claraboyas
Puntillas para techo de
   2", 1¼", y ¾"
Puntillas para acabados
Espuma aislante de
   fibra de vidrio
Tablero de pared de ½"
Cordel
Tornillos para paredes
Hojas de polietileno
   6mil
Materiales de acabado

Cómo instalar una claraboya

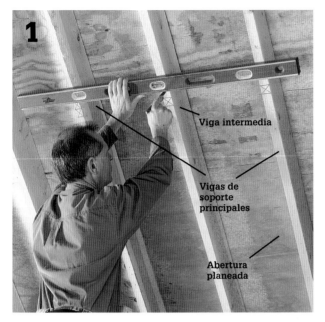

1 Utilice la **primera viga** de cada lado de la abertura como vigas principales. Marque el sitio donde la doble cabecera y alféizar se unirán a las vigas. Use un nivel y una regla larga para extender las medidas a la viga intermedia.

Labels on image: Viga intermedia; Vigas de soporte principales; Abertura planeada

2 **Sostenga la viga intermedia** colocando dos maderos de 2 × 4 entre la viga y el piso del ático. Coloque los soportes apenas arriba de la marca de la cabecera y abajo de la marca del alféizar. Asegure los soportes provisionalmente a las vigas y al piso (o vigas) usando tornillos.

Labels on image: Marca de la doble cabecera; Marca del doble alféizar

3 **Refuerce cada viga de soporte** principal con una viga 'paralela' instalada sobre la cara exterior. Debe tener la misma dimensión, longitud y corte en las puntas de la viga ya instalada. Instálela a ras de la cara frontal de la viga principal. Clávelas juntas con pares de puntillas comunes 10d separadas cada 12".

Label on image: Viga paralela

4 **Use una escuadra combinada** para transferir las marcas de la cabecera y el alféizar sobre la cara de la viga intermedia y luego haga los cortes sobre las marcas con una sierra recíproca. No corte al interior de la base del techo. Remueva con cuidado la parte cortada usando una barra. Las vigas restantes servirán como vigas de soporte cortadas.

(continúa)

5

Construya una doble cabecera y un doble alféizar para ajustarlos entre las vigas principales. Use maderos 2× del mismo tamaño de las vigas. Clave las piezas juntas con pares de puntillas 10d separadas cada 6" de distancia.

6

Viga de soporte cortada

Instale la cabecera y el alféizar clavándolos contra las vigas principales y cortadas con puntillas comunes 10d. Compruebe que las puntas de todas las vigas estén alineadas con las marcas sobre las vigas principales.

7

Marcos

Si la claraboya es más angosta que la abertura entre las vigas principales, mídala y marque el lugar para instalar los marcos. Deberán quedar centrados en la abertura y separados siguiendo las instrucciones del fabricante. Corte los marcos del mismo madero usado para el resto del enmarcado y clávelos en su lugar con puntillas comunes 10d. Quite los soportes provisionales de 2 × 4.

8

Marque el borde de la abertura atravesando la base del techo con un tornillo en cada esquina del enmarcado. Cubra la abertura con un par de retazos de contrachapado para evitar que la pieza a cortarse se caiga y haga daños en el interior.

Suba al techo y tome las medidas entre los tornillos para comprobar que las medidas de la abertura están correctas. Trace líneas con tiza para el corte y remueva los tornillos.

Clave un madero de 1 × 4 sobre el techo alineado sobre la parte interior de una de las marcas con tiza. Clave las puntillas a ras con la superficie del madero.

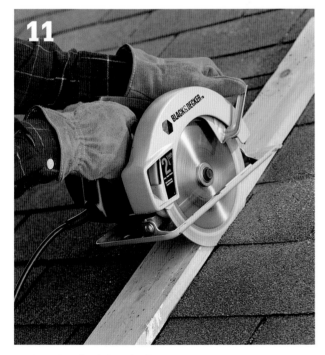

Corte a través del techado y la base del mismo sobre la marca usando una sierra circular con un disco viejo. Descanse la base de la sierra sobre un madero de 1 × 4, y use el borde como guía. Mueva el madero y corte a lo largo de las otras marcas. Quite la sección cortada del techo.

Remueva el techado alrededor de la abertura usando una barra con punta plana. Exponga al menos 9" del papel de construcción en todos los lados. Remueva las piezas de techado completas en lugar de cortarlas.

(continúa)

13

Corte tiras de papel para construcción y colóquelas debajo del techado y sobre el papel ya instalado. Cubra el enmarcado con el papel y clávelo con grapas.

14

Pestaña de clavado

Aplique una capa de cemento para techo de 5" de ancho alrededor de la abertura. Coloque la claraboya en su lugar hasta que las pestañas de los bordes descansen sobre el techo. Ajuste la unidad hasta que quede cuadrada al interior de la abertura.

15

Clave la claraboya a través de la pestaña y hacia el interior de la base y vigas de soporte del techo con puntillas galvanizadas de 2" separadas cada 6". *Nota: Si la claraboya usa soportes en forma de "L" en lugar de la pestaña de clavado, siga las instrucciones del fabricante.*

16

Tira autoadhesiva

Arregle las piezas de techado hasta el borde inferior de la claraboya. Clave el techado con puntillas para techo de 1¼" clavadas debajo de la tira autoadhesiva. Si es necesario, corte las piezas de techado con una navaja para que quepan debajo de la claraboya.

17

Marco de la claraboya

Pestaña lateral

Lámina vertical contra la humedad

Aplique cemento para techo sobre la parte inferior del borde de la lámina contra humedad y colóquela alrededor del borde de la unidad. Clávelo con puntillas galvanizadas para techo de ¾" sobre el lado vertical de la pestaña (cerca de la parte superior de la lámina) y en los marcos de la claraboya.

18

Aplique cemento para techo sobre la parte inferior de la lámina vertical contra humedad, luego introdúzcala debajo de la canal de borde en un lado de la claraboya. La lámina debe traslapar la lámina vertical 5". Presione la lámina vertical para sellar el pegamento. Repita la acción al otro lado de la claraboya.

Arregle la siguiente hilera de techado a cada lado de la claraboya siguiendo el diseño del techado instalado. Clave una puntilla de 1¼" en cada pieza de techado y lámina contra la humedad al interior de la base. Clave puntillas adicionales un poco arriba de las muescas del techado.

Siga instalando hileras alternas de lámina vertical contra la humedad y techado con cemento y puntillas para techo. Cada pieza de lámina debe traslapar la anterior 5".

Corte y doble la última pieza de lámina contra la humedad en cada lado de la parte superior de la claraboya para que la lámina vertical se envuelva alrededor de las esquinas. Luego arregle las siguientes hileras de techado.

Aplique cemento para techo debajo de la lámina horizontal para pegarla contra el techo. Instale la lámina contra la parte superior de la claraboya dejando la parte vertical debajo de la canal de borde, y la horizontal debajo de las piezas de techado sobre la claraboya.

Instale las piezas de techado restantes cortándolas a la medida si es necesario. Clávelas con puntillas para techo incrustadas un poco arriba de la lengüeta.

Aplique una capa ininterrumpida de cemento para techo a lo largo de la unión del techado y la claraboya. Termine el interior del enmarcado de la abertura como lo desee.

Cómo construir el compartimiento de una claraboya

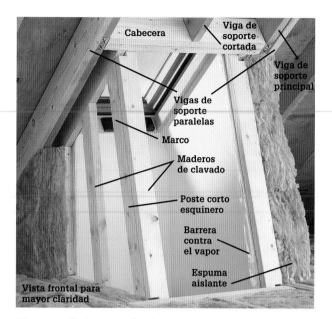

Vista frontal para mayor claridad

- Cabecera
- Viga de soporte cortada
- Viga de soporte principal
- Vigas de soporte paralelas
- Marco
- Maderos de clavado
- Poste corto esquinero
- Barrera contra el vapor
- Espuma aislante

El compartimiento es hecho de maderos de 2 × 4, láminas de pared, una barrera contra el vapor y aislante de fibra de vidrio. Puede construir un espacio recto con cuatro lados verticales, o uno angulado con un enmarcado más largo a la altura del cielo raso y con uno o más lados hechos en ángulo. Ya que la abertura del cielo raso es más grande, el ángulo del compartimiento deja pasar más luz que si es construido en forma recta.

Quite la espuma aislante en el sitio donde va a ubicarse la claraboya. Corte y redistribuya los cables eléctricos si es necesario. Use una plomada como guía para marcar los puntos de referencia sobre la superficie del cielo raso directamente debajo de las esquinas del enmarcado de la claraboya.

Marca de la plomada

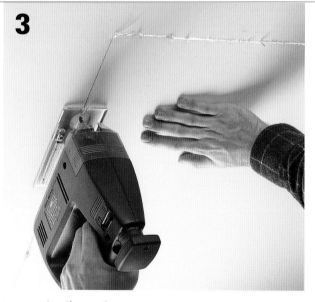

Si va a instalar un compartimiento recto, use las marcas de la plomada hechas en el paso 1 para definir las esquinas de la abertura del cielo raso. Clave una puntilla sobre el techo en cada marca. Si va a instalar uno angulado, mida a partir de las marcas de la plomada y trace unas nuevas que definan las esquinas de la abertura en el cielo raso. Clave nuevas puntillas en esas esquinas.

Marque las líneas de corte desde el interior de la habitación. Córtela y luego remueva la pieza (ver las páginas 276 y 277).

Use las vigas más cercanas en cualquier lado de la abertura del cielo raso como vigas de soporte principal. Mida y marque el sitio donde instalará las vigas y cabeceras dobles recostadas contra las vigas principales, y donde el borde frontal de la cabecera y alféizar cruzarán las vigas intermedias.

Si va a quitar una porción de una viga intermedia, refuerce las vigas principales clavando sobre las caras externas una viga paralela de iguales dimensiones y usando puntillas 10d.

Instale soportes provisionales por debajo del área de trabajo para soportar la viga intermedia en ambos lados de la abertura (ver las páginas 268 a 270). Use una escuadra combinada para trasladar las marcas sobre la viga intermedia, luego corte la sección de la viga con una sierra recíproca. Use una barra para quitar la pieza suelta y tenga cuidado para no averiar la superficie del cielo raso.

Construya una cabecera y alféizar doble para conectar las vigas principales. Use maderos dimensionales 2× de las medidas de las vigas.

(continúa)

8

Viga de
soporte
cortada

9

Marcos

Instale la doble cabecera y alféizar clavándolos contra las vigas principales y cortadas con puntillas 10d. Los bordes interiores de la cabecera y alféizar deben quedar alineados con el borde del cielo raso cortado.

Complete la abertura del cielo raso cortando y clavando los marcos, si son requeridos, a lo largo de los cortes del techo y entre la cabecera y el alféizar. Clávelos en ángulo contra la cabecera y el alféizar con puntillas 10d.

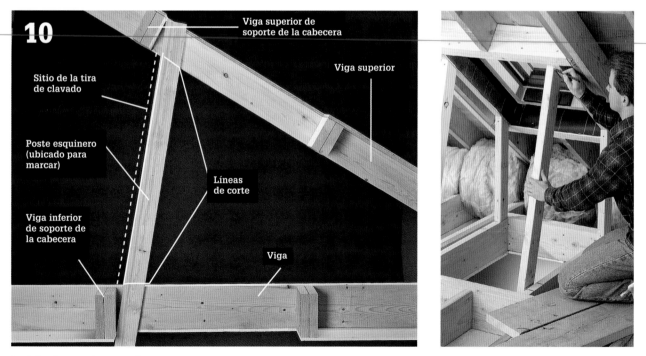

10

Viga superior de
soporte de la cabecera

Viga superior

Sitio de la tira
de clavado

Poste esquinero
(ubicado para
marcar)

Líneas
de corte

Viga inferior
de soporte de
la cabecera

Viga

Instale dos postes esquineros de 2 × 4 para el compartimiento de la claraboya. Para medir los postes, comience con un madero de 2 × 4 de igual longitud a la distancia entre la parte de arriba y abajo del compartimiento. Sostenga el madero contra la parte interior del enmarcado y a ras contra la parte superior de la viga de cabecera superior y la parte de abajo de la viga inferior (foto izquierda). Marque las líneas de corte donde el 2 × 4 se une con la viga superior (marco) y la parte baja de la viga (marco) (foto derecha). Corte a lo largo de las líneas y clave los postes en ángulo arriba y abajo usando puntillas 10d.

Instale una tira de clavado de 2 × 4 sobre el borde exterior de cada poste esquinero para crear una superficie de clavado para instalar las paredes. Haga muescas en las puntas de las tiras para acomodarlas alrededor de los marcos. No es necesario un corte exacto.

Instale tiras de clavado adicionales de 2 × 4 entre los postes esquineros si están separados más de 24". Corte las puntas de las tiras a 45° para colocarlas contra las vigas de los marcos.

Envuelva el compartimiento con aislante de fibra de vidrio. Asegure la fibra amarrándola con una cuerda alrededor de toda la estructura.

Clave hojas de plástico de polietileno de 6-mil con grapas al interior del compartimiento como barrera para el vapor. Instálelo sobre la fibra aislante.

Finalice el interior del compartimiento con paredes (ver las páginas 288 y 289). *Consejo: Para reflejar mejor la luz, pinte el interior de las paredes con un color claro semibrillante.*

Iluminación tubular

Cualquier habitación interior puede ser alumbrada por medio de luces tubulares. Este tipo de iluminación ahorra bastante energía y son relativamente fáciles de instalar y no requieren de complicados enmarcados.

Los diseños varían de acuerdo al fabricante. Algunos utilizan tubos plásticos sólidos para reflejar la luz, mientras que otros usan tubos flexibles. También es posible instalar luces de varios diámetros. Mida la distancia entre las vigas de enmarcado y el ático antes de comprar el sistema para estar seguro que va a caber.

El siguiente proyecto muestra la instalación de una luz tubular sobre un techo inclinado cubierto con tejas de asfalto. Consulte los fabricantes para la instalación sobre otro tipo de techos.

Una luz tubular es una forma económica de traer más iluminación natural a una habitación sin tener que hacer cambios significativos en el enmarcado del techo.

Herramientas y materiales ▸

Lápiz / Taladro
Cinta métrica
Sierra para cortar tableros de pared

Sierra recíproca
Barra de palanca
Destornillador / Tiza
Martillo / Navaja

Tenazas para cortar alambre
Juego de iluminación tubular

Cable fuerte
Tornillos o puntillas para techo de 2"
Cemento para techo

Cómo instalar un sistema de iluminación tubular

Abra un agujero guía a través del cielo raso en el lugar aproximado de la instalación. Introduzca un trozo de cable fuerte hasta el ático para localizar el hueco. Compruebe que el espacio alrededor del hueco en el ático no tenga nada de aislante. Perfore otro agujero en el cielo raso en medio de dos vigas.

Centre el anillo de enmarcado del cielo raso sobre el agujero y márquelo con un lápiz. Haga el corte con cuidado con una sierra para cortar paredes o una recíproca. Use la pieza cortada como plantilla. Instale el anillo de enmarcado en el hueco con los tornillos incluidos.

Escoja la ruta más directa para que el tubo llegue al techo desde el interior del ático. Ubique el centro entre las vigas apropiadas y clave una puntilla hasta que salga por encima del techado.

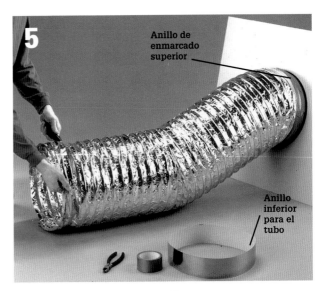

Use la pieza cortada del cielo raso como plantilla, céntrela sobre el agujero abierto en el techo y haga la marca con tiza para el nuevo corte. Abra un agujero guía para insertar la sierra recíproca y haga el corte sobre el techo. Remueva las porciones pequeñas de las tejas sobre el hueco con una barra. Quite las grapas y puntillas alrededor del borde del hueco.

Hale el tubo al interior del anillo superior, doble las lengüetas alrededor del tubo dejando dos o tres anillos del tubo sobre las lengüetas. Envuelva la unión tres veces con la cinta PVC incluida. Luego mida en el ático la distancia desde el techo hasta el cielo raso. Alargue el tubo y córtelo a esa distancia con una navaja y tenazas para cortar cable. Hale la punta suelta hasta el anillo inferior y envuélvala tres veces con la cinta PVC.

Anillo de enmarcado superior

Anillo inferior para el tubo

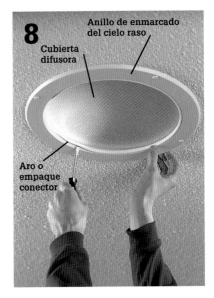

Anillo de enmarcado del cielo raso

Cubierta difusora

Aro o empaque conector

Enrolle el tubo a través del hueco del techo y coloque la lámina contra la humedad en posición dejando la parte superior de la misma por debajo de las piezas de techado. Esta acción es más fácil de llevar a cabo con dos personas; una sobre el techo y otra en el ático.

Conecte la lámina contra la humedad al techo con puntillas para techo de 2" o tornillos para la lámina. Aplique cemento para techo por debajo del techado y sobre las cabezas de las puntillas. Instale la cubierta del sistema y la ventilación sobre el enmarcado usando los tornillos incluidos.

Hale la punta baja del tubo a través del hueco del cielo raso. Conecte el anillo de enmarcado inferior del tubo al cielo raso y ajústelo con tornillos. Instale el aro o empaque conector sobre la cubierta difusora y muévalo alrededor del marco. Reinstale la fibra aislante alrededor del tubo en el ático.

Ventanas de emergencia en el sótano

Este tipo de ventana brinda una placentera fuente de luz natural y ventilación a los sótanos fríos y oscuros. Más importante aún, puede salvar la vida en el caso de incendio. Antes de continuar con este proyecto, consulte sobre los códigos de construcción al respecto presentados en la página 36. Contacte su departamento de construcción local para tener en cuenta los permisos adecuados y obtener más información sobre los requisitos en su localidad.

Si las ventanas se abren lo suficiente para cumplir con los reglamentos, no importa qué clase de estilo instale. Las ventanas de giro son apropiadas porque se abren con una manija rápidamente y ofrecen salida sin obstrucción. Una ventana alta doble de estilo guillotina, o una que se deslice sobre carriles también son apropiadas. Seleccione una unidad con vidrio aislante y cubiertas con una capa de vinilo o aluminio para mayor durabilidad. Las ventanas van a ser expuestas a la humedad y a los cambios de temperatura como cualquier otra ventana instalada sobre el nivel del piso en la vivienda.

El segundo componente en la construcción de ventanas de emergencia es el sistema de escape a instalar por fuera de los cimientos. Hay muchas opciones para escoger—unidades de escaleras prefabricadas hechas de plástico liviano y fáciles de instalar o sistemas de metal corrugado de bajo costo—. También puede construir una salida de emergencia hecha de concreto, piedra o maderos.

La instalación de una ventana de emergencia consta de cuatro pasos importantes: excavar el hueco de salida, cortar una abertura nueva o más grande en el cimiento, instalar una ventana, y finalmente instalar la salida del hueco. Podrá ahorrar tiempo y esfuerzo si contrata a alguien para excavar el hueco. En la mayoría de los casos también necesitará una sierra grande para cortar concreto de la pared del cimiento. Puede arrendarla en depósitos para construcción.

Reemplazar la ventana pequeña de un sótano por una de emergencia es una gran labor, pero es requerida si piensa convertir esa área en un espacio funcional, especialmente si es una habitación.

Herramientas y materiales ▶

Cinta métrica
Nivel de 4 pies
Estacas y cuerda
Cinta de color para enmascarar
Taladro con brocas para concreto de ½" de diámetro y de × 12 a 16" de largo
Sierra par concreto
Mazo manual
Cincel ancho / Pala
Carretilla
Sierra de mesa
Taladro / Martillo

Silicona y pistola para instalarla
Unidad de la ventana de emergencia
Gravilla pequeña
Hojas de plástico
Tornillos de auto agarre para concreto
Maderos presurizados 2×
Materiales aislantes
Anclajes para concreto

Cómo instalar una ventana y salida de emergencia

Marque el borde del hueco de salida con estacas y una cuerda. El área de excavación deberá ser mucho más grande que el tamaño final de la salida para dar campo para la construcción y ajustes finales.

Excave el hueco de 6 a 12" más profundo que la altura permitida de la salida para dar cabida a la gravilla de drenaje. Haga inspeccionar el área de trabajo por las compañías de servicios antes de iniciar la excavación.

Mida y marque la pared de cimiento con cinta para enmascarar de color brillante para señalar el tamaño de la abertura para la ventana (aquí se está reemplazando la ventana existente). Debe tener en cuenta las dimensiones de la abertura de la ventana, el espesor del enmarcado (por lo general maderos 2x)), y el ancho de la cabecera de la estructura que quizás tenga que construir. Recuerde que la altura de los marcos laterales debe estar entre 44" del piso. Quite las cubiertas de la pared al interior del área marcada.

Si las vigas del piso corren perpendicularmente a la pared del proyecto, construya un soporte provisional paralelo a la pared de cimiento, separada de 6 a 8 pies de distancia (ver las páginas 268 a 270 para más información al respecto). Clave hojas de plástico a las vigas de la pared y al piso para crear un área aislada de trabajo y así ayudar a controlar el polvo.

(continúa)

5

Necesitará cortar al interior del cimiento tanto adentro como afuera para separar los ladrillos por completo. Perfore un agujero al interior de la pared en cada esquina con un taladro y una broca para concreto como puntos de referencia para hacer los cortes desde afuera.

6

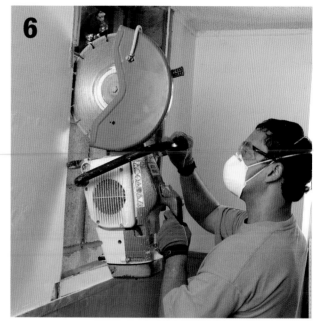

Utilice una sierra para cortar concreto, o un esmeril/amoladora de ángulo recto, con un disco de diamante colocado a $\frac{1}{2}$" de profundidad para cortar primero los ladrillos, luego ajuste el disco a su máxima profundidad para hacer los cortes al interior y los lados. Use una máscara contra el polvo bien ajustada, protección contra los ojos y oídos, y guantes mientras que hace todos los cortes. La sierra generará una gran cantidad de polvo. Mantenga la máquina derecha y firme. Pare con frecuencia para dejar sentar el polvo.

7

Conecte las marcas de los agujeros abiertos anteriormente con un nivel y una plomada para marcar la parte externa del corte sobre la pared. Mida la abertura entre los agujeros para comprobar el tamaño y que está cuadrado. Haga primero cortes superficiales y luego haga el corte a profundidad.

8

Golpee los bloques con un mazo para romper o soltar los ladrillos. Después de removerlos, quite con cuidado las puntas restantes usando un cincel para crear una superficie plana.

9

Llene los vacíos dejados por los bloques de concreto con piezas sobrantes, aplique concreto de rápido secado, y luego nivele y suavice la superficie con un palustre. Deje secar el concreto toda la noche.

10

Si el proyecto requiere de una nueva cabecera sobre la ventana, constrúyala con maderos de 2× dejando en el medio una pieza de contrachapado de ½" de espesor. Unte las piezas con adhesivo para construcción y clave todo con puntillas 10d. Colóquela en su lugar y clávela provisionalmente contra el madero de base con tornillos para terraza de 3½" incrustados en ángulo.

11

Construya el alféizar para la abertura de la ventana con un madero presurizado 2× del mismo ancho del espesor de la pared de cimiento. Clávelo con tornillos para concreto de ³⁄₁₆ × 3¼". Primero perfore agujeros guía para incrustar los tornillos usando un taladro y broca para concreto.

12

Corte dos piezas de maderos presurizados un poco más largos que la abertura para ajustarlos entre la nueva cabecera y alféizar. Golpéelos con un mazo. Nivélelos con una plomada y clávelos al cimiento con tornillos para concreto o con puntillas especiales también para concreto.

(continúa)

13

Aplique una capa espesa de silicona alrededor de los bordes exteriores del marco. Coloque la ventana en su lugar dejando las pestañas de clavado sobre la silicona. Use estacas para nivelar y aplomar la unidad. Ensaye la ventana para comprobar que las estacas no están brotando los marcos a su alrededor.

14

Clave las pestañas de la ventana al marco de la abertura usando puntillas o tornillos siguiendo las direcciones del fabricante. Ensaye la ventana con frecuencia a medida que la va clavando para asegurarse que funciona correctamente.

15

Selle los espacios dejados entre el marco de la abertura y el cimiento con una capa de silicona de poliuretano para uso exterior. Si los espacios son mayores de $1/4$", inserte una pieza de madera primero, luego cúbrala con silicona. En el interior, llene los espacios dejados con trozos de aislante de fibra de vidrio, espuma, o una capa de aerosol de espuma expandible. No distorsione el marco de la ventana.

16

Llene el hueco de la excavación de 6 a 12" con gravilla pequeña para servir como drenaje para la ventana. Siga las instrucciones del juego de salida de emergencia para determinar la profundidad exacta requerida. Puede requerir más gravilla y el borde superior de la salida puede quedar por encima de la ventana. *Nota: Aquí se agregó drenaje por debajo del perímetro del cimiento para mejorar el drenaje aún más.*

Instale la sección inferior de la salida al interior del hueco dejándola equidistante a cada extremo de la ventana. Ajuste la superficie de gravilla para nivelar la sección con cuidado.

Instale la segunda sección encima de la primera y conéctelas con los accesorios apropiados.

Conecte las secciones de la salida contra las paredes de cimiento usando anclajes para concreto clavados al interior de los agujeros pre-instalados. También puede usar puntillas para concreto clavadas con la herramienta correcta.

Después que todas las secciones estén clavadas y aseguradas, clave tiras de maderos presurizados alrededor del marco de la ventana para ocultar la pestaña de clavado. Complete la instalación llenando el exterior de la salida con tierra sobrante de la excavación. Compacte el terreno con una aplanadora creando un declive para un buen drenaje. Si va a instalar una cubierta para la salida, colóquela en su lugar y conéctela siguiendo las instrucciones del fabricante. La cubierta debe ser removible.

Reemplazar puertas

El siguiente capítulo lo guiará a través del proceso de enmarcar paredes e instalar puertas exteriores o interiores. También aprenderá cómo instalar una nueva puerta en un marco existente. Antes de iniciar cualquiera de estos proyectos, revise la información de los planos (ver las páginas 30 a 37) para mayor seguridad en cuanto a lo relacionado con la ubicación y tamaños de las puertas. Si no tiene conocimiento de cómo remover paredes de yeso o molduras exteriores, vaya a la página 280.

Siempre deberá leer las instrucciones que vienen incluidas con las puertas para mayor información al respecto. Siga esas recomendaciones con cuidado cuando difieran de esta información ya que de lo contrario afectarán la garantía del producto.

Este capítulo incluye:

- Enmarcado de las puertas
- Puertas pre-enmarcadas
- Puertas corredizas empotradas
- Puertas plegables
- Puertas de estilo Francés
- Colgar una nueva puerta en un marco viejo
- Puertas de entrada
- Puertas contra tormentas
- Puertas de patios
- Escaleras de acceso al ático

Enmarcado de las puertas

La construcción de la abertura para una puerta en la pared requiere de la creación de un enmarcado de 1" más ancho y ½" más alto que el marco de la puerta. Esta abertura de mayor tamaño, llamada también abertura aproximada, permitirá ubicar la puerta, nivelarla y aplomarla con facilidad. Antes de enmarcar la puerta es buena idea leer las instrucciones del fabricante en cuanto al tamaño de la abertura para la instalación.

Los enmarcados de las puertas consisten de dos vigas de soporte principales y dos vigas secundarias que soportan la cabecera sobre la puerta. La cabecera suministra el punto de conexión entre la pared y el marco de la puerta. En las paredes que acarrean peso, también ayuda a transferir la carga estructural de la edificación desde la parte superior hasta el enmarcado de la pared, y finalmente sobre el cimiento.

El enmarcado de la puerta requiere de maderos planos, derechos y secos. Por tales razones debe escoger las piezas con cuidado. Observe las puntas y bordes de las vigas para ver si tienen combas, y corte las puntas que tienen rajaduras.

Herramientas y materiales ▶

Cinta métrica	Puntillas 10d o
Escuadra	para concreto
Martillo o pistola	Contrachapado de ⅜"
Sierra circular	(para cabeceras)
o recíproca	Adhesivo para
Maderos de enmarcado	construcción

Crear una abertura cuadrada y del tamaño adecuado para la puerta es el elemento más importante en la instalación exitosa de una puerta.

Aberturas para las puertas interiores

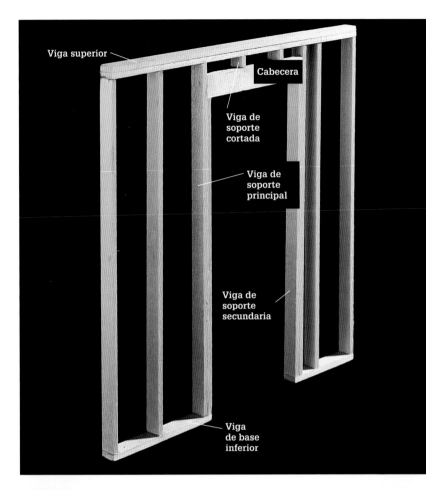

Viga superior

Cabecera

Viga de soporte cortada

Viga de soporte principal

Viga de soporte secundaria

Viga de base inferior

Los enmarcados para las puertas

pre-enmarcadas (izquierda) están compuestos de vigas de soporte principal que se unen a la viga superior y de base (inferior). Al interior de estas vigas, las vigas de soporte secundarias sostienen la cabecera en la parte de arriba de la abertura. Las vigas de soporte cortadas extienden el enmarcado de la pared por encima de la abertura. En las paredes que no acarrean peso, la cabecera puede ser un madero de 2 × 4 colocado en forma plana (ver la foto 4 en la página siguiente), o una cabecera construida (abajo). Las dimensiones del enmarcado de la abertura son llamadas 'abertura aproximada'.

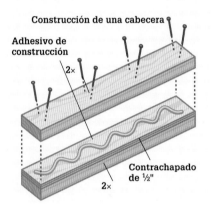

Construcción de una cabecera

Adhesivo de construcción

2×

2×

Contrachapado de ½"

Para marcar la ubicación del marco

de la puerta mida el ancho de la unidad en la parte de abajo. Agregue 1" para determinar el ancho de la abertura (la distancia entre las vigas de soporte secundarias). Esto crea un espacio de ½" a cada lado para permitir el ajuste del marco de la puerta durante la instalación. Marque las vigas superior e inferior (base) para las vigas principal y secundaria.

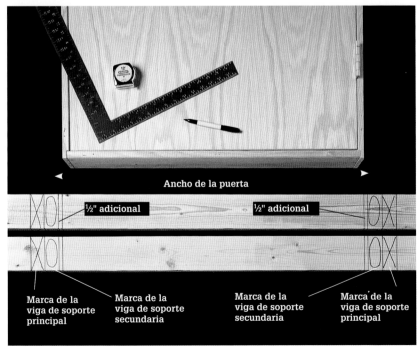

Ancho de la puerta

½" adicional

½" adicional

Marca de la viga de soporte principal

Marca de la viga de soporte secundaria

Marca de la viga de soporte secundaria

Marca de la viga de soporte principal

Cómo enmarcar la abertura para una puerta pre-enmarcada

Marque las líneas de corte para las vigas de soporte principal y secundaria sobre las vigas superior e inferior (base) (ver la página 101). Corte las vigas principales un poco más largas y clávelas en ángulo sobre la viga superior e inferior con puntillas 10d o puntillas de 3" de largo clavadas con pistola.

Corte las vigas secundarias a la medida (deben descansar sobre la viga de base). La altura de esta viga para una puerta estándar es de $83^{1}/_{2}$", o $^{1}/_{2}$" más alta que la puerta. Clave las vigas contra las vigas principales.

Instale la cabecera. En una pared que no acarrea peso, la cabecera puede ser una pieza de 2× recostada sobre el lado plano encima de las vigas secundarias. Clave las puntas a través de las vigas principales o hacia abajo sobre las vigas secundarias.

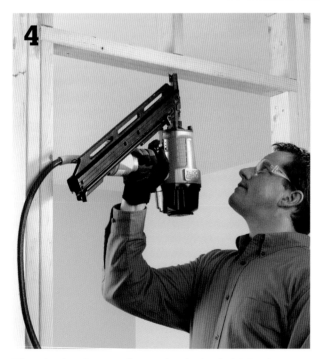

Clave la viga de soporte cortada sobre la mitad de la cabecera (en medio de las vigas principales). Esto evita que la cabecera se combe. Clávela en ángulo sobre la viga superior y con puntillas en la cabecera.

Si todavía no ha cortado la abertura de la base para la puerta, hágalo ahora usando una sierra recíproca o manual. Corte la base a ras con las vigas de soporte secundarias.

Cómo enmarcar la abertura para una pared que lleva carga

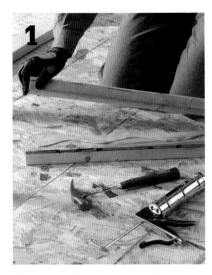

El enmarcado de una puerta en paredes que acarrean peso requieren de una cabecera que transfiera el peso superior sobre las vigas secundarias, la base inferior y luego sobre el cimiento de la vivienda. Constrúyala colocando una pieza de contrachapado de $\frac{1}{2}$" entre dos maderos de 2 × 4. Use adhesivo para construcción y puntillas para clavar todo junto.

Instale la pieza descansándola sobre la punta de las vigas secundarias y clavándola a través de las vigas principales. Use puntillas 10d o puntillas de 3" de largo clavadas con pistola.

Clave la viga de soporte cortada en ángulo entre la viga superior y la cabecera (en medio de las vigas principales). Esta acción transfiere el peso estructural sobre la cabecera.

Opción: Enmarcar aberturas en puertas corredizas y plegables ▸

Siempre se aplican las mismas técnicas de enmarcado al instalar puertas corredizas, plegables, incrustadas o pre-enmarcadas. Diferentes tipos de puertas requieren distintos enmarcados de la abertura. Quizás deba enmarcar una abertura de dos a tres veces más ancha que la abertura para una puerta estándar pre-enmarcada. Compre la puerta y los accesorios de instalación con anticipación y siga las indicaciones del fabricante para las medidas de la abertura y el tamaño de la cabecera según el tipo de puerta seleccionado.

Muchas puertas plegables están diseñadas para caber en una altura de 80" en una abertura terminada. Las puertas de madera pueden cortarse si es necesario para acomodarlas en aberturas un poco más cortas.

Enmarcar una puerta exterior

La abertura para una nueva puerta exterior debe ser enmarcada después que el trabajo de preparación al interior de la vivienda haya terminado, y antes que la superficie de la pared exterior sea removida. Los métodos de enmarcado varían dependiendo de la forma como la casa fue construida (ver las fotos abajo).

La abertura debe ser 1" más ancha y ½" más alta que las dimensiones de la puerta a instalar (incluyendo los marcos) para dar espacio a los ajustes durante el proceso de instalación.

Debido a que las paredes exteriores siempre sostienen carga, el enmarcado de este tipo requiere de una cabecera más grande que la usada en paredes interiores divisorias.

Los códigos de construcción locales especificarán el tamaño mínimo de la cabecera de la puerta dependiendo del tamaño de la abertura, pero podrá aprender a estimar este tamaño según la información en la página 44.

Siempre debe construir soportes provisionales para sostener el cielo raso si el proyecto requiere cortar o remover más de una viga en la pared que acarrea peso (vea las páginas 268 a 271).

Después de terminar el enmarcado, mida a lo largo de la parte superior, media e inferior de la abertura de la puerta para comprobar que es uniforme de arriba hacia abajo. Si hay notorias diferencias en el tamaño de la abertura, ajuste las vigas para lograr la medida correcta.

Herramientas y materiales ▸

Cinta métrica	Martillo
Lápiz	Barra de palanca
Nivel	Tenazas
Plomada	Maderos de 2×
Sierra circular	Contrachapado de ⅜"
o recíproca	Puntillas 10d
Sierra manual	

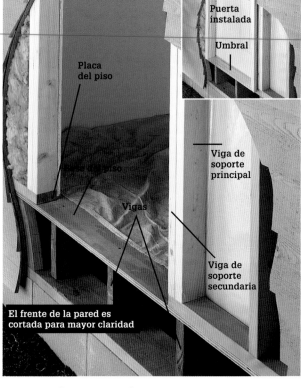

La nueva abertura para la puerta en la plataforma de una casa enmarcada tiene vigas que descansan sobre la placa del piso que corre a lo largo de la parte superior de la base del piso. La placa del piso se corta entre las vigas secundarias para que el umbral de la nueva puerta descanse directamente sobre la base del piso.

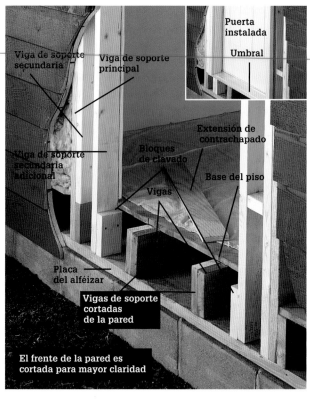

La abertura para una nueva puerta en una estructura con enmarcado de tipo 'balloon' tiene vigas que se extienden más allá de la base del piso y descansan sobre la placa del alféizar. Las vigas de soporte secundarias descansan sobre la placa o las vigas inferiores. Para crear una superficie para el umbral, instale bloques de clavado y extienda la base del piso hasta la punta de las vigas usando madera en contrachapado.

Cómo enmarcar una puerta exterior

1

Prepare el lugar de trabajo y remueva las superficies de la pared interior (ver las páginas 266 a 276).

2

Mida y marque el ancho de la abertura sobre la placa de base. Marque la ubicación de las vigas secundarias y primarias sobre la base. Use las vigas primarias existentes donde sea conveniente.

3

Si necesita agregar vigas de soporte primarias, mídalas y córtelas para acomodarlas entre la base y la viga superior. Clávelas sobre esas vigas en forma de ángulo usando puntillas 10d.

(continúa)

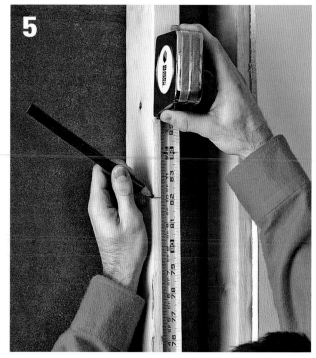

Compruebe que las vigas principales estén a plomo usando un nivel. Luego clávelas en ángulo contra la viga superior con puntillas 10d.

Midiendo desde el piso, marque la altura de la abertura sobre una de las vigas principales. La abertura recomendada para la mayoría de las puertas es $\frac{1}{2}$" más alta que la altura de la unidad. Esta línea marca la parte inferior de la cabecera de la puerta.

Determine el tamaño de la cabecera (ver la página 44), y luego mida y marque el lugar donde la parte superior de la misma va a tocar la viga de soporte principal. Use un nivel para extender la marca sobre las vigas intermedias hasta llegar a la otra viga principal.

Corte dos vigas de soporte secundarias para instalar entre la viga de base y la marca sobre la viga principal. Clávelas con puntillas 10d cada 12" de distancia. Construya soportes provisionales (ver las páginas 268 a 271) si va a quitar más de una viga.

Use una sierra circular con el disco expuesto a la máxima profundidad para hacer el corte. Los sobrantes de la viga se usarán como vigas de soporte cortadas para el marco de la puerta. *Nota: No corte las vigas de soporte principales. Haga cortes adicionales a 3" más abajo de los cortes iniciales y termine de cortarlos con una sierra manual.*

Quite las secciones de 3" y luego el resto de la viga usando una barra como palanca. Corte las puntillas expuestas con una tenaza.

Construya la cabecera para colocarla entre ambas vigas principales y sobre las vigas secundarias. Use dos maderos de 2× con una pieza de contrachapado de $^1/_2$" en el medio. Clave la cabecera sobre todas las vigas usando puntillas 10d.

Use una sierra recíproca para cortar al interior de la viga de base junto a cada viga de soporte secundaria. Quite la pieza cortada con una barra. Corte cualquier puntilla o anclas expuestas con unas tenazas.

Cómo enmarcar la estructura 'balloon' al instalar una puerta

Remueva las superficies de la pared interior (páginas 274 a 279). Escoja dos vigas existentes para usarlas como vigas de soporte principal. La distancia entre las mismas debe ser al menos 3" más ancha que la abertura. Mida y marque la altura deseada en una de esas vigas a partir de la base del piso.

Determine el tamaño de la cabecera (ver la página 44) y luego mida y marque el lugar donde se juntará con una viga principal. Use el nivel para trasladar la medida a la otra viga pasando por encima de las vigas intermedias.

Use una sierra reciproca para cortar la base del piso entre las vigas principales. Remueva los bloques contra el fuego en las cavidades de las vigas. Esto permite acceso al alféizar cuando instale las vigas de soporte secundarias. Si va a quitar más de una viga de pared, construya los soportes provisionales (ver las páginas 268 a 271).

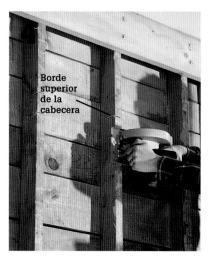

Use una sierra circular para cortar las vigas sobre las marcas de la cabecera. *Nota: No corte las vigas principales. Haga dos cortes adicionales en cada viga a 3"por debajo del primer corte y a 6" arriba de la base. Termine los cortes con una sierra manual, luego saque los cortes de 3" con un martillo. Quite las vigas con una barra.*

Corte dos vigas secundarias que lleguen desde la parte superior del alféizar hasta la marca de la abertura hecha sobre las vigas principales. Clave ambas vigas con puntillas 10d cada 12" de distancia.

Construya la cabecera para colocarla entre las vigas principales y por encima de las puntas de las vigas secundarias. Use dos maderos de 2× y una pieza de contrachapado de $^1/_2$" colocada en el medio. Clave la cabecera sobre todas las vigas usando puntillas 10d.

Mida y marque el ancho de la abertura para la cabecera. Use una plomada para marcar la abertura sobre el alféizar (ver la foto anexa).

Corte e instale vigas de soporte secundarias adicionales, si es necesario, para enmarcar los lados de la abertura. Clave con puntillas 10d las vigas en ángulo sobre la cabecera y la base. *Nota: Quizás tenga que realizar esta acción desde el sótano.*

Instale bloques horizontales 2 × 4 entre las vigas en cada lado de la abertura. Los bloques deben ser colocados a la altura de la cerradura y bisagras de la nueva puerta.

Remueva la superficie de la pared exterior siguiendo las instrucciones de las páginas 280 a 287.

Corte las puntas de las vigas expuestas a ras con los bordes de las vigas del piso. Use una sierra recíproca o manual.

Instale bloques de clavado de 2 × 4 al lado de las vigas secundarias y vigas inferiores a ras con los bordes de las vigas del piso. Reinstale los bloques contra el fuego si fueron removidos. Cubra el área de la base del piso entre las vigas secundarias con contrachapado para crear una superficie plana y nivelada para el umbral.

Puertas pre-enmarcadas

Instale las puertas pre-enmarcadas después que el trabajo de enmarcado ha terminado y las paredes han sido instaladas. Si la abertura para la puerta ha sido enmarcada en forma apropiada, sólo tomará como una hora para instalar la puerta.

Las puertas pre-enmarcadas tienen por lo general marcos de $4\frac{1}{2}$" de ancho y están diseñadas para encajar en paredes con maderos de construcción de 2 × 4 y paredes de $\frac{1}{2}$" de espesor. Si la estructura tiene maderos de 2 × 6 o paredes más anchas, puede ordenar puertas a esas medidas, o puede agregar extensiones a los marcos de una puerta estándar. (Ver Consejo en la página siguiente).

Herramientas y materiales ▸

Nivel / Martillo
Sierra manual
Puerta pre-enmarcada

Estacas de madera
Puntillas con
revestimiento 8d

Las puertas pre-enmarcadas le ahorran tiempo y esfuerzo durante la instalación porque los marcos ya vienen instalados a las puertas.

Cómo instalar una puerta pre-enmarcada

Coloque la puerta pre-enmarcada al interior del enmarcado de la abertura. Los bordes de los marcos deben quedar a ras con la superficie de la pared y el lado del marco con las bisagras debe quedar a plomo.

Inserte un par de estacas de madera clavadas en direcciones opuestas en el espacio entre las vigas en el lado del marco y las bisagras. Colóquelas cada 12". Compruebe que el marco esté a plomo y no esté en comba.

3

Ancle el marco del lado de las bisagras con puntillas con revestimiento 8d clavadas a través de las estacas y el enmarcado de la pared. Puede perforar agujeros guía para evitar rajar las estacas.

4

Inserte un par de estacas en el espacio entre las vigas y el lado del marco de la cerradura separadas cada 12" de distancia. Cierre la puerta y ajuste las estacas hasta que el espacio entre la pared y el marco sea $1/8$". Clave puntillas con revestimiento 8d a través de las estacas y el enmarcado de la pared.

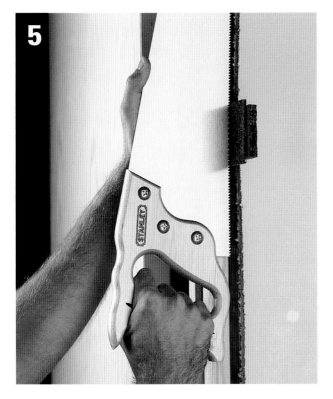

5

Corte las puntas de las estacas a ras con la superficie de la pared. Use una sierra manual y sosténgala verticalmente para evitar averiar el marco de la puerta o la pared. Instale la cerradura siguiendo las instrucciones del fabricante. Vea la página 151 para instalar la moldura alrededor de la puerta.

Consejo ›

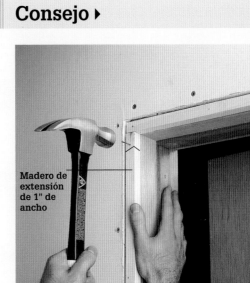

Madero de extensión de 1" de ancho

Si las paredes están hechas con vigas de 2 × 6, debe extender los marcos de la puerta con tiras de madera de 1" de ancho en los bordes después que ha instalado la puerta. Use pegamento y puntillas con revestimiento 4d para. Construya las tiras de la misma madera de los marcos.

Puertas corredizas empotradas

En comparación con las puertas con bisagras, las puertas corredizas empotradas son una alternativa para ahorrar espacio. Las puertas oscilantes pueden utilizar hasta 16 pies² de espacio en el piso en una habitación, y en el caso de espacios limitados, las corredizas son una buena solución. Estas puertas se instalan en pares. Al cerrarse, pueden dividir habitaciones grandes en espacios más íntimos, y al abrirse, puede usarse toda el área.

Los juegos de accesorios para la instalación de estas puertas son de carácter universal y pueden ser adaptados para casi que cualquier puerta interior. En este proyecto, el juego incluye una canal ajustable, vigas divididas con recubrimiento de acero, y todos los accesorios requeridos para la instalación. Las cerraduras, los marcos y la puerta individual son vendidas separadamente. Los marcos también pueden comprarse pre-ensamblados e instalados con facilidad al interior de las aberturas.

El enmarcado e instalación de estas unidades no es difícil durante la etapa de construcción o una remodelación de la vivienda. Pero, si intenta instalar una de estas puertas en el lugar de una puerta estándar, o en una pared sin puerta, es un gran proyecto que requiere remover el material de la pared, enmarcar la nueva abertura, instalar y colgar la puerta, y reconstruir la pared. Los elementos escondidos de los servicios (cables eléctricos, plomería o conductos de calefacción) deben ser reubicados si se encuentran en el lugar de trabajo.

La abertura aproximada para una puerta corrediza es por lo menos dos veces el ancho de la abertura de una puerta estándar. Si va a instalar esta clase de puerta en una pared que no acarrea peso, vea la página 102 para instrucciones de cómo enmarcar la abertura. Si la pared sostiene peso, tendrá que instalar una cabecera apropiada (ver la página 103).

Debido a que las puertas corredizas son fáciles de abrir y cerrar, y no requieren de umbral, son apropiadas para el uso de personas en silla de ruedas o con otras limitaciones, teniendo en cuenta que las manijas de operación son también fáciles de usar (vea la página 115). Si está instalando esta puerta con ese propósito, tenga en cuenta que los accesorios comunes para su operación pueden ser difíciles de utilizar por ciertos individuos.

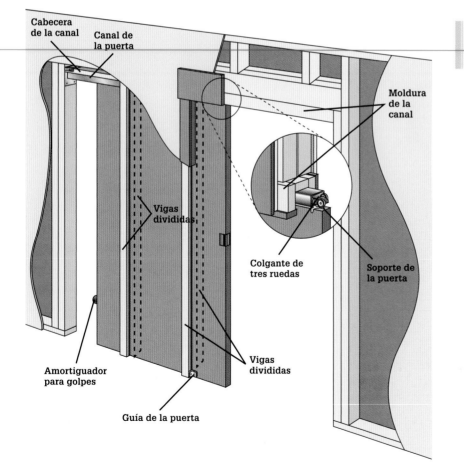

Cabecera de la canal

Canal de la puerta

Moldura de la canal

Vigas divididas

Colgante de tres ruedas

Soporte de la puerta

Amortiguador para golpes

Vigas divididas

Guía de la puerta

Herramientas y materiales ▶

Cinta métrica / Nivel
Sierra circular / manual
Martillo / Destornillador
Juego de punzones
Sierra para metales / Puerta
Herramientas para la pared
Maderos de 2 × 4
Puntillas comunes
   16d, 8d y 6d
Juego para enmarcar
   la puerta
Tornillos para pared de 1¼"
Materiales para la pared
Marcos para la puerta
   corrediza prefabricados
   (o hechos de maderos 1×)
Puntillas de acabado
   8d y 6d
Tornillos para madera
   de 1½"
Cubierta de la puerta

Cómo instalar una puerta corrediza

Prepare el área de trabajo y enmarque la abertura para la puerta según las recomendaciones del fabricante. Midiendo desde el piso, marque la altura de cada marco agregando ¾ ó 1½" (dependiendo del espacio de la puerta por encima del piso) para la canal en la cabecera de la puerta. Clave una puntilla en cada marco centrada en la marca. Deje salida cada puntilla ⅛".

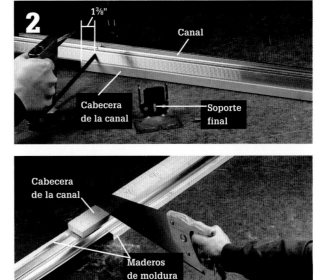

Remueva el soporte final ajustable de la canal de cabecera de la puerta. Corte la cabecera de madera al tamaño de la puerta. Voltee la canal y corte la parte metálica 1⅜" más corta que la cabecera de madera usando una sierra para cortar metal (arriba). Instale de nuevo el soporte final. Corte los maderos de moldura laterales según las marcas que correspondan al tamaño de la puerta. No corte la canal de metal (abajo).

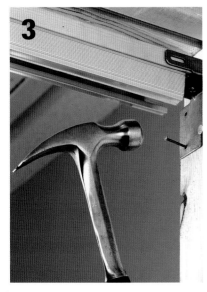

Coloque los soportes finales de la canal en las puntillas sobre el marco de la puerta. Ajuste el nivel y clave por completo las puntillas. Clave puntillas comunes 8d en los huecos restantes de los soportes finales.

Haga marcas con tiza sobre el piso a lo largo de la abertura al mismo ancho de la misma. Clave los separadores de la placa del piso en las puntas inferiores de las vigas divididas con cubierta de acero. Junte un par de vigas divididas contra el marco de la canal de la puerta, colóquelas a plomo y clávelas contra la canal de cabecera con puntillas comunes 6d (izquierda). Centre las otras dos vigas divididas en el 'surco' y clávelas contra la cabecera de la canal. Mida la plomada de las vigas otra vez y clávelas contra el piso con puntillas comunes 8d o con tornillos de 2" clavados a través de los separadores de las placas (derecha).

(continúa)

5.

6

.7

Colgante de
tres ruedas

Palanca
de cerrado

Cubra la abertura del enmarcado
con láminas de pared hasta el borde de la
misma. Puede dejar un lado de la pared sin
instalar para permitir el ajuste de la puerta.
Use tornillos para pared de 1¼"que no
brotarán al interior del enmarcado.

Pinte o selle la puerta con el color
deseado. Una vez seca, conecte dos soportes
en la parte superior de la puerta usando los
tornillos incluidos clavados en los agujeros
guía. Instale el amortiguador de caucho para
golpes sobre el borde trasero de la puerta
con los tornillos incluidos.

Incruste dos colgantes de tres ruedas
al interior de la canal de la cabecera. Coloque
la puerta sobre el marco, alinee los colgantes
con los soportes de la misma. Levante la
puerta y presione cada colgante dentro del
soporte hasta que cuadre en su lugar. Cierre
la palanca de cerrado sobre el colgante.

8

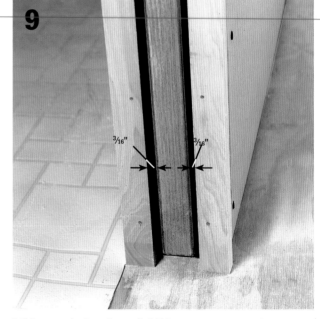

9

3/16"   3/16"

Corte el marco lateral a la longitud y ancho correctos. Clávelo
contra el enmarcado con puntillas de acabado 8d. Use estacas para
nivelarlo a plomo como sea necesario. Cierre la puerta y ajuste los
colgantes para nivelar la altura y déjela paralela al marco desde abajo
hasta arriba.

Mida y corte las vigas divididas. Clave cada sección sobre
el borde frontal de los marcos divididos con puntillas de acabado 8d.
Deje un espacio de 3/16" a cada lado de la puerta. Si es necesario,
utilice estacas entre el amortiguador para golpes y la puerta hasta que
quede a ras con las vigas cuando se abra.

Mida y corte los marcos divididos de la cabecera. Use tornillos para madera de $1^{1}/_{2}$" clavados en agujeros guía (con la cabeza al interior de la superficie) sobre el marco de la cabecera con acceso a la palanca de cierre para permitir el fácil desmonte de la puerta. Clave el otro lado del marco con puntillas para acabado 6d. Mantenga un espacio de $^{3}/_{16}$" a cada lado de la puerta.

Instale las guías incluidas en ambos lados de la puerta cerca del piso a la entrada de la canal. Instale los accesorios de la cerradura según las instrucciones del fabricante. Termine de cubrir la pared e instale la moldura alrededor de toda la puerta. Cubra todos los agujeros de las puntillas, pinte o selle los marcos del color deseado.

Mejorar la accesibilidad de una puerta corrediza ▸

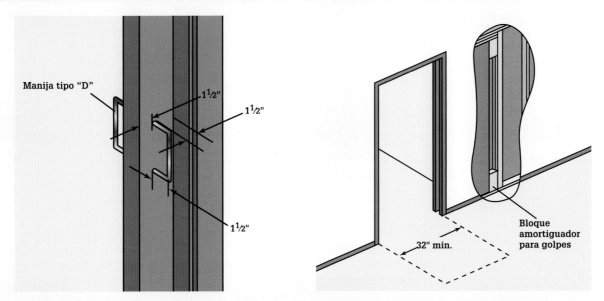

Las manijas tipo "D" son más fáciles de utilizar que los accesorios con orificios. Escoja aquellos que sobresalen por lo menos $1^{1}/_{2}$" de la puerta. Instálelos a $1^{1}/_{2}$"del borde de la puerta para dar espacio a los dedos cuando la puerta está cerrada (izquierda). Instale un bloque amortiguador en la parte trasera del marco (derecha) para que la puerta se detenga a $1^{1}/_{2}$" de la manija para dar espacio a los dedos cuando la puerta está abierta. Debido a que este diseño reduce la abertura de la puerta 3", debe usar puertas de 36"de ancho para mantener la abertura recomendada de 32".

Puertas plegables

Estas puertas ofrecen fácil acceso al interior de los closets sin mucho espacio para abrirlas. Muchos centros de distribución venden juegos de puertas que incluyen un par de secciones con bisagras pre-instaladas, una canal de cabecera, y los accesorios necesarios para su instalación. Por lo general las puertas vienen con agujeros guía ya perforados para el pivote de giro y los postes guía. Los accesorios también pueden comprarse por separado para las puertas a la medida. Existe gran variedad de estas puertas y siempre debe seguir las instrucciones del fabricante del producto que está usando.

Herramientas y materiales ▶

Cinta métrica
Nivel / Taladro
Regla (opcional)
Cepillo de carpintero
Destornillador
Sierra para metales
Puertas plegables
pre-instaladas

Sierra circular
Canal de la cabecera
Accesorios para
la instalación
Tornillos de cabeza
en cúpula
Tornillos de
cabeza plana

Existe una gran variedad de puertas plegables para closets y habitaciones. Estas ofrecen la misma apariencia atractiva de las puertas de estilo Francés pero ocupan mucho menos espacio.

Cómo instalar las puertas plegables

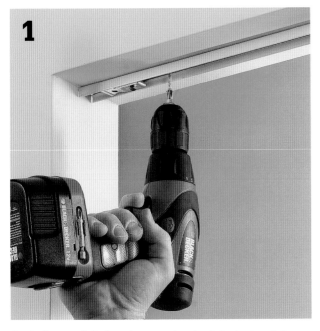

1

Corte la canal de la cabecera al ancho de la abertura de la puerta usando una sierra para metal. Inserte los rodajes en la canal y luego ubique la canal en la abertura. Clávela contra el enmarcado con tornillos de cabeza en cúpula.

2

Mida y marque cada lado del marco a la altura del piso para instalar el anclaje de la puerta. El centro del anclaje debe alinear exactamente con el centro de la canal de cabecera. Ancle la pieza al piso con tornillos de cabeza plana.

3

Compruebe la altura de las puertas en la abertura y córtelas si es necesario. Inserte los pivotes de giro al interior de los agujeros guía en la parte superior e inferior de la puerta. Inserte los postes guía en la parte superior de la puerta principal. Todos los postes deben quedar ajustados.

4

Cierre un par de puertas y colóquelas en su posición. Inserte el pivote y los postes guía en la canal de cabecera. Deslice el pivote inferior al interior del anclaje en el piso. Repita la acción en el otro par de puertas. Cierre las puertas y revise la alineación a lo largo de los marcos y en el centro. Si es necesario ajuste los pivotes de arriba y abajo siguiendo las instrucciones del fabricante.

Puertas de estilo Francés

Las puertas con este estilo son hechas de dos secciones separadas unidas con bisagras a los marcos opuestos. Las puertas oscilan desde el centro hacia adentro o afuera de la habitación. Al igual que la mayoría de las puertas, las de estilo Francés son vendidas como unidades pre-enmarcadas, pero también están disponibles en forma separada. Por lo general sólo se ofrecen en madera y con una gran variedad de estilos y diseños para escoger.

Antes de comprar una de estas puertas pre-enmarcadas, determine el tamaño necesitado. Si está planeando instalar la puerta en una abertura existente, mida las dimensiones de ese espacio a partir de los marcos de la estructura sin terminar y ordene la puerta a la medida correcta. El fabricante o el distribuidor le ayudarán a escoger la unidad apropiada.

También puede comprar primero la unidad y luego alterar la abertura existente para acomodarla (como se muestra en este proyecto). En este caso, construya la abertura un poco más grande que las medidas de la puerta para dar espacio para acomodar los marcos. Las puertas pre-enmarcadas por lo general requieren de 1" extra en el ancho y ½" adicional en la altura.

Si la puerta va a ser instalada en una pared que acarrea peso, necesitará crear un soporte provisional (vea las páginas 268 a 271) e instalar la cabecera del tamaño correcto. El tamaño de la cabecera (profundidad) es esencial: es basado en la longitud de la cabecera, el material del cual está hecho, y el peso de la carga que debe soportar. Para determinar los requisitos exactos, consulte las autoridades locales para construcción.

Cuando instale las puertas de estilo Francés, es importante dejar espacio suficiente y constante entre ambas puertas y entre la parte superior de las mismas y el marco de la cabecera. Esto permite cerrar las unidades correctamente y evita el doblamiento de las bisagras.

Tradicionalmente las puertas de estilo Francés están instaladas hacia los patios o jardines de las viviendas, pero también puede crear entradas con estilo en otros lugares como comedores, salones, estudios, salas de espera, y habitaciones principales.

Herramientas y materiales ›

Cinta métrica	Sierra manual
Sierra circular	Maderos de
Nivel de 4 pies	2 × 4 y 2 × 6
Martillo / Taladro	Contrachapado de ½"
Navaja	Puntillas comunes
Juego de punzones	16d y 10d
Juego de puertas	Estacas de madera
pre-enmarcadas	Puntillas de acabado 8d

Cómo instalar las puertas de estilo Francés

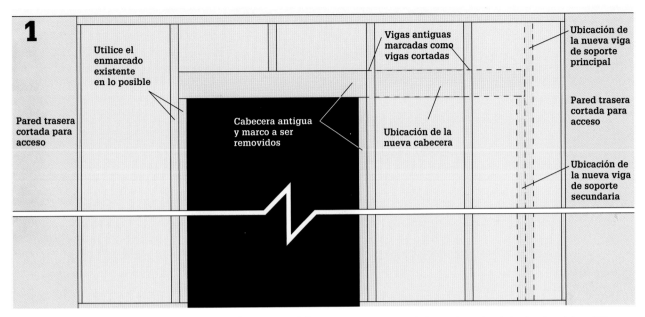

1

Utilice el enmarcado existente en lo posible

Vigas antiguas marcadas como vigas cortadas

Ubicación de la nueva viga de soporte principal

Pared trasera cortada para acceso

Cabecera antigua y marco a ser removidos

Ubicación de la nueva cabecera

Pared trasera cortada para acceso

Ubicación de la nueva viga de soporte secundaria

Desconecte la electricidad y el servicio del agua en el área. Quite la superficie de la pared a ambos lados (ver las páginas 276 a 279) dejando una viga abierta a cada lado de la nueva abertura. Quite o redistribuya cualquier elemento de electricidad, plomería o ventilación. Marque la nueva abertura. Señale la ubicación de las nuevas vigas principales y secundarias sobre las placas de las bases inferior y superior. Utilice las vigas de enmarcado existentes donde sea conveniente. Corte la viga principal a la medida e instálela sobre las marcas. Clávela en ángulo a la base inferior con puntillas comunes 10d. Póngala a plomo y clávela en ángulo sobre la placa superior para asegurarla. Marque la parte inferior y superior de la nueva cabecera sobre una de las vigas principales, luego use el nivel para extender esa medida a la otra viga pasando por las vigas intermedias. Si está usando una viga existente, mida y marque a partir de la viga secundaria.

2

Nuevas vigas de soporte cortadas

Marco existente

Corte las vigas intermedias sobre las marcas de referencia para la cabecera superior utilizando una sierra recíproca. Quite los maderos de la base con una barra. Las piezas superiores restantes serán usadas como vigas de soporte cortadas.

3

Para instalar la viga de soporte secundaria, corte el madero para clavarlo entre la base y la marca del borde inferior de la cabecera sobre la viga principal. Alinee las marcas y luego clave la viga con puntillas comunes 10d separadas cada 12" de distancia.

(continúa)

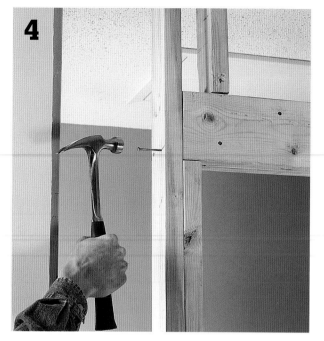

Construya la cabecera al tamaño correcto (ver las páginas 44 y 54, paso 9). Instálela y clávela sobre las vigas principales, secundarias y cortadas con puntillas comunes 16d. Use una sierra manual para cortar la base inferior para que queden a ras con las caras internas de las vigas secundarias. Remueva la porción cortada.

Termine las paredes (en el caso de paredes de yeso vea las páginas 288 y 289) antes de instalar las puertas. Monte las puertas pre-enmarcadas en la abertura dejando los bordes de los marcos a ras con el borde de la superficie de la pared. Centre la unidad en la abertura.

Use un nivel para ajustar la plomada de la unidad en uno de los marcos laterales. Comenzando cerca a la parte superior de la puerta, inserte un par de estacas en forma opuesta en el espacio entre el marco y el enmarcado de la abertura. Introdúzcalas hasta que queden ajustadas. Compruebe que el marco está a plomo y no se ha combado hacia adentro.

Siga instalando estacas hacia abajo cerca de cada bisagra hasta llegar casi al piso. El marco debe estar a plomo. Clave las estacas al interior del marco y vigas de la abertura. Deje las cabezas de las puntillas un poco por fuera para ajustar el marco más adelante si es necesario.

8

Instale las estacas en el otro lado del marco alineándolos cerca con las estacas del primer marco. Cierre las puertas y ajuste las estacas para dejar el espacio igual entre las puertas, y las partes superiores de las puertas alineadas.

9

Espacio entre puertas

Instale estacas entre el marco y la cabecera para crear un espacio igual a lo largo de la parte superior cuando las puertas están cerradas. Inserte estacas en pares cada 12" de distancia. Clávelas con puntillas de acabado 8d al interior del marco y enmarcado de la abertura.

10

Clave todas las puntillas por completo. Introdúzcalas al interior de la superficie con un punzón. Corte las estacas a ras con la pared con una sierra manual o una navaja. Sostenga la sierra verticalmente para evitar averiar el marco o pared. Instale las molduras de la puerta.

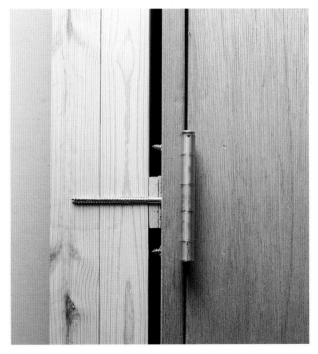

Opción: Reemplace el tornillo de montura central en cada bisagra por un tornillo de madera de 3" para dar más soporte a las bisagras y marcos. Estos tornillos se introducen al interior de los marcos y enmarcados de la abertura. No apriete demasiado los tornillos porque puede rajar los marcos.

Colgar una nueva puerta en un marco viejo

Si desea reemplazar una puerta sin estilo o averiada, pero el marco y las molduras se encuentran en buenas condiciones, no hay necesidad de remover el marco. En este caso, compre una puerta pre-enmarcada y cuélguela en el marco existente. Esta es una forma muy buena de preservar las molduras y el marco en especial si vive en una casa antigua, y tampoco tendrá que pintar el nuevo marco para empatarlo con el color del resto de la unidad.

Si las bisagras también están en buen estado, puede utilizarlas de nuevo. Esto es importante en las casas históricas que utilizan bisagras con ornamentos. La mayoría de los centros de distribución ofrecen puertas pre-ensambladas de seis paneles, o puede ordenarlas en diversidad de estilos, tamaños y tipos de madera. Por razones estéticas, escoja en lo posible una puerta similar en tamaño y estilo a la original.

El proceso para instalar la puerta incluye el uso de estacas para colocarla en su posición sobre el marco, moldear, lijar o cortar las puntas o los bordes para acomodarla al espacio disponible. También necesitará fabricar muescas en los bordes para instalar las bisagras que la sostienen.

Este es un proyecto donde la paciencia y el cuidadoso moldeo de la unidad le traerán beneficios al final. Pida ayuda para sostener la puerta en la posición correcta a medida que la moldea para ubicarla en su lugar.

Herramientas y materiales ▶

Estacas para la puerta
Cinta métrica
Compás
Navaja
Escuadra combinada
Sierra circular
Broca de auto-centrado para taladro
Abrazaderas "C"
Taladro
Cepillo para carpintero manual o eléctrico
Martillo / Formón
Sierra en forma de círculo
Broca de cabeza plana
Puerta pre-enmarcada
Tornillos para bisagras

Antes

Después

Instalar una nueva puerta sobre un marco antiguo mejora en gran parte la apariencia de la vivienda.

Cómo instalar una nueva puerta en un marco viejo

Pida ayuda para sostener la puerta nueva contra el marco desde la parte interior. Coloque un par de estacas gruesas debajo de la puerta para levantarla un poco del umbral o del piso. Mueva las estacas de un lado a otro hasta que la parte superior y los marcos laterales queden casi emparejados con el enmarcado y aparezca nivelada al abrirse. Luego haga una marca a lo largo del borde superior de la puerta.

Use trozos de cinta para enmascarar de color para marcar por fuera el borde de las bisagras. Esto ayudará a mantener la orientación de la puerta durante el proceso de instalación.

Use un compás con un lápiz con una abertura de $3/16$" para marcar líneas a lo largo de ambos bordes laterales de la puerta y la parte superior. Las líneas crearán el espacio necesario para las bisagras y oscilación de la puerta. Si la parte inferior de la puerta va a cerrarse sobre tapete o alfombra, trace líneas a $1/2$" del borde. Remueva la puerta y transfiera todas las medidas al otro lado de la misma.

Recueste la puerta sobre una base fija o a lo largo de un par de caballetes con las marcas de la cinta hacia arriba. Haga un corte sobre las líneas usando una navaja para evitar que las fibras de la madera se astillen cuando esté cortando la pieza.

(continúa)

5

Madero de guía
para el corte

Corte los bordes de la puerta con una sierra circular equipada
con un disco para corte fino. Ancle un madero derecho a la puerta para
usarlo como guía al hacer el corte. El disco debe cortar $^1/_{16}$" al interior de
las líneas marcadas. Compruebe que el disco esté instalado a 90° en la
sierra antes de hacer el corte. Use un cepillo para carpintero eléctrico o
manual para emparejar los cortes hasta llegar a las líneas marcadas.

6

Coloque la puerta sobre el borde y use un cepillo para
carpintero eléctrico o manual para emparejar el corte hasta llegar a la
línea marcada. Instale la cuchilla del cepillo para hacer cortes delgados.
En cepillos eléctricos, instale la cuchilla a $^1/_{16}$" de profundidad, y a
menor profundidad cuando usa uno manual. Trate de hacer los cortes
en una sola pasada de un lado a otro de la puerta.

7

Coloque de nuevo la puerta sobre el marco con la ayuda de
alguien para sostenerla desde adentro. Colóquela un poco afuera de los
moldes para poder marcar la posición de las bisagras en la cara frontal.

8

Use la escuadra combinada o una de las hojas de la bisagra
para marcar las líneas de la muesca sobre el borde de la puerta. Corte
las marcas con una navaja.

Haga cortes superficiales de las muescas para las bisagras en el borde de la puerta usando un martillo y un formón filudo. Primero haga el corte con una navaja o un formón usando una regla como guía, luego haga una serie de cortes superficiales al interior del área de la bisagra. Remueva los desperdicios hasta que la profundidad de la muesca sea un poco más profunda que el espesor de la bisagra.

Coloque las bisagras sobre las muescas en la puerta y perfore agujeros guía para los tornillos. Conecte las bisagras a la puerta.

Cuelgue la puerta sobre el marco golpeándola en su posición para que las bisagras superiores descansen sobre la muesca del marco. Clave un tornillo en esa muesca. Luego coloque las otras hojas de las bisagras en sus respectivas muescas e instale los tornillos restantes sobre el marco.

Perfore agujeros para instalar la cerradura y pasador usando una sierra en forma de círculo y una broca de cabeza plana. Si va a usar la cerradura antigua, mida los agujeros de la puerta vieja y ábralos del mismo tamaño en la puerta nueva. Perfore primero el hueco grande de la cerradura. Si usa nuevas cerraduras, use las plantillas del fabricante con las instrucciones para abrir los agujeros. Instale la nueva cerradura.

Puertas de entrada

Muy pocos elementos en la casa tienen un gran efecto en su apariencia y la forma como es percibida la puerta principal. Una puerta escogida con gusto, bien mantenida, y que combine armoniosamente con el diseño arquitectónico de la estructura, puede transformar por completo la fachada de la casa. Estudios realizados por esta industria han sugerido que el solo hecho de mejorar o cambiar una puerta de entrada puede retornar la inversión muchas veces en el momento de vender la propiedad. Pero quizás más importante, dependiendo de sus prioridades, es el hecho que lo hace sentir mucho mejor con respecto a su propia vivienda. Más aún, por lo general le trae beneficios por el ahorro de energía y mayor seguridad.

Si va a reemplazar una puerta de entrada de una sola hoja por una de doble hoja, o con ventanales laterales verticales, necesitará agrandar el tamaño de la abertura (ver las páginas 104 a 109). No olvide registrar los planos del proyecto con las autoridades de construcción de su localidad para obtener los permisos. Necesitará construir un soporte provisional desde el momento en que remueve las vigas de la pared en la nueva abertura hasta que haya instalado y

asegurado la cabecera de la nueva puerta apropiada para la nueva extensión de la puerta (ver las páginas 268 a 271).

El estilo de puerta 'American Craftsman', con ventanales laterales verticales instalada en este proyecto (ver Recursos en la página 296), tiene la apariencia y la textura de una clásica puerta de madera, pero es fabricada de fibra de vidrio. Las puertas de fibra de vidrio actuales tienen la gran habilidad de reemplazar la textura de la madera y a su vez ofrecen la durabilidad y bajo mantenimiento de la fibra de vidrio.

Herramientas y materiales ▸

Cinta métrica	Estacas
Nivel / Martillo	Puntillas para enmarcado
Sierra recíproca	Puntillas para acabado
Silicona y pistola	Juego de punzones
para instalarla	Materiales para acabado

Después

Antes

Según informes de la industria de la construcción, reemplazar una puerta común y corriente por una agradable en apariencia, tiene grandes ventajas e incrementa el valor final de la vivienda.

Cómo reemplazar una puerta de entrada

Remueva la puerta antigua desclavando cualquier tipo de anclaje del marco usando una sierra recíproca (ver las páginas 272 y 273). Si el nuevo sistema de puerta (s) es más ancho, marque los bordes de la abertura sobre la pared. En lo posible trate de ubicar la nueva abertura dejando uno de los marcos recostado contra una de las vigas de la pared existentes. No olvide incluir el espesor del nuevo enmarcado que necesitará agregar cuando remueva las cubiertas de la pared.

Enmarque la nueva abertura para la puerta de reemplazo (ver las páginas 104 a 109). Las instrucciones proveídas para la instalación de la puerta recomendarán el tamaño de la abertura. Por lo general es ½" más grande alrededor de los marcos y la cabecera. Termine la superficie de la pared (ver las páginas 288 a 293).

Corte el molde de metal para la canal de borde al ancho correcto e introdúzcalo debajo de la cubierta y sobre la parte superior de la abertura de la puerta. Conecte la canal de borde sólo con silicona (no use puntillas o tornillos).

Coloque la nueva unidad sobre la abertura y compruebe que cabe correctamente. Quítela de nuevo. Compruebe que la base del piso está limpia y en buenas condiciones. Luego aplique capas espesas de silicona debajo del alféizar de la puerta y el área de instalación. Utilice bastante silicona.

(continúa)

5

Coloque el alféizar de la puerta sobre el umbral y levante toda la unidad hasta dejarla al interior de la abertura. La moldura exterior debe quedar a ras con la superficie de la pared. Presione sobre el alféizar para sentar la silicona y remueva el exceso con un trapo mojado.

6

Utilice un nivel de 6 pies para comprobar que la pieza está a plomo. Luego clave el lado de las bisagras contra el enmarcado de la abertura con un par de puntillas 10d. Sólo introduzca las puntillas hasta la mitad a través del marco al lado del ventanal lateral. En las puertas con un solo juego de bisagras, clave las puntillas apenas un poco más arriba de las bisagras. *Nota: Muchos prefieren tornillos en lugar de puntillas cuando clavan los marcos. Los tornillos tienen más agarre y son más fáciles de ajustar, pero cubrir las cabezas de los tornillos es más difícil que cubrir la cabeza de las puntillas.*

7

Clave las estacas de madera entre el marco y el enmarcado de la pared manteniendo un espacio equidistante. Ubique las estacas sobre el par de puntillas que clavó anteriormente. Revise la plomada de la puerta con el nivel para estar seguro que todavía está a plomo.

8

Clave estacas entre el marco al lado del pestillo de la unidad y dentro de la viga de la pared. Clave las puntillas sólo hasta la mitad. Mida el nivel de puerta de nuevo y agregue más estacas en el lugar de las puntillas. Quizás deba instalar más estacas porque este espacio es por lo general más ancho que el del lado de las bisagras. Compruebe que el marco de la puerta no está en comba.

9

Clave puntillas de acabado en el resto de la puerta siguiendo el orden de clavado sugerido en las instrucciones del fabricante.

10

Utilice un punzón para clavar la cabeza de las puntillas al interior de la superficie de madera. Llene los huecos de las puntillas con pasta (podrá aplicar un color similar si usa pasta con tintura similar al color de la madera después de aplicar la capa final). Las estacas colocadas a la altura de las puntillas evitarán que el marco se combe cuando lo esté clavando.

11

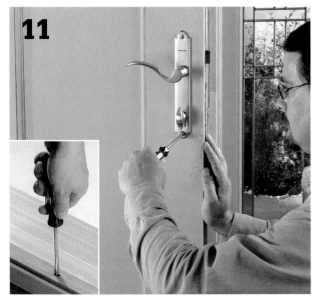

Instale el sistema de cerradura, la cubierta de la chapa, el cerrojo de seguridad, u otro tipo de accesorio similar. Si la puerta no ha sido cubierta con acabado final, puede hacer esto primero, pero por lo general siempre se instalan los cerrojos primero para poder abrir y cerrar la puerta. Conecte el alféizar de la puerta sobre el umbral y ajústelo si es necesario usando los tornillos de ajuste (ver foto anexa).

12

Aplique la pintura de acabado si todavía no lo ha hecho. Lea las instrucciones sobre el acabado con cuidado sugeridas por el fabricante, y siga las secuencias presentadas. Algunos fabricantes ofrecen juegos de acabado diseñados para ser perfectamente compatibles con sus productos. Instale la moldura interior y aplique silicona a los espacios exteriores después que la pintura de acabado haya secado.

Puertas contra tormentas

Las puertas contra tormentas protegen la entrada de la lluvia y la nieve. También crean una barrera de aire entre ambas puertas que actúa como aislante. Cuando tienen instalado los paneles de malla, ofrecen una gran ventilación al interior de la vivienda en días calurosos. Por último, ofrecen mayor seguridad cuando llevan instaladas cerraduras o chapas.

Si desea instalar una nueva puerta de este tipo o reemplazar una antigua, primero que todo debe seleccionarla. Existen una gran variedad de estilos para satisfacer casi que cualquier diseño y necesidad. Las piezas están construidas en diferentes materiales como aluminio, vinilo y fibra de vidrio. Las puertas de este tipo hechas de madera todavía se encuentran disponibles pero no como piezas pre-ensambladas. Todas estas unidades vienen con la puerta pre-enmarcada para ser montada sobre los marcos de la puerta principal. Dependiendo del modelo que adquiera, las instrucciones para la instalación pueden variar. Siga con cuidado las direcciones del fabricante antes de iniciar el trabajo.

Herramientas y materiales ▶

Taladro y brocas
Cinta métrica
Puntillas
   para acabado
Destornillador
Brocha para pintar
Cinta para enmascarar
Sierra para metales
Nivel / Sellador
Pintura

Una puerta contra tormentas de buena calidad mantiene alejadas las corrientes frías de aire, evita la acumulación de nieve o lluvia y deja pasar sólo la brisa al interior de la casa cuando usted lo desee.

Cómo instalar una puerta contra tormentas

Pruebe el tamaño de la puerta sobre la abertura. Si queda suelta, instale una pieza de madera en el lado de las bisagras. Corte la pieza con una sierra circular y clávela contra el marco de la puerta dejándola a ras con la parte frontal del marco.

Instale la moldura de la canal de borde sobre la parte superior de la puerta. Las instrucciones para la instalación de la puerta indicarán cómo hacerlo. A veces es el primer paso a seguir, como es mostrado aquí, de lo contrario es instalada después que la puerta está en su lugar.

Mida la altura de la abertura y corte la pestaña de soporte a esa medida. Use una sierra para cortar metal y haga el corte lentamente para evitar averiar el área visible de la pestaña.

Levante la puerta e introdúzcala por completo en la abertura. Clave parcialmente un tornillo de montura cerca de la parte inferior y superior de la puerta. Nivele la pieza a plomo y luego clave el resto de los tornillos en forma apretada sobre la pestaña.

(continúa)

5

Mida desde el alféizar de la puerta hasta la altura del marco para establecer la longitud de la pestaña lateral de montura.

6

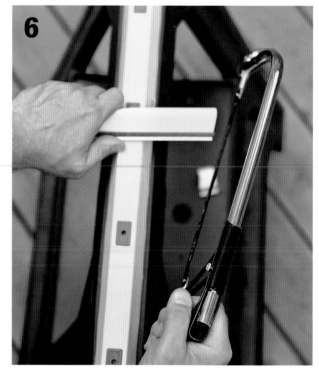

Corte la pestaña con una sierra para metal. Trabaje con cuidado para no desprender la cubierta protectora en la canal de la pestaña a medida que corta. Instale la pestaña con tornillos.

7

Para instalar el burlete, deslícelo sobre el borde inferior de la puerta y clávelo sin ajustarlo usando tornillos de montura. Compruebe que los burletes queden ajustados contra el umbral y luego apriete los tornillos.

8

Instale el juego de la cerradura en la puerta. Utilice cinta de enmascarar para sostener las piezas mientras ubica las partes y las aprieta con tornillos.

9

Instale las cubiertas para las chapas (aquí mostrado) y el cerrojo de seguridad. Las cubiertas sólo se atornillan contra el marco de la puerta donde descansa la chapa. Luego instale el cerrojo de seguridad.

10

Instale el cerrador automático de la puerta atornillando el accesorio del marco en su lugar. Muchos de estos elementos tienen orificios un poco más grandes para poder hacer ajustes en la instalación sin tener que remover toda la pieza.

11

Instale el cerrador automático al interior del marco de la puerta. Luego hágalo sobre el accesorio en la puerta. Por lo general el cerrador es instalado con una especie de perno de corto tamaño.

12

Ajuste la velocidad e intensidad del cerrador para que cierre la puerta por completo sin golpearla. El ajuste se hace girando el tornillo del accesorio de un lado al otro usando un destornillador.

Puertas de patios

Para facilitar la instalación, seleccione una puerta para el patio con los paneles ya montados sobre un marco pre-ensamblado. Trate de evitar la compra de este tipo de puertas ofrecidas en forma de juegos que requieren de un ensamble complicado.

Debido a que las puertas de patio tienen largos umbrales y cabeceras, son propensas al arqueo y las combas. Para evitar estos problemas, debe instalarlas a nivel y a plomo, y anclar las unidades con seguridad contra las vigas de la abertura. El mantenimiento anual con silicona y toques de pintura ayuda a prevenir que la humedad combe los marcos.

Herramientas y materiales ▸

Lápiz / Martillo	Canal de borde
Sierra circular	Papel de construcción
Sierra para metales	Pasta de silicona y látex
Formón / Grapadora	Puntillas con
Pistola para silicona	recubrimiento 10d
Nivel / Estacas	Tornillos para madera
Barra de palanca	de 3"
Destornillador	Moldura para el frente
eléctrico portátil	del umbral
Taladro y brocas	Aislante de fibra de vidrio
Juego de punzones	Juego de puerta de patio

Las puertas para los patios ofrecen lo mejor de las puertas y ventanas: bastante luz natural, una buena vista, amplio acceso a las habitaciones y una buena seguridad.

Si las mallas metálicas no vienen incluidas en los juegos, puede comprarlas en la muchos centros de distribución. Las mallas traen ruedas montadas con resortes que se ajustan a las canales angostas ubicadas en los umbrales al lado exterior de las puertas.

Consejos para instalar puertas corredizas para el patio ▸

Remueva los paneles pesados de vidrio si va a instalar la puerta sin ayuda. Colóquelos después de instalar los marcos sobre la abertura de la puerta y clávelos en las esquinas opuestas. Remueva el riel de retención en el marco superior de la unidad.

Ajuste las ruedas inferiores después de la instalación. Remueva la cubierta sobre el tornillo de ajuste en el borde interior en la parte inferior del riel. Gire el tornillo poco a poco hasta que la puerta ruede fácilmente sobre el riel sin trabarse al abrir o cerrar.

Consejos para instalar puertas con bisagras para el patio ▸

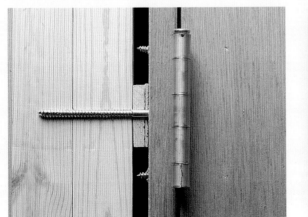

Agregue más soporte a las puertas con bisagras cambiando el tornillo de montura central en cada bisagra por uno para madera de 3" de largo. Estos tornillos penetran a mayor profundidad en los marcos y vigas de la abertura en la pared.

Mantenga un espacio uniforme de ⅛" entre la puerta, los marcos y vigas lateral y superior para que la puerta oscile correctamente sin trabarse. Compruebe este espacio con frecuencia a medida que instala estacas alrededor de la puerta.

Cómo instalar una puerta para el patio

Prepare el área de trabajo y remueva las superficies de la pared interior (ver las páginas 276 a 279). Enmarque la abertura para la puerta de patio (ver las páginas 100 a 109). Remueva las superficies exteriores dentro del enmarcado de la abertura (ver las páginas 280 a 287).

Pruebe el tamaño de la pared al interior de la abertura. Compruebe que la puerta está a plomo. Coloque estacas debajo del marco lateral en la parte inferior si es necesario para nivelar la puerta. Pida ayuda para sostener la puerta mientras la ajusta.

Trace la marca de la moldura de la puerta sobre la fachada de la pared y luego remueva la unidad. *Nota: Si tiene una fachada de vinilo o metal, vea la página 282 para instrucciones de cómo remover la fachada.*

Corte la fachada a lo largo de la marca sólo hasta llegar a la base usando una sierra circular. Pare de cortar antes de llegar a las esquinas para evitar averiar la fachada adjunta. Termine los cortes con un formón filudo.

Canal de borde

Corte una pieza de canal de borde para usarlo como barrera contra la humedad. Córtelo al ancho de la abertura e instálelo entre la fachada y el papel de construcción existente sobre la parte superior de la puerta. No use puntillas para clavar la canal.

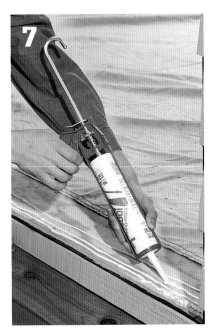

Corte tiras de papel para construcción de 8" de ancho e instálelas entre la fachada y la base de la pared. Doble el papel sobre las vigas de enmarcado y clávelo con grapas. Cada pieza de papel debe traslapar la pieza anterior.

Aplique varias capas de silicona a la base del piso sobre la base inferior de la abertura de la pared.

Aplique silicona alrededor del borde frontal del enmarcado donde el papel para construcción se junta con la fachada.

Use la barra de palanca para nivelar la puerta al interior de la abertura hasta que la moldura quede ajustada contra la base de la pared. Pida ayuda para sostener la puerta desde afuera.

Compruebe que el umbral de la puerta esté a nivel. Si es necesario, introduzca estacas por debajo hasta que la unidad quede nivelada.

(continúa)

Si encuentra vacíos entre el umbral y la base del piso, inserte estacas cubiertas con silicona en esos espacios separándolas cada 6" de distancia. Las estacas deben quedar ajustadas pero no muy apretadas porque puede brotar el umbral. Limpie el exceso de silicona de inmediato.

Inserte pares de estacas de madera dura juntas para formar estacas planas. Hágalo cada 12" en los espacios entre los marcos laterales y las vigas de la pared. En el caso de puertas corredizas, inserte las estacas detrás de la cubierta de la chapa en la puerta con pestillo.

Inserte estacas cada 12" a lo largo del espacio entre el borde superior y la cabecera.

Clave puntillas con recubrimiento 10d separadas cada 12" sobre la moldura exterior dentro de las vigas de enmarcado interiores. Use un punzón para clavar las cabezas de las puntillas al interior de la madera.

Clave puntillas con recubrimiento 10d al interior de los marcos de la puerta en cada estaca desde el interior de la puerta. Use un punzón para introducir las cabezas de las puntillas al interior de la madera.

16

Remueva uno de los tornillos y corte las estacas a ras con el bloque amortiguador encontrado en el centro del umbral. Reemplace el tornillo por uno para madera de 3" clavado al interior de la base del piso como un ancla.

17

Corte las estacas a ras con las vigas del enmarcado usando una sierra manual. Llene los espacios vacíos alrededor de los marcos de la puerta y debajo del umbral con piezas sueltas de aislante de fibra de vidrio.

18

Refuerce y selle el borde del umbral instalando una moldura frontal por debajo del mismo y recostado contra la pared. Perfore agujeros guía y conecte la moldura con puntillas con revestimiento 10d.

19

Compruebe que la canal de borde se encuentre ajustada contra la moldura del marco de la puerta. Luego aplique silicona que pueda pintar a lo largo del borde exterior de la moldura. Cubra la cabeza de las puntillas también con silicona.

20

Aplique silicona por completo alrededor de la moldura en frente del umbral. Use el dedo para presionarla al interior de las grietas. Tan pronto se seque la silicona, pinte la moldura. Termine la puerta e instale el juego de cerradura siguiendo las instrucciones del fabricante. Vea la página 150 para acabar el interior de la puerta.

Escaleras de acceso al ático

Las escaleras que se descuelgan desde el ático ofrecen acceso inmediato a esta parte de la vivienda facilitando el almacenaje de objetos sin realizar mucho esfuerzo. Puede reemplazar el panel de acceso existente por un juego especial de escalera, o también instalarla en un lugar más conveniente y fácil uso.

Al comprar este tipo de escalera, considere la cantidad de uso que tendrá. Un sistema de escalera básica de madera puede ser suficiente para uso ocasional unas pocas veces al año. Si la va a usar con más frecuencia, piense en modelos más fuertes como las de aluminio o las plegables al interior de la entrada del ático.

Es importante que la escalera a instalar sea del tamaño correcto según la altura del cielo raso. Nunca instale una que es más corta que la altura del techo. Compare modelos de acuerdo a la capacidad de carga, ángulo de inclinación, y la calidad de los materiales en el momento de comprar. Aún cuando la mayoría de las escaleras se instalan de la misma forma, siempre siga las instrucciones del fabricante.

Herramientas y materiales ▸

Cinta métrica
Escuadra de enmarcar
Lápiz / Martillo
Sierra para
   cortar paredes
Sierra reciproca
Taladro y brocas
Sierra para metales
Madero 2×
   (enmarcar soportes
   provisionales)

Juego de escalera de
   acceso al ático
Cable fuerte
Tornillos para terraza
   de 3"
Tornillos para pared
   de 2" y 1¼"
Madero con
   revestimiento de
   1 × 4 (para vigas
   provisionales)

Una escalera de acceso al ático puede transformar un espacio abandonado en un buen lugar para el almacenaje o de acceso al techo.

Cómo instalar una escalera de acceso al ático

Marque el sitio aproximado de la puerta de acceso en el cielo raso. Perfore un agujero en una de las esquinas y luego introduzca la punta de un cable hasta el interior del ático. Ubique el cable en el ático y remueva la fibra aislante en el área. Siguiendo las medidas sugeridas por el fabricante, marque la abertura sobre las vigas de soporte. Use una de las vigas como uno de los marcos laterales de la puerta. Adicione 3" al largo de la abertura para dar espacio a las cabeceras.

Si el ancho *de la unidad* de la escalera requiere del corte de una viga, construya un soporte provisional en la habitación debajo para sostener cada punta de las vigas cortadas y evitar daños en el cielo raso (ver las páginas 268 a 271). Use una sierra recíproca para cortar las vigas, y luego remueva la pieza cortada. *Advertencia: No se pare sobre la viga cortada.*

Corte dos cabeceras para acomodar entre las vigas usando maderos 2× del mismo tamaño de las vigas del cielo raso. Coloque las cabeceras perpendicularmente a las vigas recostadas sobre las vigas cortadas. Las esquinas deben estar cuadradas. Clávelas con tornillos para terraza 3" sobre cada viga.

Corte una pieza de un madero 2× a la longitud de la abertura para crear el otro lado del enmarcado. Cuadre las esquinas y clave la pieza sobre cada cabecera con tornillos para terraza de 3".

(continúa)

5

Corte la abertura sobre el cielo raso con una sierra para cortar paredes. Use el enmarcado de la abertura como guía durante el corte.

6

Clave los bordes de la pared al enmarcado de la abertura con tornillos para pared de 1¼" separados cada 8". Prepare el soporte provisional de la escalera siguiendo las direcciones del fabricante.

7

Si la escalera no incluye ganchos de soporte, clave maderos de 1 × 4 en ambas puntas de la abertura traslapando los bordes un poco para que sirvan como vigas para sostener la unidad mientras se instala.

8

Pida ayuda para levantar la escalera al interior de la abertura y descánsela sobre las vigas. Compruebe que la unidad esté cuadrada en el marco y la puerta quede a ras con la superficie del cielo raso. Instale estacas sobre la unidad como sea necesario. *Nota: No se pare en la escalera hasta que esté firmemente anclada al enmarcado.*

9

Conecte la unidad de la escalera al enmarcado de la abertura con puntillas 10d o tornillos de 2" clavados al interior de los agujeros de los anclajes esquineros y placas de las bisagras. Continúe clavando la unidad contra el enmarcado con puntillas o tornillos a cada lado del marco de la escalera al interior del enmarcado de la abertura. Quite las vigas o ganchos de soporte provisionales cuando haya terminado.

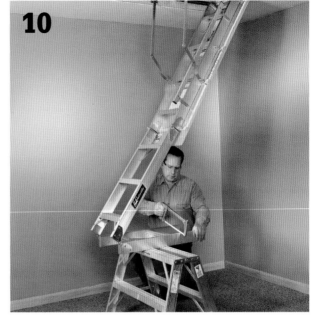

10

Abra la escalera manteniendo la sección inferior cerrada. Coloque la cinta métrica sobre la parte superior del riel y mida la distancia entre el final de la sección intermedia hasta el piso en cada riel. Reste 3" y marque las distancias sobre los rieles izquierdo y derecho de la tercera sección. Use una escuadra para marcar las líneas sobre los rieles. Coloque un soporte debajo de la sección inferior y haga el corte sobre la marca usando una sierra para cortar metales. (En el caso de escaleras de madera, siga las instrucciones del fabricante).

11

Extienda la escalera por completo y pruebe las patas ajustables. Gradúe las patas. No deje ningún espacio en las bisagras. Deje las patas a ras con el piso. Abra agujeros en el riel con la broca recomendada y conecte las patas ajustables con las tuercas, tornillos y arandelas incluidas.

12

Instale la moldura alrededor de los bordes para cubrir el espacio entre la pared del cielo raso y el enmarcado de la escalera. Deje ³⁄₈" de espacio entre la puerta del panel y la cubierta.

Técnicas de acabado

Para poder darle a las puertas y ventanas el toque de elegancia que se merecen, deberá instalar las molduras a su alrededor con un acabado y apariencia profesional. Cuando estos elementos son correctamente incorporados, crean una perfecta transición hacia las paredes o fachadas exteriores por medio de ángulos y uniones bien ajustadas. Aquí presentamos diferentes opciones de diseños de adornos y las técnicas correctas para la instalación.

Este capítulo también explica el proceso de instalación de las cerraduras, cubiertas, cerrojos de seguridad y de otros accesorios necesarios.

Este capítulo incluye:

- Marcos de las puertas y ventanas
- Repisas y bases decorativas para ventanas
- Cabeceras decorativas para las puertas
- Molduras decorativas para ventanas de sótanos
- Postigos
- Accesorios y juegos de cerraduras
- Cerrojos sin llave
- Cerradores automáticos para puertas
- Seguro de las puertas y ventanas

Marcos de las puertas y ventanas

Molduras decorativas

Los marcos de las puertas y ventanas son uno de los elementos más impactantes en la decoración y acabado de una vivienda. También son considerados normalmente la base fundamental para el resto de accesorios usados en los acabados. Todo esto significa que juegan un papel crucial y definitivo en el estilo de la casa.

Dedique el tiempo necesario para escoger un estilo de marco en particular. Mantenga ese diseño a lo largo de toda la vivienda para lograr una apariencia balanceada. Las siguientes páginas lo ayudarán en el proceso de escoger el estilo de los marcos. Primero trataremos lo referente a los marcos de las ventanas, luego hablaremos de las puertas. Algunos de los estilos mostrados hacen parte de los proyectos de este libro. Los otros estilos tienen técnicas de instalación similar con diferentes combinaciones de decoraciones.

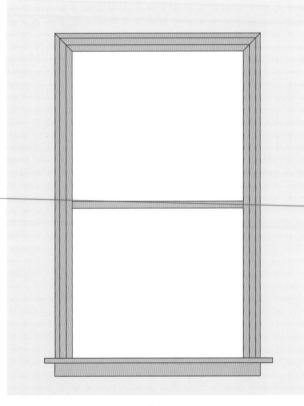

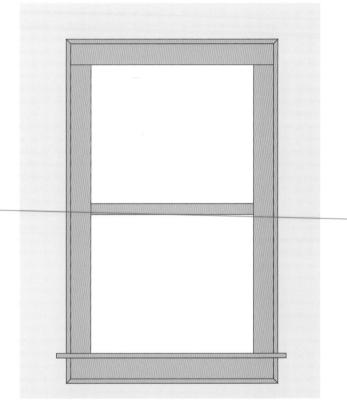

El marco de una ventana Victoriana consiste de dos piezas de moldura con una banda sólida de 1" alrededor del perímetro. Las dos piezas de moldura son unidas y luego cubiertas con una moldura cuadrada. Las molduras construidas de este tipo son fáciles de instalar cuando vienen pre-ensambladas e instaladas como una sola pieza porque las tres molduras pueden ser unidas en ángulo al mismo tiempo. Este diseño es ensamblado en ángulo en las esquinas superiores y ajustado sobre la repisa de la base de la ventana. La repisa es una pieza simple de madera y no desviará la atención del resto del marco más decorado.

El marco de artesano tiene muchas variedades diferentes, pero todas tienen algo en común: líneas rectas con énfasis en las vetas de la madera. En el ejemplo mostrado, una pieza sólida de 1 × 4 es usada con uniones ajustadas derechas como marco. Luego es cubierta con una moldura de banda trasera unida en ángulo en las esquinas. El elemento de la repisa mantiene la banda trasera como una continuación de las líneas del marco, interrumpida sólo por una pieza simple de 1× utilizada como repisa. Las uniones de las esquinas superiores son comúnmente unidas con pequeñas piezas de madera cubiertas con pegamento e incrustadas en orificios de ensamble en cada madero, pero este tratamiento no es obligatorio. El roble blanco o rojo con vetas derechas es por lo general usado en este estilo para resaltar las vetas, pero molduras pintadas también son aceptables.

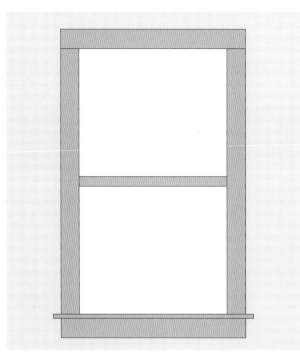

Una ventana de estilo neoclásico tiene marcos acanalados y una cabecera con un elemento decorativo. Los marcos acanalados son empatados con la base y la repisa sobre el alféizar de la ventana, y luego acabados con una cubierta similar a la presentada en la página 156. Este estilo es muy similar a los marcos acanalados Victorianos, pero usan una cubierta decorativa en lugar de bloques con diseños en las esquinas superiores.

Los marcos modernos pueden parecer aburridos en comparación con los estilos más elaborados, o los Victorianos. Sin embargo, al igual que los marcos de artesano, los modernos enfatizan líneas rectas y fluidas. En este ejemplo, los marcos en contrachapado de abedul de $3\frac{1}{2}$" son cubiertos con una capa de pintura transparente para resaltar las vetas de la madera. Los marcos verticales son sobrepuestos en las esquinas superiores por una cabecera horizontal, y la base y repisa inferior son fabricadas con contrachapado sin hacer ningún esfuerzo para disimular las capas del producto. Otros ejemplos de marcos modernos incluyen los de forma de concha y los lisos (planos) sin ningún tipo de decoración.

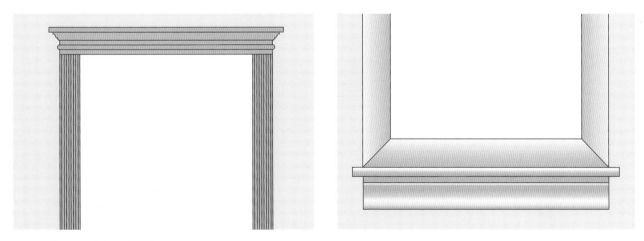

Los estilos tradicionales de marcos son instalados con frecuencia para resaltar la apariencia visual de las puertas o ventanas en habitaciones con variedad de diseños. En este ejemplo, la moldura diseñada con curvas y ángulos rectos ayuda a combinar los diferentes estilos. La base de la ventana es terminada con una repisa estándar fabricada del mismo material de la moldura de la base y unida en forma de capas.

Estilos de los marcos de las puertas

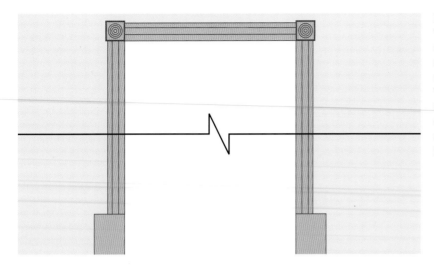

Las puertas con marcos de estilo Victoriano incluyen un diseño distintivo hecho de molduras acanaladas con bloques en forma de pedestal sobre el piso y bloques decorativos en las esquinas superiores. Este es un estilo Victoriano tradicional con muchas ventajas para quienes lo instalan. Lo más notorio en este caso es la eliminación de ensambles en ángulo y el uso de uniones rectas en cada esquina. Esto facilita y acelera el proceso de instalación.

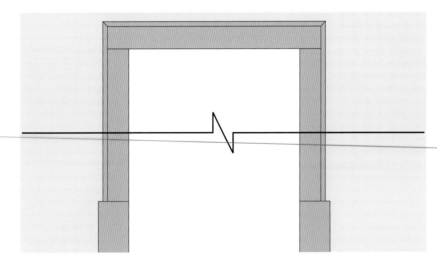

El marco más grueso sobre la cabecera en el estilo de marco de artesano hace más notorio el borde inferior de la moldura de la cabecera facilitando la instalación sobre paredes irregulares. La unión pequeña en ángulo de las esquinas superiores crea un efecto visual. El madero de $5/4$ para la cabecera puede conseguirse en la mayoría de los depósitos de madera o a través de los distribuidores.

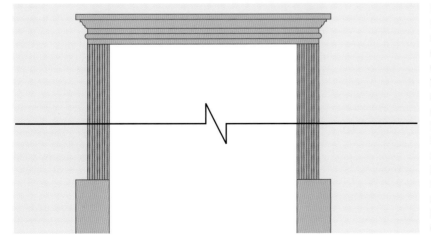

Las esquinas con retorno son un estilo Neoclásico con raíces georgianas. Estas esquinas con retorno u "hombreras", pueden construirse de cualquier tamaño. En este ejemplo, la esquina es hecha de madero estándar 1× con 1" de ancho y de 6 a 10" de largo colocadas sobre la parte superior de cada lado. La moldura de la cabecera cubre la parte superior de cada lado y una pieza de moldura más gruesa se instala como base trasera. En la gráfica, la moldura exterior es cortada con una sierra de mesa y unida en forma recta a los bordes de los marcos y en ángulo en las esquinas. Las molduras voladizas son más fáciles de construir sobre una mesa de trabajo antes de ser instaladas. Se recomienda pintar el contrachapado para esconder la unión entre la moldura y la extensión.

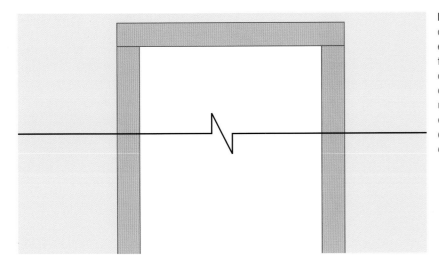

La instalación básica del estilo de concha o ranchero es un buen ejemplo de estilo moderno. La moldura es por lo general fabricada de maderas suaves y pintada para combinarse con las superficies adyacentes. Aún cuando las molduras de este tipo no generan un gran impacto visual, son una sencilla y poco costosa alternativa si la habitación tiene un detallado acabado de pintura y desea resaltar otros aspectos decorativos de las paredes.

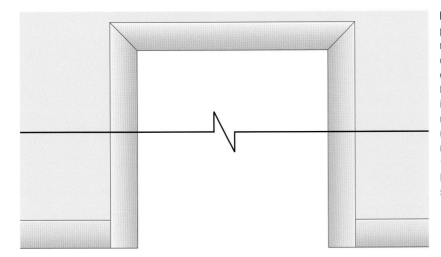

Los estilos tradicionales de molduras para las puertas se combinan muy bien con muchos otros estilos. Aquí se incluyen marcos construidos de varias capas, así como molduras en forma de concha con pocas adaptaciones. En este ejemplo, un madero sólido de 1 × 4 se instala con uniones rectas. Luego, se instala un marco sobre la cara del perímetro del 1 × 4 con uniones en forma de ángulo. Finalmente, una moldura final es aplicada al borde exterior del 1 × 4 para sellar todo alrededor del perímetro. Este estilo de moldura puede ser cubierto con sellador o pintura.

Cómo construir uniones de molduras en ángulo

Marque la línea de trazado sobre cada marco de la unidad a ⅛" de distancia del borde interior. La moldura será instalada a ras con esas líneas.

Coloque la moldura a lo largo de uno de los lados del marco a ras con la línea marcada. Marque los puntos en la parte superior e inferior donde se unirán las molduras horizontal y vertical. Cuando trabaje con puertas, marque las molduras sólo en la parte superior.

Corte las puntas de la moldura en un ángulo de 45°. Mida y corte la otra pieza vertical usando el mismo método.

Perfore agujeros guía para evitar grietas separadas cada 12" de distancia. Instale las piezas verticales con puntillas de acabado 4d clavadas al interior del marco. Clave puntillas de acabado 6d al interior de las vigas de la estructura cerca del borde exterior de la moldura.

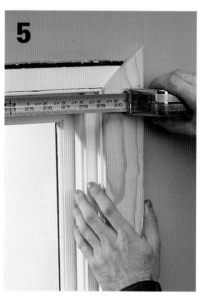

Mida la distancia entre las molduras verticales. Corte las horizontales (superior e inferior) a esa medida con las puntas en 45°. Si la unidad no está perfectamente cuadrada, haga pruebas con retazos de madera hasta encontrar el ángulo correcto de las uniones. Perfore agujeros guía para clavar las piezas con puntillas de acabado 4d y 6d.

Clave las uniones de las esquinas perforando agujeros guía y luego clavando puntillas de acabado 4d en ese lugar. Introduzca las puntillas más allá de la superficie usando un punzón, luego cubra los huecos con masilla y una espátula.

Cómo hacer uniones rectas en las molduras de puertas

1

Marque la línea de trazado sobre cada marco de la unidad a ⅛"de distancia del borde interior. La moldura será instalada a ras con esas líneas.

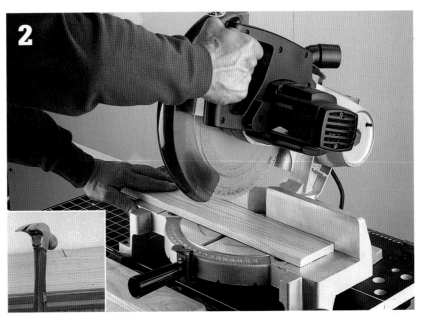

2

Corte la moldura de la cabecera a la medida correcta. Marque el punto central de la cabecera y de la viga de soporte en ese lugar. Alinee la moldura con la línea y colóquela en forma equidistante a ambos lados de la viga. Clave la moldura al interior de la viga y sobre el marco (ver foto anexa).

3

Sostenga las molduras verticales contra el marco de la puerta y haga las marcas de cortado. Corte las piezas a la medida.

4

Alinee las molduras verticales con las líneas sobre los marcos y clave las piezas sobre el marco y vigas. Introduzca la cabeza de las puntillas con un punzón y luego cúbralas con masilla para madera.

Repisas y bases decorativas para ventanas

Los acabados de la base y repisa de la ventana brindan una apariencia tradicional y es más comúnmente usado con estilos de doble guillotina. La repisa sirve como un alféizar interior; la base (o la moldura inferior) cubre el espacio entre la repisa y la pared terminada.

En muchas situaciones, como en el caso de paredes de 2 × 6 necesitan instalarse extensiones de las vigas hechas de maderos para acabado 1× para dejar el marco de la ventana a ras con la superficie de la pared terminada. Muchos fabricantes ofrecen extensiones para las ventanas que fabrican.

La repisa es hecha por lo general de madera de acabado 1x (cortada a la medida de la abertura), con puntas sobresalientes que se extienden sobre la pared para permitir la unión contra el enmarcado lateral. Normalmente las puntas se extienden más allá del borde del enmarcado a la misma distancia que el borde frontal se extiende desde la cara frontal del enmarcado (menos de 1").

Si el borde de la repisa es redondo, angular, o tiene alguna otra forma decorativa, puede crear un terminado más elegante "regresando" las puntas de la repisa para esconder el final de la veta. Un par de cortes sobre las puntas, en un ángulo de 45°, crearán las piezas perfectas para sellar las vetas de la madera alrededor de la misma. Puede hacer lo mismo para cubrir las puntas de una repisa hecha de madera de moldura.

Utilice un martillo neumático cuando instale estos componentes de decoración (el clavado es más preciso que si utiliza un martillo normal con el que podría desubicar las piezas).

Al igual que con cualquier proyecto de decoración con molduras, las uniones ajustadas son el secreto para un buen trabajo en la base o repisa. Dedique el tiempo necesario para hacer unas buenas uniones.

Consejo ▸

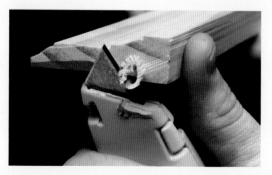

Corte las puntas de la moldura donde sea necesario para crear uniones más ajustadas. Use una navaja para el corte.

Herramientas y materiales ▸

Cinta métrica
Regla derecha
Sierra circular
  o de vaivén
Sierra manual
Cepillo de carpintero
  (plano o para
  bordes redondos)
Taladro
Martillo

Martillo neumático
  (opcional)
Madero de acabado 1×
Moldura
Estacas de madera
Puntillas de acabado
  4d, 6d, y 8d

Cómo instalar repisas y bases decorativas para ventanas

1

Corte la repisa dejando varias pulgadas de sobra en cada punta para crear las piezas de "retorno". Después de colocar la repisa centrada sobre la ventana, ajústela contra la pared y use estacas para levantarla a la altura final. En cada esquina, mida la distancia entre el marco de la ventana y la repisa. Haga esa marca sobre la repisa.

2

Abra el compás hasta que toque la pared y la punta de la abertura hecha sobre la repisa. Traslade esa medida sobre la repisa para completar la marca de corte para crear el retorno.

3

Corte las muescas para los retornos con una sierra manual o de vaivén. Pruebe la pieza y haga los ajustes necesarios con un cepillo para carpintero para que se ajuste por completo sobre la pared y la ventana.

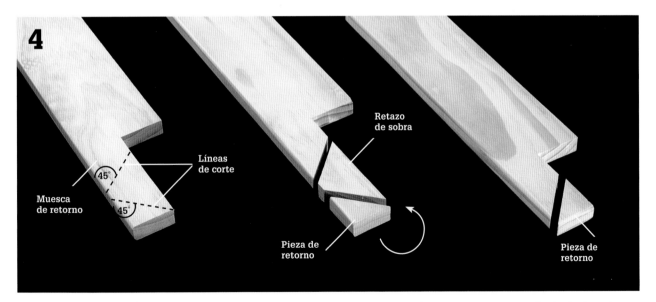

4

Muesca de retorno

45°

45°

Líneas de corte

Retazo de sobra

Pieza de retorno

Pieza de retorno

Para crear una pieza de retorno en la punta de la repisa, mida y corte las piezas en un ángulo de 45°. Pegue con adhesivo la pieza a la punta de la repisa para que la veta termine a su alrededor. *Nota: Use esta técnica para crear los retornos en la base (ver el paso 13 en la página 155), pero haga los cortes con la base sostenida sobre el borde en lugar de colocarla acostada.*

(continúa)

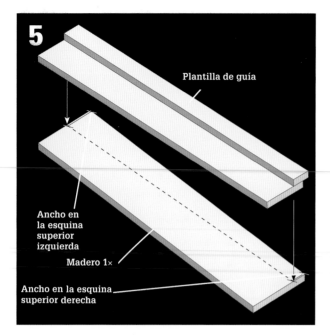

5

Plantilla de guía

Ancho en
la esquina
superior
izquierda

Madero 1×

Ancho en la esquina
superior derecha

Cuando se necesita extensiones, corte la extensión de la cabecera a la medida final (la distancia entre los marcos de la ventana más el espesor de ambas extensiones laterales, por lo general un madero 1×). Mida la distancia entre el marco de la ventana y la pared terminada en cada esquina, luego traslade las medidas sobre las puntas de la extensión. Use una regla larga para trazar una línea para conectar los puntos. Construya una plantilla de guía.

6

Sujete la plantilla con abrazaderas sobre la línea de referencia y corte la extensión con una sierra circular. Mantenga la base apretada contra la plantilla y mueva la sierra lentamente sobre el madero. Reubique la abrazadera cuando llegue casi al final del corte. Corte ambos lados de la extensión a lo largo y ancho con la misma técnica usada para la extensión de la cabecera (ver paso 5).

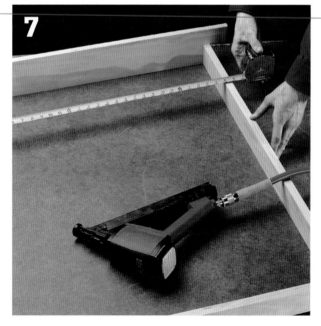

7

Construya una caja de enmarcado con las extensiones y la base. Use puntillas de acabado 4d y un martillo neumático. La caja debe tener las mismas dimensiones que los marcos de la ventana. Clave las puntillas desde la parte superior de la extensión de la cabecera al interior de las extensiones laterales, y desde la extensión inferior de la base dentro de las extensiones.

8

Aplique adhesivo para madera al borde interior del marco y luego colóquelo contra el borde frontal del marco de la pared. Use estacas para nivelar la unidad y déjelas a ras con el borde del marco de la ventana. Clave el marco sobre cada estaca con puntillas de acabado 8d a través de agujeros guía. Instale trozos de fibra aislante entre los marcos de la ventana y las extensiones.

En el borde de cada extensión, haga una marca de ¼" en las esquinas, el medio y la repisa. Coloque la moldura a lo largo de la extensión de la cabecera alineada con las marcas de las esquinas. Señale el lugar donde las marcas se intersectan y luego haga cortes en ángulo de 45° en cada punto. Coloque de nuevo la moldura sobre la cabecera y clávela con puntillas de acabado 4d sobre las extensiones, y con puntillas 6d al interior del marco de la pared.

Corte las molduras laterales dejándolas un poco más largas para hacer el acabado final. Corte las puntas en ángulo de 45°. Con la punta sobre la repisa, marque la altura de la moldura hasta llegar al borde superior de la moldura de la cabecera.

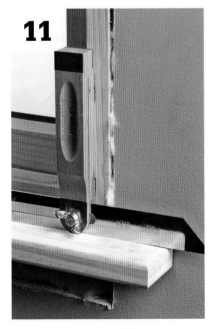

Para hacer un ensamble ajustado de las molduras verticales, alinee un lado de la falsa escuadra con la marca. Luego señale la extensión lateral y coloque el otro lado a ras contra la punta de la muesca de retorno. Transfiera el ángulo de la falsa escuadra al final de la moldura y luego córtela a esa medida.

Compruebe que las molduras encajan y haga ajustes pequeños usando un cepillo para carpintero (en curva o plano). Clávelas con puntillas de acabado 4d sobre las extensiones y con puntillas 6d al interior del marco de la pared.

Corte la repisa dejándola un poco más larga en las puntas para crear las piezas de retorno (ver el paso 4 en la página 153). Colóquela ajustada contra el borde inferior de la base y luego clávela con puntillas de acabado 6d incrustadas cada 12" de distancia.

Cabeceras decorativas para las puertas

Reemplazar una moldura de cabecera tradicional de una puerta o ventana por una pieza más decorativa, es una forma fácil y rápida de agregar un toque de elegancia a un elemento ordinario de la vivienda.

Agregar una moldura decorativa sobre la cabecera de una puerta es una forma sencilla de mejorar la apariencia general. Aún cuando este tipo de trabajos son más comunes en las puertas, también puede realizarlo sobre las ventanas. Crear su propio diseño puede ser una labor agradable, pero trate de no sobre-saturar la habitación con un elemento muy sofisticado que pueda apartarlo del resto de la decoración.

Las cabeceras comunes tienen un borde exterior con un espesor aproximado de $^{11}/_{16}$". Construya su propio diseño con un espesor similar. Puede usarlo para crear una línea pronunciada sobre una pieza más delgada, o construirlo de una pieza gruesa para una apariencia más notable. En este proyecto, la moldura de base (o la pieza más pequeña de la moldura superior) es usada para construir la cabecera alejada de la pared. Las puntas de las molduras son retornadas a la pared, y la estructura final es cubierta por una pieza de moldura entramada. Hacer este tipo de decoración en una puerta interior quizás requiera de la instalación de molduras adicionales. En el caso de una puerta o ventana exterior clave las piezas directamente sobre las vigas de la estructura que sostienen peso sobre la abertura superior.

Herramientas y materiales ▸

Lápiz / Molduras
Adhesivo para madera
Cinta métrica
Sierra para cortar
  en ángulos

Pistola para clavar
  puntillas de acabado
Pistola para clavar
  puntillas con
  cabeza pequeña

Cómo instalar cabeceras decorativas para las puertas

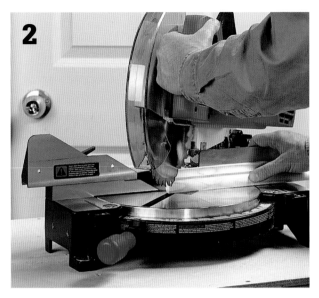

Mida el ancho del molde de la puerta y corte una pieza de base (o cabecera) dejando 6"de sobra. Use el borde de la pieza para hacer marcas sobre el borde inferior de la moldura. Comience las marcas a 2" de las puntas y deje espacio para los cortes en ángulo de las puntas.

Coloque la moldura boca abajo y recostado contra la guía. Haga un corte en 45° sobre la esquina exterior en cada punta de la moldura sobre las marcas de referencia señaladas en el paso 1.

Corte las piezas de retorno para las esquinas usando el sobrante de la moldura. Cuadre el ángulo de 45° en la sierra en dirección opuesta y haga el corte sobre la moldura colocada hacia abajo recostada contra la guía. Pruebe los cortes sobre las esquinas y haga cortes de ajuste si es necesario. Aplique pegamento sobre las piezas de retorno y clávelas sobre las esquinas con puntillas de acabado de cabeza pequeña de 1".

Clave la nueva cabecera en su lugar con puntillas de acabado de 2¹⁄₂". Clávelas en ángulo al interior de las vigas interiores de la pared.

Corte la moldura de decoración 1" más larga que la de la base. Clávela con puntillas de cabeza pequeña de ⁵⁄₈" dejándolas colgadas uniformemente ¹⁄₂". Cubra todos los huecos de las puntillas con masilla, líjelos con una lija suave. Aplique el sellador o pintura final.

Molduras decorativas para ventanas de sótanos

Las ventanas de los sótanos proveen la luz natural necesaria para estos lugares oscuros, pero aún en los sótanos terminados a menudo es ignorada la decoración que merece la parte exterior de los mismos. Esto sucede en parte porque a menudo los cimientos de los sótanos tienen por lo menos 8" de espesor, y a veces más gruesos. Si adiciona una pared exterior, la ventana puede parecer como un túnel con un panel de vidrio al final. Con un buen diseño e instalación de la moldura, puede transformar este problema en un aspecto positivo.

La abertura para la ventana en el sótano puede ser acabada con láminas de pared, pero la forma más fácil de enmarcarla es construir marcos mucho más anchos que se extiendan desde la cara interna del marco de la ventana hasta la superficie de la pared interior. Debido a su gran espesor, la madera de contrachapado es una buena solución para construir los marcos. Este proyecto es creado con contrachapado cubierto con una capa de roble. Las piezas son ensambladas en un perfecto enmarcado con uniones en forma de ranuras en las esquinas. El marco es instalado como una sola unidad y luego decorado con molduras de roble. Las molduras se instalan a ras con los bordes internos del marco de la abertura. Si desea dejar el borde a la vista en el borde interior de la moldura, necesitará agregar una tira sólida de madera al borde del marco para esconder las vetas del contrachapado.

Herramientas y materiales ▶

Lápiz / Navaja	Espuma en aerosol
Cinta métrica	Estacas de roble o
Sierra de mesa, taladro	contrachapado de 1¼"
y brocas	Puntillas de acabado
Escuadra / Regla larga	de 2"
Contrachapado de	Tornillos para pared de
cedro de ¾"	yeso de 1⅝"
Nivel de 2 pies	Adhesivo para madera

Debido a que son colocadas sobre paredes gruesas de cimiento, las molduras de las ventanas del sótano son un poco más difíciles de instalar. Sin embargo, el espesor de la pared le permite utilizar el espacio para colocar plantas, o puede convertirse en el lugar predilecto del gato para tomar el sol.

Cómo instalar molduras decorativas en ventanas de sótanos

Asegúrese que el marco de la ventana y el área adyacente están secos, sin moho, y sin ningún otro tipo de daños. En las esquinas, mida desde los bordes interiores de la ventana hasta la superficie de la pared. Agregue 1" a la medida más larga.

Prepare la sierra de mesa para hacer el corte a la medida establecida en el paso 1. Si no tiene una de estas sierras, coloque una circular sobre una regla larga y úsela como guía para cortar las tiras a esa longitud. Use un disco fino para hacer suficientes cortes de contrachapado para crear las cuatro partes del marco.

Medidor de guía

Empareje la longitud de las tiras de contrachapado. En este ejemplo, el marco se diseñó con las mismas dimensiones del marco de la ventana debido a que había algo de espacio entre el enmarcado y la abertura de la pared.

Ensamble en forma de ranuras de $3/8 \times 3/4$"

Corte ensambles en forma de ranuras de $3/8$" de profundidad por × $3/4$" de ancho en cada punta del marco de la cabecera y la base. Una caladora de mesa es la mejor herramienta para este trabajo, pero puede usar una sierra de mesa o manual y un formón. Inspeccione los maderos y corte las ranuras sobre el mejor lado. Aquí prensamos las dos piezas juntas porque son de la misma longitud. Es buena idea hacer el corte sobre una base de madera para evitar averiar las piezas.

(continúa)

Pegue y prense las piezas del marco. Prénselas cerca de las puntas en ambas direcciones. Coloque una escuadra al interior del enmarcado para mantenerlo cuadrado.

Abra tres agujeros guía perpendiculares (con la cabeza ensanchada), a través de los ensambles y el lado de las ranuras de la pieza opuesta en cada esquina antes que se seque el pegamento. Abra los agujeros equidistantemente manteniendo los de los extremos al menos $\frac{3}{4}$" de la punta. Clave tornillos de pared de $1\frac{5}{8}$" en cada hueco sin apretar demasiado. Compruebe que el marco sigue cuadrado y haga los ajustes necesarios sobre las prensas.

Deje secar el adhesivo por lo menos una hora (es mejor dejarlo secar toda la noche), remueva las prensas y coloque el marco sobre la abertura. Ajuste la pieza para dejarla centrada y a nivel en la abertura. Los bordes exteriores deben quedar a ras contra el marco.

Recueste una regla metálica contra el marco y sobre la superficie de la pared (no debe mover el marco) y marque con un lápiz el lugar de la moldura en el sitio donde la regla toca el enmarcado en cada lado de las cuatro esquinas. Puede usar una herramienta pesada sobre la base del marco para mantenerlo en posición.

Remueva el marco y prénselo contra una superficie plana de trabajo. Use una regla larga para conectar las líneas de marca al final de cada lado del marco. Coloque el disco para hacer el corte apenas un poco más de ¾" de profundidad. Prense una regla sobre el marco para que la sierra la use como guía en el momento de hacer el corte. La ventaja de usar una sierra circular es que cualquier imperfecto en el corte quedará en las caras no visibles del enmarcado.

Coloque el marco de nuevo en la abertura. Mantenga la misma orientación que cuando hizo las marcas para instalar las molduras. Nivele y centre el marco en la abertura. Clave unas puntillas de acabado desde los marcos hasta el interior de las vigas y sobre la base. La mayoría de carpinteros no clavan puntillas sobre el marco de la cabecera.

Aplique espuma de aislante de poliuretano en aerosol alrededor del marco. Use espuma de "mínima expansión para puertas y ventanas" y no aplique demasiado. Deje secar la espuma por una media hora y luego corte el exceso con una navaja. *Consejo: Proteja la madera alrededor con tiras de cinta para enmascarar.*

Quite la cinta de enmascarar y limpie los residuos de la espuma. Instale la moldura. Aquí usamos técnicas simples de enmarcado para instalar molduras de roble.

Postigos

Los postigos de madera han sido por mucho tiempo una vistosa decoración para las ventanas. El estilo de acordeón puede ser usado casi que en cualquier ventana debido a la privacidad que ofrecen y a la forma nítida como se abre para exponer la ventana por completo. Los postigos con persianas ofrecen un mejor control sobre la luz que muchos otros estilos.

Si no puede conseguir el tamaño correcto del postigo, cómprelo de un tamaño un poco más grande que las medidas de las ventanas. Los postigos divididos para una ventana doble de guillotina por lo general llegan (pero no sobrepasan) hasta la mitad de la ventana inferior.

Puede cortar los postigos a la altura correcta usando una sierra ingletadora, de mesa, o radial. Si va a remover $\frac{3}{4}$" o menos, córtela en la parte inferior. Si tiene que quitar una pieza más grande, quite una mitad de la parte de abajo y la otra de arriba.

Compruebe que la ventana esté cuadrada antes de instalar el postigo. Junte ambas mitades del postigo y párelas sobre la abertura de la ventana con el lado izquierdo tocando el marco de ese mismo lado. La parte inferior de los postigos deben descansar en forma plana sobre la base de la ventana. Si no hay espacio entre el marco y el postigo, ese lado de la ventana está cuadrado. Junte las otras dos mitades y haga lo mismo sobre el lado derecho.

Si hay algún espacio, la ventana no está cuadrada y deberá cortar los postigos para acomodarlos al espacio antes de instalarlos (vea el paso 1 en la página siguiente).

Los postigos interiores tienen muchas funciones. Son decoraciones atractivas para las ventanas, ayudan a controlar la luz solar y el calor, y permiten escoger entre la privacidad y la visibilidad.

Herramientas y materiales ▶

Sierra ingletadora
Sierra de mesa, o radial de brazo
Cepillo de carpintero, lijadora de banda o aplanadora manual
Destornillador
Brocha para pintar
Cinta métrica
Compás de lápiz
Cinta para enmascarar
Estacas de $\frac{1}{8}$" de ancho
Papel de lija #180
Bisagras sin muescas de $2\frac{1}{2}$"
Tornillos / Pestillo
Pintura o barniz
Postigos

Cómo instalar postigos interiores

Ajuste el compás con el lápiz sobre el espacio más grande encontrado. Sostenga el pivote contra el marco e introduzca el compás de arriba hacia abajo marcando una línea. Use una lijadora de banda o una aplanadora manual para emparejar el marco hasta la marca trazada. Haga lo mismo en el otro lado. Ensaye ambos lados sobre la ventana.

Coloque los cuatro postigos en su posición. Coloque estacas de ⅛"por debajo y a los lados. Compruebe que los espacios estén uniformes y empareje los postigos si es necesario. Remuévalos de la ventana y líjelos con lija #120. Píntelos con sellador o barniz usando una brocha delgada para tener acceso entre las persianas.

Junte los pares de postigos con bisagras sin muescas de 2½" para que puedan doblarse hacia afuera de la ventana. Instale dos bisagras en cada borde que se une al marco de la ventana. Si el espacio intermedio no está uniforme cuando los postigos están cerrados, empareje detrás de la bisagra del marco para ajustarlo. Instale un pestillo pequeño para mantener los postigos cerrados.

Consejo ▸

Los postigos fijos sirven como elementos o paneles decorativos. Son montados sobre la pared y pueden ser pintados o 'salpicados' con colorantes (como se muestra en la foto). En lugar de empatar con el color del marco de la ventana, pueden ser pintados para jugar con algún color de los muebles.

Construcción de postigos exteriores contra

Los postigos exteriores son una solución permanente para proteger las ventanas. De lo contrario, hay que hacer una instalación apresurada con tableros de contrachapado cuando sólo hay poco tiempo antes que llegue la tormenta, y luego hay que quitarlos otra vez cuando el peligro ha pasado. Para quienes viven lejos de los peligros de los vientos costeros, los postigos son una forma fácil de proteger las ventanas de las cabañas durante el verano cuando no están habitadas.

Los postigos son fáciles de construir. Están hechos de tableros para uso exterior con ensamble macho-hembra. El diseño simple y rústico es compensado con un elegante entramado. Una moldura decorativa visible cuando se abre el postigo puede trasformar este práctico elemento en un acento elegante al exterior de la vivienda.

Los postigos están diseñados para proteger las ventanas de los vientos fuertes y del daño que puede causar los escombros durante tormentas.

Consejo ▶

Bisagra de ensamble tipo 'H'

Bisagra y pivote en forma de 'L'

Bisagra de muesca tipo 'Lull and Porter'

Bisagra de correa y pivote

Antes de construir los postigos, es importante encontrar las bisagras apropiadas. Los accesorios requeridos no siempre están disponibles en todas las regiones y quizás tenga que ordenarlos directamente al fabricante de postigos. Las bisagras se consiguen en gran variedad de estilos y su instalación varía según su forma y el diseño de la ventana. Consulte con el fabricante para determinar cuál es la mejor solución en su caso.

Herramientas y materiales ▶

Cinta métrica	Maderos con ensamble
Abrazadera para tubo	macho-hembra
Regla / Taladro	de 1 × 8
Sierra circular	Madero dimensional
Fresadora con	de 1 × 4
accesorio	Tornillos galvanizados
para biselar	para terraza 1¼ y 3"
Brocha para pintar	Pintura
Adhesivo para madera	Accesorios para postigos

Cómo construir postigos exteriores contra tormentas

Mida la altura de la abertura de la ventana para determinar las dimensiones de los postigos. Debido a que las ventanas no siempre son cuadradas, tome las medidas al lado izquierdo y derecho de la misma. Reste ½" de la altura para dejar un espacio. Determine el ancho del postigo midiendo al interior del larguero de la ventana, divídalo por 2, y reste ⅜" para dejar el espacio para las bisagras.

Ensamble de dos a cuatro maderos macho-hembra de 1 × 8. Deje cada postigo un poco más grande que la medida determinada. Sostenga ambos maderos de 1 × 8 con abrazaderas para tubo, luego use una regla para marcar las medidas exactas en la cara de cada postigo. Corte las piezas con una sierra circular.

Quite las abrazaderas. Use la sierra para cortar los postigos a la medida. Remueva el ensamble 'macho' de un lado del postigo, y la 'hembra' del otro. Reinstale las abrazaderas.

Listón

Pieza final

Corte cuatro listones 3" más cortos que el ancho del postigo de un madero 1 × 4 para uso exterior. También corte cuatro piezas finales con las esquinas a 45°. Bisele los lados que no se juntan con otras piezas usando una fresadora con accesorio para biselar.

(continúa)

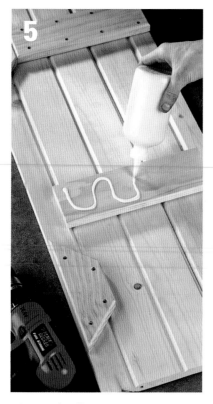

Conecte los listones y las piezas finales con adhesivo para madera a prueba de agua, y con tornillos galvanizados de cabeza cónica de $1\frac{1}{4}$". Deje secar el pegante por completo antes de instalar los postigos.

Variación: Para mejorar la apariencia de los postigos, considere un molde decorativo diseñado para el lado visible cuando el postigo está abierto. Puede instalar listones en forma de 'Z' o 'X' como la puerta de un establo tradicional. Cada diseño puede cortarse de maderas de 1 × 4 y clavarse a la puerta con adhesivo para madera y tornillos.

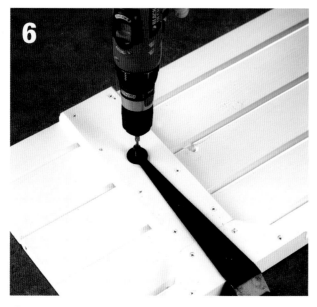

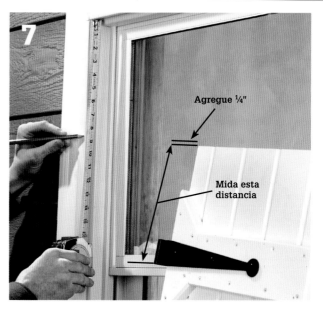

Agregue $\frac{1}{4}$"

Mida esta distancia

Pinte o selle los postigos con el color que desee y déjelos secar. Abra agujeros guía para instalar las bisagras sobre los listones con los accesorios incluidos o con tornillos galvanizados de $1\frac{1}{4}$".

Mida desde la parte superior del postigo hasta el borde inferior de la bisagra superior. Agregue $\frac{1}{4}$". Mida la distancia desde el borde del larguero superior y haga una marca. Alinee la parte inferior del pivote con esa marca. Conecte el pivote al molde de la ventana con tornillos galvanizados de 3".

8

9

Coloque la bisagra superior sobre el pivote. Sostenga el postigo hasta que las bisagras estén conectadas. Alinee la bisagra inferior con el pivote y clávelo con tornillos galvanizados de 3". Repita los pasos 7 y 8 para los otros postigos. *Nota: Las instalaciones de las bisagras pueden variar según el estilo y diseño de la ventana. Siempre siga las direcciones del fabricante.*

Instale los amarres decorativos (también llamados 'perros del postigo') para mantener los postigos en posición abierta. Puede instalar un pasador al interior o exterior del postigo. Una alternativa menos costosa es instalar un par de barras de soporte y asegurar la ventana con un madero de 2 × 4 durante las tormentas (ver foto anexa).

Variación: Postigos prefabricados contra tormentas ▶

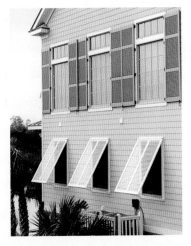

Los postigos prefabricados vienen en muchos modelos tradicionales, incluyendo estilos de persiana, paneles levantados y postigos verticales.

Los postigos de enrollado se ajustan en cualquier posición protección y dar entrada parcial de luz. Pueden ser controlados manual o automáticamente.

Los postigos estilo 'Bahamas' dan sombra cuando se abren, y protegen contra el viento y los impactos fuertes cuando están cerrados.

Accesorios y juegos de cerraduras

La seguridad de la vivienda no tiene que ver solamente con un extensivo plan de prevención; es más que todo un sentimiento de paz y tranquilidad. Si alguna vez ha sido robado, sin duda se ha sentido vulnerable. Por lo tanto, todos tenemos un interés general de mantener lo que es de afuera, afuera. Hay muchas formas de lograr lo anterior; algunas cuestan mucho dinero, otras no. La primera, y más costosa, es instalar un sistema de seguridad que informa a las autoridades si hay algún problema, pero no todos desean este tipo de solución. Existe una forma más sutil que se acomoda a sus necesidades, e incluye una combinación de luces activadas por movimiento junto a una cerradura de buena calidad. Cuando alguien trata de acercarse sigilosamente a la puerta trasera durante la noche, pocas cosas generan alarma al intruso como el encendido instantáneo de luces a su alrededor. Y no hay nada más desalentador que tratar de penetrar una puerta cerrada con una cerradura sin ser descubierto. Si sólo

puede escoger una de estas dos soluciones, escoja de inmediato buenas cerraduras. Siempre están a su servicio todo el día y toda la noche, sin importar si la electricidad funciona o no.

Herramientas y materiales ▸

Sierra para cortar metales	Llaves / Plantilla
Espátula / Taladro	Placas de base
Navaja / Cerradura	Collar (cierre)
Llaves hexagonales	Placas de la cerradura
Destornillador	Palanca de cerrado de dedo
Formón para madera	Placas de refuerzo para la cerradura
Nueva cerradura	

Nunca sabrá cuándo tiene que reemplazar una cerradura, pero en muchas situaciones, se alegrará de saber cómo hacerlo.

Cómo instalar una cerradura

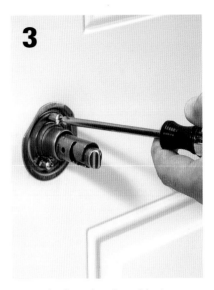

Remueva la vieja cerradura. Por lo general el picaporte de la misma es sostenido en el interior por un pequeño gancho, y está localizado en un lado de la extensión del picaporte y por debajo de la funda sobre la puerta. Para soltarlo, sólo empuje el gancho con un destornillador. Luego saque el picaporte.

Remueva la funda. Por lo general está ajustada sobre el mecanismo de la cerradura. Para sacarla introduzca un destornillador en forma de palanca dentro de la abertura diseñada con ese propósito. Otras cubiertas por pequeños ganchos o resortes. Al empujar el gancho, la cubierta puede removerse con facilidad con los dedos.

Después de quitar la cubierta, el mecanismo de la cerradura quedará accesible. La cerradura está unida por un par de tornillos. Remuévalos y saque los componentes de la cerradura del hueco de la puerta.

Después de sacar ambos lados de la cerradura, puede remover el cerrojo. Saque los tornillos que sostienen la placa sobre el borde de la puerta y luego retire el mecanismo.

Instale el nuevo sistema de la cerradura. Compruebe que los tornillos sobre la placa están bien ajustados a la puerta. Separe ambos lados de la cerradura e introdúzcalos juntos con el ensamble del cerrojo en el medio.

Mientras sostiene un lado de la cerradura contra la puerta, mueva el otro lado de la cerradura para que los tornillos encajen en los orificios correctos. Una vez los tornillos estén en su lugar, apriételos para que ambas partes de la cerradura se ajusten a cada lado de la puerta. Instale los nuevos picaportes y las placas de cubierta de la cerradura.

Cómo instalar un cerrojo

Consejo para la plantilla ▸

Muchas de las puertas vendidas hoy día vienen con los agujeros listos para instalar las cerraduras. Otras también vienen con el orificio para el cerrojo, pero a menudo tendrá que abrir los orificios según el sistema que ha comprado. En estos casos, los fabricantes ofrecen plantillas que se colocan sobre la puerta como referencia. Siguiendo las instrucciones del fabricante, pegue la plantilla sobre la puerta con cinta de enmascarar (asegúrese que la coloca de la forma correcta para corresponder con el espesor de la puerta), marque el punto central de cada agujero, incluyendo el hueco del cerrojo en el borde de la puerta. Por lo general está ubicado 7 u 8" arriba de la cerradura.

Determine el tamaño necesitado revisando las instrucciones que vienen con el cerrojo. Marque el hueco y ábralo con un taladro y una broca especial. Detenga la perforación cuando la punta de la broca, en el centro del hueco, pasa al otro lado de la puerta.

Vaya al otro lado de la puerta e introduzca la broca sobre el agujero guía y haga el resto del corte. Si trata de hacer el corte desde un solo lado de la puerta en una sola perforada, puede averiar la cubierta metálica de la puerta (o coraza) cuando los dientes de la broca salgan a la superficie.

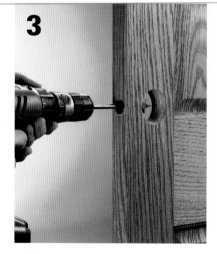

Perfore el agujero del cerrojo a través del borde de la puerta usando una broca plana (u otro tipo de broca especial). Mantenga la broca nivelada para que el cerrojo entre en el orificio en la posición correcta.

Introduzca el sistema de cerrojo al interior del hueco hasta que la placa de base quede a ras con el borde de la puerta. Marque alrededor de la placa con una navaja. Remueva el mecanismo y corte una muesca de $1/8$" de profundidad sobre el interior de la marca con un formón filoso (ver la página siguiente).

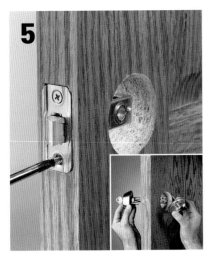

5

Después de abrir y probar la muesca, presione la placa al interior de la misma y ajústela con un par de tornillos. Introduzca ambos lados del cerrojo al interior del mecanismo y únalos con los tornillos que mantienen ambas partes unidas. Asegúrese que los tornillos queden bien ajustados (ver foto adjunta).

Técnica para abrir la muesca ▸

Al instalar las placas para el cerrojo utilice un formón con filo para abrir la muesca necesaria.

1

Corte el borde de la marca a ⅛" de profundo con un formón (use uno con el mismo ancho de la muesca). Coloque el lado angular del formón hacia el interior de la muesca y golpéelo con una maceta.

2

Haga una serie de cortes de ⅛" de profundidad separados a más o menos ¼" de distancia.

3

Coloque el lado angular del formón hacia abajo en un ángulo de 45°. Golpéelo con una maceta para desprender las partes. Suavice el fondo de la muesca.

6

Abra el cerrojo y marque la punta con un marcador, un lápiz de color o una crayola. Cierre el cerrojo, cierre la puerta y abra el cerrojo para que la punta toque el marco. Esto marcará la ubicación exacta y necesaria al interior del hueco del cerrojo en el marco. Abra el hueco (por lo general a 1½" de profundidad) para el cerrojo con una broca plana (vea los requisitos del hueco en las instrucciones del cerrojo).

7

Cierre la puerta y ensaye el cerrojo para estar seguro que entra en el hueco en el marco. De lo contrario, abra un poco más el orificio. Una vez quepa, centre la placa del cerrojo sobre el hueco y haga una marca con una navaja. Corte la muesca para la placa usando un formón.

8

Termine la instalación colocando la placa del cerrojo sobre el marco. Algunas de estas piezas son de tamaño más grande, como la mostrada aquí, pero la mayoría son placas estándares para cerrojos. Ambos tipos traen tornillos largos que se clavan al interior del marco y llegan hasta la viga de la estructura.

Cerrojos sin llave

Las puertas que utilizan cerrojos sin llaves ofrecen seguridad a la vivienda con sólo apretar un botón. Estos sistemas por lo general funcionan con una llave a control remoto o un tablero programable. Es una buena adición si tiene niños que regresan a una casa vacía después de la escuela. Después de enseñarles el código del tablero, no tiene que preocuparse de llaves perdidas o robadas.

Si va a reemplazar una chapa estándar por un sistema sin llave, no asuma que el nuevo mecanismo va a caber en los huecos existentes. Si los agujeros de la puerta y el marco no están alineados, la chapa no funcionará correctamente. Consulte las instrucciones del fabricante para asegurarse que los agujeros están en línea y son del tamaño correcto.

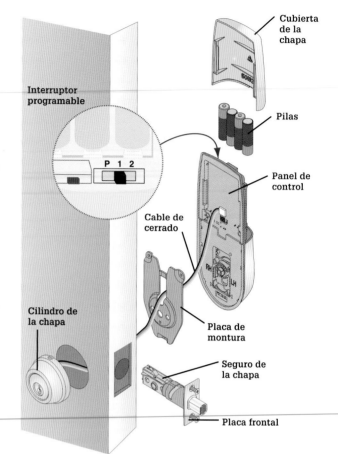

Interruptor programable

Cubierta de la chapa

Pilas

Panel de control

Cable de cerrado

Cilindro de la chapa

Placa de montura

Seguro de la chapa

Placa frontal

Herramientas y materiales ▸

Punzón, taladro con broca de ⅛"
Sierra cilíndrica
Brocas planas
Navaja / Martillo
Formón / Puntillas

Destornilladores para cabezas planas y hexagonales
Juego de chapa sin llave
Tornillos para madera de 3"

Cómo instalar cerrojos sin llave

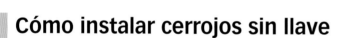

Pegue con cinta aislante la plantilla suministrada con la chapa en el lugar deseado (por lo general 5½" arriba de la chapa existente). Marque el punto central para el cilindro y la chapa con un punzón (foto anexa). Abra agujeros guía en las marcas atravesando las cartas de la puerta por completo, y a 2" de profundidad sobre el borde.

Use un taladro y una sierra circular del tamaño indicado para abrir el hueco para el cilindro. Abra cada lado por separado y sin atravesar la broca por completo para evitar astillar la puerta.

3

Marque el centro del agujero de la caja sobre el marco de la puerta. Cierre la puerta y luego introduzca una puntilla al interior del agujero guía del cilindro hasta llegar al marco (ver foto anexa). Use la broca indicada para abrir un hueco de 1" de profundidad en el marco. Abra el hueco para la chapa a través del borde de la puerta y dentro del hueco del cilindro. Use la broca recomendada.

4

Inserte el seguro de la chapa dentro del hueco del borde y sosténgalo temporalmente en su lugar con los tornillos incluidos. Haga un corte alrededor de la placa usando una navaja (ver foto anexa). Quite el seguro y use un formón y un martillo para quitar con cuidado el material al interior de la muesca hasta que la placa quede a ras con la puerta. Conecte la placa a la puerta con los tornillos incluidos.

5

Inserte la placa de la chapa sobre el marco de la puerta. Asegúrese que la cerradura esté alineada perfectamente con la placa. Marque la placa sobre el marco y corte la muesca. La placa debe quedar a ras con el marco. Abra agujeros guía e instale la placa con tornillos para madera de 3" de largo.

6

Coloque la parte exterior de la chapa dentro del hueco del cilindro. Deslice la parte trasera dentro del hueco correcto de la chapa. Coloque el cable de cerrado debajo de la chapa dejándolo sin que toque ninguna parte movible. Introduzca el cable por el hueco correcto en la placa de montaje y luego conecte la placa a la chapa con los tornillos incluidos.

7

Siga las instrucciones del fabricante para alinear el control de la chapa para la puerta derecha o izquierda. Conecte el cable de cerrado dentro del recibidor al interior del panel de control. Con la chapa extendida y el picaporte en posición vertical, coloque el tablero en su posición y conéctelo con los tornillos incluidos. Instale las pilas y siga las instrucciones del fabricante para programar los códigos de acceso a control remoto.

Cerradores automáticos para puertas

La función básica de este tipo de cerradores es cerrar la puerta con un movimiento lento y controlado después de soltarla. Muchos de los códigos de construcción para edificios requieren este tipo de cerradores en puertas de emergencia ubicadas entre el garaje y la vivienda. También pueden proteger a los niños de los peligros en los sótanos, cuartos de servicio o talleres de trabajo.

La mayoría de estos sistemas tienen tornillos de ajuste para la velocidad y fuerza de cerrado de la puerta lo cual permite ajustar la unidad según las necesidades. Algunas veces se requiere cerrar rápido la puerta y evitar a su vez el golpe fuerte contra el marco. En otros casos puede necesitar cerrar la puerta despacio y luego acelerar el golpe de ajuste para asegurarla con cerrojo.

Un cerrador automático para la puerta puede brindar conveniencia y seguridad a algunas puertas, en especial cuando se tienen niños en la casa.

Herramientas y materiales ▸

Cinta para enmascarar
Lápiz / Destornillador
Taladro y brocas

Unidad de cerrado
automático para
la puerta

Cómo instalar un cerrador automático para la puerta

1

Ensamble el brazo y el cerrador siguiendo las instrucciones del fabricante. Marque y abra agujeros guía sobre el lado y marco de la puerta que se abre usando la plantilla o las medidas suministradas por el fabricante.

2

Conector del brazo

Coloque el cerrador sobre la puerta dejando las válvulas para ajustar la velocidad de cerrado frente a las bisagras. Conecte el sistema a la puerta usando los tornillos suministrados. Instale el conector del brazo al marco de la puerta.

3

Tornillos de ajuste

Ajuste la distancia del brazo para formar el ángulo correcto con la puerta. Ensamble el brazo con el conector usando los tornillos incluidos. Ajuste la velocidad y fuerza de cerrado de la puerta siguiendo las instrucciones del fabricante.

Variaciones en la instalación ▸

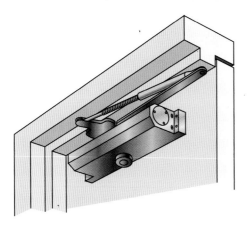

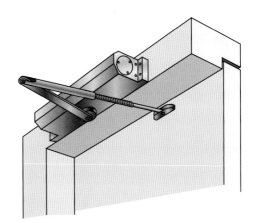

Método de brazo paralelo: Este método permite acomodar el brazo de cerrado contra el marco de la puerta y fuera del espacio de la habitación. Instale el brazo en el lado de la puerta a empujar usando los accesorios incluidos para el ensamble. Consulte al fabricante sobre los diferentes métodos para este tipo de instalación. *Nota: Al usar este método, los tornillos de ajuste deben quedar alejados de las bisagras.*

Método del marco superior: Instale el cerrador sobre el marco superior en el lado de la puerta a empujar, y luego instale el conector del brazo sobre la puerta. Consulte al fabricante sobre los métodos de instalación en el marco.

Opciones de cerradores automáticos para puertas ▸

Los cerradores de pernos en las bisagras usan un resorte de ajuste para impulsar la puerta a cerrarse. Para instalarlo, reemplace el perno en la bisagra de la puerta existente por el de cerrador automático. Determine la capacidad de cerrado del perno (las puertas pesadas pueden necesitar más de un perno).

Las puertas que se abren a control remoto permiten acceso a personas con limitaciones físicas. Algunos de estos sistemas son complejos y deben ser instalados por especialistas.

Seguro de las puertas y ventanas

Asegurar las puertas y ventanas es casi siempre cuestión de tener a la mano los accesorios adecuados, pero escatimar en su calidad o durabilidad, puede afectar la seguridad de todo el sistema.

En términos de seguridad, el vidrio es a la misma vez la fortaleza y debilidad de las ventanas. Un intruso puede romper el vidrio, pero el ruido que causa al hacerlo y la atención generada, puede alejarlo de esa acción. Las barras metálicas son las únicas que pueden proteger el vidrio. También tenga en cuenta que las ventanas no deben abrirse desde afuera.

Las puertas de entrada deben ser metálicas o hechas de madera sólida (por lo menos 1¾" de espesor), y cada una debe tener una chapa ya que los picaportes ofrecen poca seguridad. La calidad de las chapas varía enormemente, pero siempre escoja uno que tenga un cerrojo fabricado con acero resistente y con un mínimo de 1" de alcance (la distancia que el cerrojo sale de la puerta cuando se opera).

Las bisagras de las puertas son fáciles de asegurar. Los fabricantes ofrecen una gran variedad de artefactos poco costosos que sostienen la puerta en su lugar aún después de remover los pernos.

Las puertas de los garajes tienen una estructura segura, pero los sistemas de cerrado las hacen vulnerables. Si va a salir de la vivienda, coloque un candado en el rodillo de abertura. Si utiliza un abridor automático para el garaje, compruebe que el operador utiliza un sistema de código variable para evitar que intrusos copien la combinación de la señal. Un tablero electrónico para este tipo de puertas puede asegurarlas de igual manera que las puertas de entrada.

Herramientas y materiales ▸

Martillo / Taladro	Contrachapado
Sierra cilíndrica	Tablero
Broca plana	Tornillos de argollas
Punzón	Bisagras
Destornillador	Tornillos
Formón / Navaja	Pasador
Puntillas con	Accesorios
recubrimiento	de seguridad

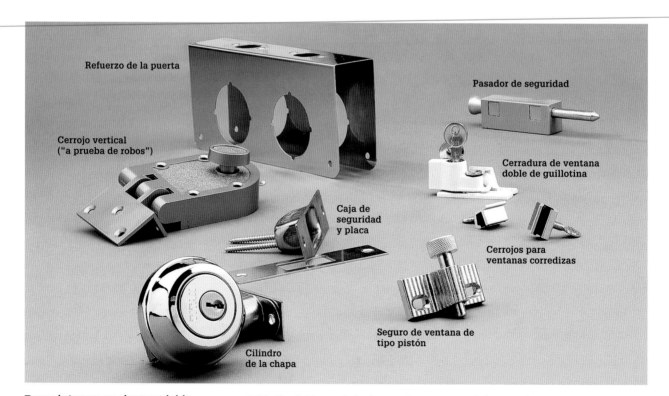

Refuerzo de la puerta

Pasador de seguridad

Cerrojo vertical ("a prueba de robos")

Cerradura de ventana doble de guillotina

Caja de seguridad y placa

Cerrojos para ventanas corredizas

Seguro de ventana de tipo pistón

Cilindro de la chapa

Tener intrusos es desagradable y es una posibilidad inevitable para todos los que viven en casas (sin importar donde viva). Asegurar las puertas y ventanas con los accesorios apropiados puede ofrecerle tranquilidad y protección a la propiedad.

Estaca de
contrachapado

Estaca original

Instale estacas de contrachapado en los espacios entre
el marco de la pared y la puerta para prevenir el uso de barras
de palanca. Remueva la moldura del lado exterior de la puerta e
inspeccione el borde. Si el espacio es más de ¼", instale estacas
de contrachapado entre los espacios de las estacas originales.
Colóquelas arriba, abajo y detrás de las placas de la chapa. Abra
agujeros guía y clávelas con puntillas con recubrimiento 10d.

Reemplace los tornillos cortos de las bisagras por unos
más largos (de 3 ó 4") que atraviesen el marco de la puerta
hasta la viga de la estructura. Esto ayuda a soportar golpes
en la puerta. Apriete bien los tornillos, pero no se sobrepase
porque puede forzar el marco hacia afuera.

Instale refuerzos de metal para fortificar las áreas de los
cerrojos y prevenir entradas forzosas. Remueva el cerrojo (ver
la página 169) y coloque el refuerzo sobre el borde de la puerta.
Debe instalar la pieza del ancho correcto para la puerta.

Adicione una placa de protección para reforzar el marco
de la puerta alrededor de la placa de la chapa. Instale un
refuerzo diseñado contra barras de palanca y clávela con
tornillos largos que lleguen hasta la viga de la estructura.

(continúa)

Consejos para asegurar puertas corredizas de vidrio ▶

Construya un seguro a la medida de la canal de la puerta con un madero grueso y una bisagra. Córtelo un poco más corto y colóquelo detrás de la puerta cerrada. Instale la bisagra para levantarlo para asegurar la puerta cuando esté entreabierta. Instale un par de perillas para facilitar el uso.

Clave tornillos en el carril superior para evitar que el panel sea removido con una palanca del carril inferior. Use tornillos fuertes de cabeza ovalada separados 8". Clávelos dejando las cabezas separadas un poco de la parte superior de la puerta. En puertas de metal, use tornillos auto-roscantes y un taladro a baja velocidad.

Instale un seguro para puertas deslizantes al marco de dicho panel. Abra un agujero para el seguro al interior del carril superior, luego abra otro hueco unas pulgadas separadas para poder asegurar la puerta en posición abierta.

Consejos para asegurar las ventanas ▶

Conecte ambos paneles con tornillos de argollas de $1/4 \times 3$". Cierre la ventana y abra un agujero de $1/4$" de diámetro, en ángulo hacia abajo, al interior del marco superior de la ventana inferior y en el marco inferior de la ventana superior. No golpee el vidrio y detenga la perforación a un poco más de media distancia al interior del marco superior. Para asegurar la ventana en posición abierta, abra agujeros en los marcos verticales.

Clave tornillos al interior de la canal de la ventana corrediza para prevenir que alguien la levante y la saque fuera de la canal. Los tornillos deben quedar apenas arriba del borde de la ventana sin interrumpir su operación. Use tornillos fuertes clavados cada 6" de distancia.

Bloquee los canales de la ventana con un madero delgado o uno redondo.

Use seguros adicionales en ventanas corredizas cuando no pueda instalar un madero delgado o redondo. Estos seguros pueden instalarse en la parte superior o inferior de la canal de la ventana.

Reemplace los viejos seguros de la ventana por otros operados con llaves. Los seguros tradicionales son vulnerables (en ventanas viejas). Ponga la llave cerca a la ventana en caso de emergencia.

Remover las manijas de las ventanas que abren hacia afuera evita la tentación de intrusos a abrir la ventana después de romper el vidrio.

Las barras de seguridad pueden instalarse en las ventanas de los pisos a ras de tierra para evitar que intrusos penetren al interior de la vivienda.

Adiciones a las áreas de entrada

Embellecer la entrada de la vivienda no se limita únicamente a instalar una nueva puerta o reemplazar una ventana. Con algo de imaginación y un poco de determinación, puede expandir sus habilidades manuales llevando a cabo algunos trabajos básicos de albañilería. Imagínese las mejoras que puede lograr agregando un piso de ladrillo donde ahora existe sólo concreto. Los trabajos de albañilería adicionan ángulos, tonos naturales y variedad de llamativos diseños geométricos, sin mencionar la durabilidad que se agrega a las zonas de mucho tráfico o expuestas a los elementos. Instalar una capa de cemento o una nueva estructura de baldosa no es complicado, pero requiere de un planeamiento cuidadoso, una buena pala y palustre, y por supuesto, una fuerte espalda.

Los proyectos presentados en el siguiente capítulo incluyen una lista completa de herramientas y materiales necesarios, y fotografías paso a paso que lo ayudarán en el proceso de construcción. Aquí tiene la oportunidad de darle a la entrada de la vivienda el cuidado que se merece. Así que, manos a la obra y a poner en práctica sus habilidades como albañil. Sin duda alguna quedará impresionado con los resultados.

Este capítulo incluye:

- Escalones de entradas con baldosas
- Columnas de ladrillo
- Entradas de ladrillo adornadas con macetas

Escalones de entradas con baldosas

Fuera de los arreglos tradicionales llevados a cabo para darle a la vivienda una atractiva apariencia (pintura, jardinería, nuevas ventanas o puertas), una entrada cubierta con baldosa crea una magnífica impresión. Los escalones deben ser lo suficientemente grandes para instalar la baldosa y a su vez caminar con seguridad. Revise las especificaciones de los códigos de construcción locales. La mayoría requiere que los escalones tengan 11" de profundidad (desde el borde hasta el fondo) después que la baldosa ha sido instalada.

Antes de comenzar a instalar la baldosa, la base de concreto debe estar limpia, sin químicos sobre la superficie, y en buena condición. Haga los arreglos necesarios y permita el tiempo suficiente para que se cure. Puede aplicar una membrana aislante antes de colocar la baldosa. La membrana puede ser una capa de fibra de vidrio, o una líquida aplicada con una brocha (déjela secar). En ambos casos, separa la baldosa del concreto permitiendo el libre movimiento de ambas superficies, y la protege de posible asentamiento o movimiento fuera del concreto.

Instale baldosa diseñada para exteriores, no vidriosa, y con una superficie no resbaladiza. La usada en áreas para caminar debe tener por lo menos $\frac{1}{2}$" de espesor. Use baldosas con bordes redondeados para los bordes de los escalones (lo mismo que en encimeras), y con bordes cóncavos para las contrahuellas.

Herramientas y materiales ▸

Lavador a presión
Palustre / Baldes
Nivel de 4 pies
Escuadra de carpintero
Regla larga / Escoba
Cinta métrica
Cuerda con tiza
Cortador de baldosa
  o una sierra para
  cortes en mojado
Alicates para baldosa
Palustre de punta
  cuadrada
Pinzas / Esponja
Maceta de caucho
Herramienta para
  las uniones
Pistola para silicona
Componente de látex o
  resina epóxica

Membrana aislante
Separadores de baldosas
Brocha y rodillo
Tira de plástico
Toallas de papel
Cemento en seco
Baldosas para exteriores
  con bordes en curva
Masilla para uniones
  (aditivo)
Silicona de látex
  para baldosa
Sellador para el
  agregado exterior
Sellador para baldosa
Maderos de 2 × 4
Trozo de alfombra
Cincel o destornillador
  de cabeza plana
Cepillo (cerdas de metal)

El diseño geométrico y el llamativo color de la baldosa adicionan un toque de elegancia a los escalones de la entrada de la vivienda.

Cómo instalar baldosas sobre escaleras de concreto

Use un lavador a presión para limpiar la superficie de concreto. Debe tener por lo menos 4.000 libras de presión (psi). Siga las instrucciones del fabricante con cuidado para evitar averiar el concreto con la presión del agua.

Desprenda las partes sueltas en las grietas grandes usando un cincel pequeño o un destornillador de cabeza plana. Use un cepillo con cerdas de metal para limpiar los escombros y el polvo sobre las grietas. Barra el área o use una aspiradora para remover el mugre.

Cubra las grietas y daños pequeños con componente de látex o resina epóxica para arreglos usando un palustre. Permita que el arreglo se seque según las indicaciones del fabricante.

Si el daño se encuentra en el borde frontal, límpielo como se describe arriba. Coloque un madero en el frente y sosténgalo con ladrillos o bloques. Moje el área y cúbrala con componente de látex o resina epóxica para arreglos usando un palustre para alisar el remiendo. Permita que el arreglo se cure por completo.

Pruebe la superficie de los escalones y nivélela con un nivel de 4 pies o una regla larga y derecha. Llene los vacíos con componente de látex o resina epóxica y déjelo curar por completo.

(continúa)

Instale una capa de membrana aislante sobre el concreto usando un palustre con muescas. Nivele la superficie con una llana o un palustre. Deje secar la superficie siguiendo las instrucciones del fabricante.

Es importante mantener una secuencia cuando instale baldosas sobre una escalera con descanso. El objetivo principal es hacer la instalación con los menos cortes posibles visibles desde el ángulo más notorio. Si va a cubrir con baldosas los lados laterales de la escalera, comience primero en ese lugar. Trace líneas horizontales para marcar las hileras superiores de baldosas junto a la casa. Use un nivel de 4 pies.

Mezcle una tanda de cemento delgado con adhesivo de látex y aplíquelo sobre los lados de los escalones tratando de dejar visibles las líneas marcadas. Debido a que los escalones superiores son más visibles que los inferiores, comience de arriba hacia abajo.

Instale las baldosas sobre la mezcla. Comience desde arriba y continúe hacia abajo. Trate de dejar los bordes verticales de las baldosas alineados de una hilera a la siguiente. Utilice separadores de baldosas si es necesario.

Envuelva un trozo de madero de 2 × 4 con un pedazo de alfombra y páselo de un lado al otro sobre las baldosas para igualar las superficies. No aplique mucha presión para evitar sacar el cemento por debajo.

Instale las baldosas sobre los escalones comenzando desde el más alto hasta llegar abajo. Coloque primero la pieza frontal a cada lado de la línea central y continúe hacia los lados manteniendo la hilera de las baldosas verticales con las horizontales.

Instale las baldosas centrales de los escalones. Compruebe que el espacio entre las piezas traseras y las verticales siempre es el mismo.

Deje curar la mezcla por unos días, luego aplique la masilla sobre las uniones. Use una herramienta especial para este paso. Limpie la masilla después que haya creado una capa semi-transparente. Cubra la superficie con un plástico en el caso de lluvia.

Después que hayan pasado unas semanas, selle las uniones cubiertas con masilla con un sellador para uso exterior.

Compre (o prepare) una silicona pre-pintada del mismo color de la masilla de las uniones. Llene el espacio entre la hilera trasera de baldosas y la pared de la vivienda. Alise la silicona con un dedo mojado si es necesario.

Columnas de ladrillo

No existe otro elemento que brinde una sensación de permanencia y continuidad en un jardín que un trabajo de albañilería bien planeado y ejecutado. Esta labor crea la impresión que la estructura permanecerá allí por décadas, no sólo unos cuantos veranos. Las labores de albañilería no se limitan sólo a construir caminos de piedra o bordes de concreto alrededor de las plantas. Si se siente con buenos ánimos, puede llevar a cabo algunas labores con ladrillos.

El presente proyecto es relativamente simple. Aún si usted es un principiante, podrá sin duda construir columnas elegantes con un acabado profesional si trabaja lentamente y sigue las instrucciones con cuidado. Sin embargo, si conoce a alguien con experiencia al respecto, es buena idea contar con su asesoría a lo largo de todo el proyecto.

Su aventura con los ladrillos comienza en el momento de escoger el lugar para la construcción de las bases para sostenerlas. Éstas estructuras por debajo del nivel del piso protegerán las columnas cuando el congelamiento y ablandamiento del piso causan movimiento en el terreno.

Las columnas tienen muchas funciones. Pueden sostener una puerta de entrada, enmarcar una maceta para flores, o servir como soporte para una enredadera. Sin importar cuál sea su propósito, disfrutará de las columnas por años, quizás décadas, a medida que envejecen y adquieren más carácter. Siempre estará orgulloso de decir que usted las construyó.

Herramientas y materiales ▸

Cuerda para albañilería	Ladrillos modulares estándar ($4 \times 2\frac{2}{3} \times 8$")
Pala / Carretilla	Mezcla de cemento tipo N
Lápiz / Palustre	Tubo cilíndrico pequeño
Accesorio para las uniones	Aceite vegetal
Cinta métrica / Nivel	Malla de alambre de $\frac{1}{2}$"
Sierra circular	Dos cubiertas de ladrillos
Mazo de mano	Retazos de contrachapado de $\frac{3}{8}$"
Lazo / Estacas	
Maderos de 2 × 4, 2 × 2, 1 × 2	Tornillos para terraza o pared de $2\frac{1}{2}$"
Mezcla de concreto	Retazos de maderos de $\frac{3}{8}$"

Las columnas construidas con ladrillos son una adición notoria y atractiva para cualquier tipo de jardín. Al poner en práctica estos planos, puede crear columnas con diferentes objetivos decorativos. Las columnas son ideales para enmarcar escaleras o rejas, pero también existen numerosas posibilidades. Puede construir tres o cuatro columnas variando su altura gradualmente para crear un efecto de terraza. Utilícelas como pedestales alrededor del jardín para resaltar macetas grandes llenas de flores o sus adornos de exteriores preferidos. Construya unas a baja altura para usarlas como bases o bancos de jardín.

Cómo construir columnas con ladrillos

Establezca el lugar de las columnas y señale un área de 16 × 20" para cada base. Márquelas con una cuerda. Remueva la superficie. Excave el hueco para cada columna a la profundidad requerida por los códigos usando las cuerdas como guía. Construya marcos con maderos de 2 × 4 y con tornillos según las medidas al interior de las cuerdas (16 × 20"). Clave los marcos en la tierra dejando un poco visible el borde superior. Deben quedar nivelados y bien colocados para usarlos como una guía para instalar los ladrillos. Clave estacas alrededor del marco para sostenerlo. Ajústelo hasta que quede cuadrado y nivelado.

Mezcle el concreto con agua siguiendo las instrucciones del fabricante. Viértalo al interior del marco hasta llegar al tope. Retire el exceso de concreto con un madero de 2 × 4. La superficie debe quedar lisa y nivelada. Repita el proceso en la otra base. Deje curar el concreto por lo menos dos días antes de quitar el marco y empezar la construcción de la columna. Si puede esperar al menos una semana es mucho mejor.

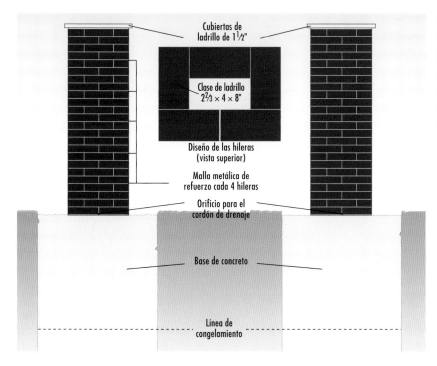

Cubiertas de ladrillo de 1½"

Clase de ladrillo 2⅔ × 4 × 8"

Diseño de las hileras (vista superior)

Malla metálica de refuerzo cada 4 hileras

Orificio para el cordón de drenaje

Base de concreto

Línea de congelamiento

Las columnas de concreto se construyen sobre bases de concreto anchas. Las mallas metálicas colocadas cada cuatro hileras refuerzan la estructura, y los orificios con cordones en la base permiten el drenaje. Las cubiertas de las columnas pueden comprarse a la medida en los centros de distribución especializados. Pida que los corten para que traslapen las columnas 1½".

(continúa)

3

Una vara de medición le permite revisar la ubicación de las hileras y ancho de las uniones de cemento. Puede construirlo con tiras de contrachapado de $\frac{3}{8}$". Despliegue 10 o más piezas de ladrillos parados sobre una superficie plana, luego inserte separadores cada dos ladrillos y separándolos $\frac{3}{8}$". Coloque un madero derecho de 1 × 2 al lado de los ladrillos y marque los espacios entre cada dos piezas indicando el espesor de cada capa de cemento.

4

Después que la base se ha curado, coloque cinco de los ladrillos en forma de rectángulo sobre una de las bases. Inserte separadores entre cada pieza para establecer el espesor de las uniones verticales de cemento. Los ladrillos deben estar perfectamente centrados y cuadrados en relación con la base. Use un lápiz untado de grasa o uno de carpintero para marcar líneas de referencia alrededor de los ladrillos.

5

Aplique la mezcla de $\frac{3}{8}$" de espesor al interior de las líneas marcadas. También aplique capas de $\frac{3}{8}$" de espesor sobre el lado de los ladrillos alternos para llenar el espacio entre ellos. Coloque las piezas sobre la mezcla y ajústelos golpeándolos levemente con el mango del palustre. Coloque un lápiz cubierto con aceite vegetal entre dos ladrillos para crear un orificio de drenaje en un lado de la columna. Después de instalar los cinco ladrillos de la primera hilera, cuadre todas las piezas golpeándolas levemente con el mango del palustre.

6

Aplique una capa de cemento de $\frac{3}{8}$" de espesor. sobre la primera hilera de ladrillos. Coloque la segunda hilera girando los ladrillos 180°. Use un nivel para comprobar que la hilera está a nivel y a plomo. Ajuste las piezas si es necesario. Use la vara de medición como guía para comprobar que los lados de ambas hileras están igualmente separados. Los errores pequeños se agrandarán a medida que instala las siguientes hileras. Revise el trabajo cada dos hileras.

Continúe con las siguientes dos hileras y aplique cemento sobre la cuarta sección. Corte un trozo de malla de $1/4$" un poco más pequeña que el área de la columna y colóquela sobre la cuarta hilera para usarla como refuerzo lateral. Eche más cemento sobre la malla y coloque la quinta hilera de ladrillos. Coloque una malla de refuerzo cada cuatro hileras.

Después de la quinta hilera, use una herramienta especial para emparejar las uniones de cemento entre cada pieza. Aplique mezcla sobre las siguientes dos hileras y luego coloque la malla de metal. Eche cemento sobre toda la hilera con malla. Después de instalar los dos primeros ladrillos, agregue un ladrillo extra en el centro de la hilera sobre la malla cubierta con cemento. Coloque los ladrillos restantes alrededor del centro en forma ajustada. Empareje las uniones con el accesorio indicado tan pronto como la mezcla se endurezca.

Construya la segunda columna de la misma forma como la primera (siga los pasos 5 y 6 de la página anterior). Mida la distancia entre las columnas. Construya una vara de medición con un madero de 2 × 2 o con cualquier pieza derecha para empatar la distancia entre las bases de ambas columnas. Use la vara cada cuarta o quinta hilera para comprobar que la segunda columna está paralela a la primera. Complete la segunda columna siguiendo las instrucciones de los pasos 4 a 8.

Dibuje líneas diagonales de referencia de esquina a esquina debajo de las cubiertas de los ladrillos. Marque un rectángulo (siguiendo esas medidas) por debajo de cada cubierta. Eche una capa de cemento de $1/2$" de espesor sobre cada columna y coloque las cubiertas. Empareje la unión de cemento a ras con los ladrillos. *Nota: Si la mezcla se sale, coloque unas estacas de $3/8$" dentro del cemento en cada lado para sostener la cubierta. Quítelas después de 24 horas y llene esos espacios con más cemento.*

Entradas de ladrillos adornadas con macetas

El área de entrada es lo primero que notarán quienes visitan su casa. Puede crear una buena impresión construyendo una entrada en ladrillo que le dará a la vivienda una apariencia elegante. También puede agregar un toque especial construyendo una maceta permanente junto a la entrada (ver la página 195) utilizando la misma clase de ladrillos.

En muchos casos, un descanso de ladrillo, como el mostrado en la fotografía, puede ser construido directamente sobre el andén existente. Compruebe que la estructura del andén sea sólida y sin grietas pronunciadas. Al agregar una estructura adjunta, como una maceta, construya una base separada, y no olvide incluir uniones aislantes para que la estructura no quede conectada al área de descanso o a la casa.

Poniendo en práctica las mismas técnicas, puede convertir un andén de concreto en uno de ladrillo atractivo. La mezcla aplicada sobre el concreto antiguo suministra el cimiento nivelado para la nueva superficie de ladrillo.

Herramientas y materiales ›

Taladro
Azadón para concreto
Mazo de caucho
Bolsa de cemento
Accesorio para
  emparejar uniones

Nivel
Palustre
Madero aislante
Cemento tipo S
Ladrillos para el piso
Tiras de plástico

Las losas de ladrillo o concreto pueden ser instaladas sobre arena o cemento en una base de concreto o, en ciertos casos, sobre un andén o entrada a un garaje. Debido a los cambios drásticos de temperatura (congelamiento y deshielo), utilizar cemento es mucho más efectivo en climas fríos.

Cómo construir entradas con macetas y bases de ladrillo

Coloque los ladrillos sin mezcla sobre el área para determinar qué clase de diseño utiliza más ladrillos completos (en lo posible). Demarque el diseño sobre el concreto. Instale el madero aislante para prevenir que el cemento se pegue al cimiento de la vivienda. Haga la mezcla y moje un poco la base.

Aplique una capa de cemento a tres de los cuatro bordes del área, comenzando en una de las esquinas. Eche la mezcla a más o menos $\frac{1}{2}$" de espesor usando un palustre.

Instale los ladrillos del borde untando la punta con cemento de cada uno a medida que los coloca. Presiónelos sobre la mezcla hasta que quede de $\frac{3}{8}$" de espesor. Quite los excesos de cemento de la parte superior y los lados de los ladrillos. Use un nivel para comprobar que la superficie de todos los ladrillos esté nivelada y confirme que todas las uniones son del mismo espesor.

Termine el borde frente al cimiento de la vivienda comprobando que todas las piezas están a nivel. Quite el exceso de cemento. Construya la tercera sección dejando abierto el frente del descanso para tener fácil acceso al instalar los ladrillos internos.

(continúa)

5

Aplique una capa de cemento de ½" de espesor entre los bordes laterales y trasero. Debido a que el cemento es más fácil de trabajarlo cuando está fresco, mezcle y aplíquelo en pequeñas secciones (no más de 4 pies²).

6

Coloque los ladrillos sobre el área sin untar cemento en las puntas. Revise que queden alineados con una regla. Ajuste la altura si es necesario y no olvide de mantener su separación constante. *Nota: Cuando los ladrillos se instalan sobre arena, por lo general son instalados con separadores en los lados. Use una vara de madera como guía de separación cuando los instale sobre cemento.*

7

Instale el resto de los ladrillos hasta completar el diseño de área. Aplique capas de cemento en pequeñas dosis. Instale el último borde. Agregue cemento sobre las uniones cada 30 minutos, hasta que quede a ras con la superficie. *Consejo: Para minimizar la limpieza, use una bolsa para cemento al aplicar la mezcla sobre las uniones.*

8

Suavice y dé forma a las uniones con la herramienta apropiada. Arregle primero el lado largo de los ladrillos y después el angosto. Deje secar la mezcla unas horas. Remueva los residuos con agua y un trapo burdo. Cubra toda el área con un plástico y deje curar el cemento por lo menos dos días. Quite el plástico, pero no camine sobre la superficie por lo menos en una semana.

Instale una sección de la primera hilera para la maceta. Compruebe con frecuencia que los ladrillos van quedando a ras y nivelados. Coloque dos ladrillos esquineros de retorno perpendiculares a los finales en la primera hilera. Use el nivel para que queden a ras en la superficie.

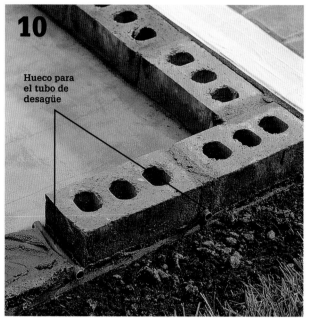

Hueco para el tubo de desagüe

Abra los huecos para el desagüe en la primera hilera de ladrillos a los lados más alejados de estructuras permanentes. Corte una pieza de tubo de cobre o PVC de $3/8$" más o menos $1/4$" más largo que el ancho del ladrillo. Coloque las piezas sobre el cemento en las uniones de ladrillos y presiónelas hacia abajo hasta que toquen la base de concreto. Asegúrese que el cemento no va a bloquear los agujeros.

Termine de construir todos los lados de la primera hilera. Construya la segunda hilera hacia el lado contrario de las esquinas para crear uniones verticales escalonadas si está usando este tipo de diseño. Siga construyendo una hilera a la vez hasta llegar a la altura deseada. Revise con frecuencia que la superficie de los ladrillos esté a ras y los lados estén a plomo.

Instale las cubiertas de ladrillos para impedir que entre agua sobre las paredes de la maceta y para darle un toque decorativo. Coloque las cubiertas sobre una capa de $3/8$" de cemento, untando de mezcla una punta de cada ladrillo. Deje secar todo por una semana. Antes de agregar tierra, vierta una placa de gravilla de 4" a 6" de espesor para crear el drenaje, luego coloque tela para jardín sobre el fondo y las paredes de la maceta para evitar que la tierra atasque los tubos de desagüe.

Sistemas y puertas de garajes en secciones

Debido al tamaño y peso de este tipo de puertas, su instalación puede parecer peligrosa para quienes no tienen experiencia en este tipo de labores. Sin embargo, el proceso de remover una puerta vieja e instalar una nueva, no es más difícil o complejo que reemplazar una puerta o ventana si pone en práctica un buen juicio y trabaja con cuidado. Quizás se sorprenda al saber que puede completar toda la labor (desde el principio hasta el final) en un solo día con apenas una colección modesta de herramientas. También necesitará la colaboración de un par de ayudantes para levantar y nivelar las piezas grandes.

Remplazar un sistema para operar la puerta de garaje es un proyecto razonablemente fácil, y este capítulo le mostrará cómo hacerlo.

Ambos proyectos aquí presentados incluyen listas de herramientas y materiales así como instrucciones paso a paso para concluirlos con éxito. Sin embargo, las puertas y sistemas de operación tienen muchos diseños diferentes, y su proceso de instalación varía de acuerdo al fabricante. Siempre lea las instrucciones incluidas con la puerta o sistema de operación a cambiar. Debido a que las instrucciones afectarán las garantías del producto, sígalas con cuidado cuando difieren de las instrucciones presentadas en esta obra.

Este capítulo incluye:

- Sistemas para operar puertas de garajes
- Puertas de garajes en secciones

Sistemas para operar puertas de garajes

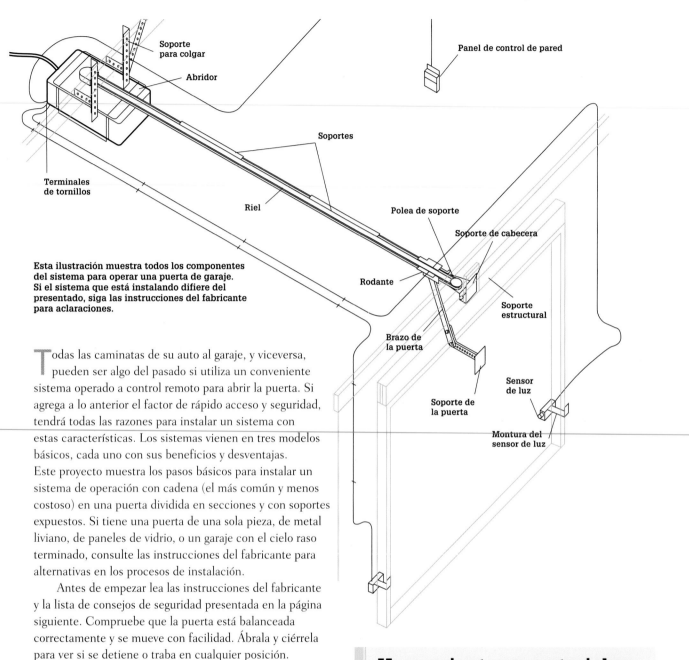

Soporte para colgar

Abridor

Panel de control de pared

Terminales de tornillos

Soportes

Riel

Polea de soporte

Soporte de cabecera

Rodante

Soporte estructural

Brazo de la puerta

Sensor de luz

Soporte de la puerta

Montura del sensor de luz

Esta ilustración muestra todos los componentes del sistema para operar una puerta de garaje. Si el sistema que está instalando difiere del presentado, siga las instrucciones del fabricante para aclaraciones.

Todas las caminatas de su auto al garaje, y viceversa, pueden ser algo del pasado si utiliza un conveniente sistema operado a control remoto para abrir la puerta. Si agrega a lo anterior el factor de rápido acceso y seguridad, tendrá todas las razones para instalar un sistema con estas características. Los sistemas vienen en tres modelos básicos, cada uno con sus beneficios y desventajas. Este proyecto muestra los pasos básicos para instalar un sistema de operación con cadena (el más común y menos costoso) en una puerta dividida en secciones y con soportes expuestos. Si tiene una puerta de una sola pieza, de metal liviano, de paneles de vidrio, o un garaje con el cielo raso terminado, consulte las instrucciones del fabricante para alternativas en los procesos de instalación.

Antes de empezar lea las instrucciones del fabricante y la lista de consejos de seguridad presentada en la página siguiente. Compruebe que la puerta está balanceada correctamente y se mueve con facilidad. Ábrala y ciérrela para ver si se detiene o traba en cualquier posición. Deténgala en posición semi-abierta; deberá mantenerse en ese lugar sostenida por sus propios resortes. Si la puerta no está balanceada y se traba en algún punto, solicite un servicio profesional antes de instalar el sistema para operarla a control remoto.

La mayoría de estos sistemas se conectan a un tomacorriente estándar localizado cerca de la unidad. Algunos códigos locales pueden exigir que se conecten a los circuitos. Consulte las direcciones para la conexión eléctrica sugerida por el fabricante.

Herramientas y materiales ▶

Escalera de tijera
Cinta métrica
Destornillador
Alicates / Martillo
Pinzas (cortar alambre)
Llave inglesa / Lápiz
Taladro y brocas

Juego de llaves ajustables de ½ y 7/16"
Juego de control remoto para operar la puerta
Maderos 2× (para la cabecera de la puerta si es necesario)

Consejos de seguridad para las puertas de garaje ▶

Sin importar si va a instalar un sistema a control remoto en una puerta vieja o nueva, los siguientes consejos ayudarán a mantener la seguridad en esta parte de la vivienda. (Vea información en las páginas 248 a 253 sobre la reparación de puertas de garajes).

- Antes de empezar la instalación, compruebe que la puerta abre y cierra manualmente en forma correcta.
- Si tiene una puerta de una sola pieza, con o sin riel, lea la información adicional para la instalación suministrada por el fabricante.
- El espacio entre el borde inferior de la puerta y el piso no debe ser mayor a ¼". De lo contrario el sistema de reversa de seguridad puede no funcionar correctamente.
- Si el garaje tiene un cielo raso terminado, instale un soporte fuerte de metal sobre los soportes de la estructura antes de instalar el sistema a control remoto. Estas piezas por lo general no son incluidas con el juego de control remoto.
- Instale el panel de control de pared a la vista de la puerta fuera del alcance de los niños (a una altura mínima de 5 pies) y alejado de las partes movibles de la puerta.

- Nunca utilice un cable eléctrico de extensión, o un adaptador de doble cable, para conectar el sistema. No altere el enchufe para forzarlo en el tomacorriente. Compruebe que el sistema tiene un cable a tierra.
- Cuando alguna obstrucción interrumpe el sensor de luz al cerrarse o abrirse la puerta, la mayoría de las puertas se abren por completo, y la luz del sensor destella 10 veces. Si la bombilla del sensor no está instalada, escuchará 10 clicks.
- Para evitar daños en vehículos que entran y salen del garaje, asegúrese que la puerta proporciona el espacio suficiente cuando está abierta.
- Algunas puertas incluyen vidrios templados, laminados, o paneles transparentes de plástico (son ventanas opcionales de seguridad).

Compruebe que el sistema a control remoto está conectado con seguridad sobre los soportes o estructura del cielo raso por medio de los accesorios adecuados para la instalación.

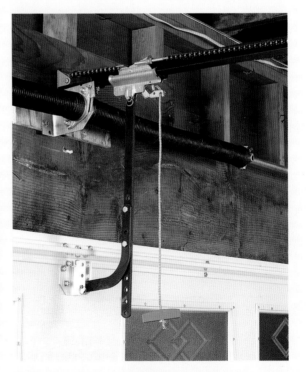

Utilice el cordón de emergencia para desactivar el rodante sólo cuando la puerta está cerrada. Nunca hale el cordón para abrir o cerrar la puerta.

Cómo instalar un sistema de control remoto para la puerta del garaje

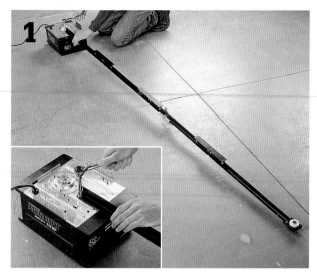

Comience alineando las piezas del riel en el orden correcto y asegurándolas con los tornillos y soportes incluidos. Conecte la polea de soporte sobre el final del riel e introduzca el rodante al interior del mismo. La polea y todas las piezas del riel deben quedar perfectamente alineadas y el rodante debe moverse con libertad sin golpear ninguna pieza a lo largo del riel. Remueva los dos tornillos de la parte superior del sistema, y conecte el riel al mismo usando esos dos tornillos (ver foto anexa).

El cable / cadena de operación debe venir empacado en forma separada. Conecte el cable al frente del rodante usando los accesorios de conexión. Envuélvalo alrededor de la polea, y luego envuelva la cadena alrededor de la rueda dentada del sistema. Finalmente conéctelo al otro lado del rodante con los accesorios indicados. Compruebe que la cadena no está torcida y luego coloque la cubierta sobre la rueda dentada. Apriete la cadena ajustando los tornillos del rodante hasta que quede a 1/2" por encima de la base del riel.

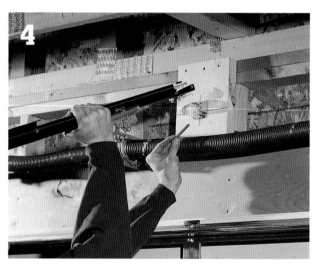

Para localizar el soporte de cabecera, extienda una línea vertical desde el centro de la puerta hasta la pared superior. Levante la puerta y señale el punto más alto de alcance de la misma. Mida desde el piso hasta esa marca, adicione 2", y haga una marca horizontal sobre la pared frontal donde se intersecta con la línea central. Si no hay soporte estructural detrás del punto de cruce, conecte un madero 2× a lo largo de las vigas. Conecte el soporte de cabecera a la estructura con los tornillos incluidos.

Sostenga el sistema de operación sobre el piso con un madero o una caja para evitar forzarlo o que se tuerza el riel. Conecte el soporte de la polea del riel sobre el soporte de la cabecera sobre la puerta usando el perno ("clevis pin") incluido. Coloque el sistema a control remoto sobre una escalera de tijera para que quede por encima de los rieles de la puerta. Abra la puerta y coloque estacas debajo del sistema hasta que el riel quede a 2" por encima de la puerta.

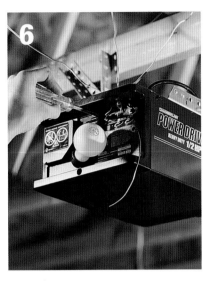

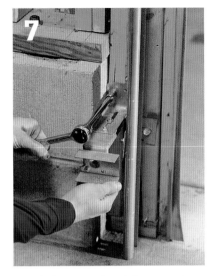

Cuelgue el sistema de control
remoto sobre las vigas del techo usando los
soportes y tornillos incluidos. Coloque en
ángulo al menos uno de los soportes para
aumentar la estabilidad de la unidad cuando
está en operación. Conecte el cordón de
emergencia al brazo del rodante.

Corte ¼" de envoltura aislante en
la punta del cable de campana del panel.
Conecte el cable a los tornillos terminales del
panel e instálelo sobre la pared interior del
garaje con los tornillos suministrados. Corra los
cables por la pared y conéctelos a los tornillos
de los terminales en la unidad. Asegure los
cables con grapas aislantes sin averiar los
cables. Instale las bombillas y lámparas.

Instale los soportes del sensor de luz
paralelos en cada lado de la puerta del garaje
y de 4 a 6" de altura del piso. Los soportes
pueden conectarse sobre el riel de la puerta,
la pared o el piso dependiendo del diseño del
garaje. Revise las instrucciones del fabricante
para determinar la mejor opción.

Conecte el sensor de luz a los soportes con las tuercas incluidas en forma de
mariposa, pero no las apriete por completo. Compruebe que la trayectoria del rayo no es
obstruida por los rieles de la puerta. Lleve los cables de ambos censores hasta la unidad
y conéctelos a los terminales correctos. Conecte la unidad en el tomacorriente, ajuste los
censores hasta que la luz muestre la trayectoria correcta (ver foto anexa), y luego apriete por
completo las tuercas de mariposa. Desconecte la unidad y conecte los cables del sensor sobre
las paredes usando grapas aislantes.

Centre el soporte de la puerta de 2 a 4"
abajo del borde superior. Abra los agujeros
y conecte el soporte con tornillos de cabeza
cuadrada. Conecte las secciones en curva y
derecha del brazo con los tornillos incluidos.
Conecte el brazo al rodante y soporte de la
puerta con los pernos de seguridad. Conecte
la unidad al tomacorriente y pruébela. Siga las
instrucciones del fabricante para hacer ajustes.

Puertas de garajes en secciones

Las puertas de garajes sufren el peor de los maltratos que la naturaleza y los habitantes de la vivienda pueden ofrecer —cambios extremos de temperaturas, humedad, vientos fuertes, luz intensa, o el golpe de un balón de baloncesto lanzado de larga distancia—. Además, este tipo de puertas se abren y cierran por lo menos cuatro veces por día en una vivienda promedio, y por lo tanto pueden tener unos 1.500 ciclos cada año. Al final, llega el momento donde simplemente se desgastan.

Fuera de la edad y el uso, hay otras razones para reemplazar la puerta del garaje. Una nueva puerta contribuye a la mejor apariencia de la vivienda. Hoy en día no tiene que conformarse con una puerta monótona con paneles planos. Los fabricantes ofrecen muchas opciones de colores vistosos, diseño y textura de paneles, accesorios de instalación y decoración, y estilos de ventanas. Los nuevos modelos de fibra de vidrio y metal aquí mostrados (vea Recursos en la página 296), también se benefician con los materiales de construcción actualizados, sistemas de seguridad más sofisticados, y ahorros de energía mucho más eficientes.

Reemplazar una puerta de garaje es una labor fácil y segura. Si tiene una buena habilidad para manejar herramientas, y cuenta con la ayuda de una o dos personas, tendrá muy poca dificultad al quitar la puerta vieja y reemplazarla en un solo día. Los juegos de puertas de garajes vienen con todos los accesorios necesarios y las instrucciones para la instalación. Por lo general no tendrá que modificar la abertura del garaje para instalar la puerta nueva. La mayoría de los sistemas a control remoto pueden ser actualizados para usarse con la nueva puerta sólo con mínimos ajustes.

Herramientas y materiales ▸

Cinta para enmascarar
Cinta métrica / Lápiz
Nivel de 4 pies
Destornillador
Juego de llaves
  ajustables
Alicates y prensas
Taladro y brocas

Guantes / Martillo
Escalera de tijera
Juego de la puerta
  de garaje
Maderos 2× (para
  la cabecera de la
  puerta, si
  es necesario)

Una puerta de garaje averiada no sólo afecta la apariencia de la vivienda, también puede ser un verdadero problema. Si una sola sección está averiada, quizás pueda reemplazarla, pero es más fácil, y no mucho más costoso, reemplazar toda la unidad.

Cómo remover una puerta de garaje

Cierre la puerta. Remueva el perno de seguridad ("clevis pin") o tornillo que conecta el brazo del rodante del control remoto a la puerta del garaje. Active el control remoto para mover el rodante a la parte trasera del riel.

Con la puerta completamente levantada, coloque las tenazas de seguridad o una abrazadera en el riel debajo de las ruedas inferiores. Haga lo mismo en el otro riel de la puerta. Las tenazas o la abrazadera evitarán que la puerta se caiga cuando remueva los resortes de extensión.

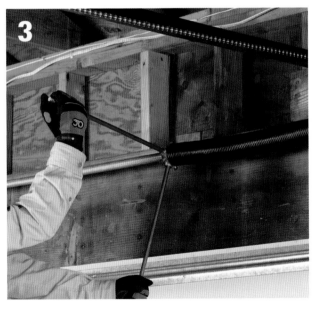

Desajuste la tensión en los resortes de extensión. Si la puerta tiene un resorte en cada riel, suéltelos y remuévalos cuando la puerta esté abierta. Si la puerta funciona con resortes de flexión, como el mostrado en esta foto, necesitará una herramienta (barra) especial para desmontar el resorte. Tenga presente que esta es una acción muy peligrosa (vea el consejo en la columna a la derecha), y se recomienda contratar a un profesional en el campo para realizar el trabajo.

Advertencia: Tenga cuidado con los resortes de flexión ▸

Colocar y quitar los resortes de flexión es una acción muy riesgosa para quienes no tienen experiencia, y es recomendable contratar a un especialista para realizar este trabajo. Estos espirales pesados son instalados paralelo a la cabecera de la puerta en lugar de al interior de los rieles (como los resortes de extensión más livianos). Los resortes de flexión acarrean inmensa cantidad de energía y pueden fácilmente rebotar una herramienta si se resbalan en el momento de quitarlos o ponerlos. Al instalarlo, el resorte se enrolla con una herramienta especial incrustada al interior de orificios en las puntas de los mismos. El experto cuenta un número determinado de vueltas para crear la tensión correcta y luego sujeta la clavija al cilindro con una tuerca o tornillo. El manual de la puerta especificará los requerimientos de tensión del resorte. Si decide realizar el trabajo por su cuenta, puede alquilar la herramienta especial en un sitio de instalaciones de puertas. Nunca substituya una barra de metal, un destornillador, o cualquier otra herramienta por una barra especialmente diseñada para caber en los orificios de la puerta.

(continúa)

Pida ayuda para remover ambas pinzas de seguridad de los rieles de la puerta y coloque con cuidado las piezas sobre el suelo. Tenga en cuenta que al remover el resorte, tendrá que sostener el peso completo de la puerta a medida que la baja. Las puertas pueden pesar entre 200 y 400 libras, y por lo tanto debe tener cuidado.

Comenzando desde el panel superior, quite las bisagras y las ruedas, y aparte la sección de los rieles. Haga lo mismo con las otras secciones removiendo las piezas de ensamble por sección a la vez. Después de quitar todas las secciones, desatornille los rieles de las vigas de la pared y luego desármelos. Estas piezas pueden ser descartadas. No remueva los soportes perforados que sostienen la parte trasera de los rieles a las vigas del techo o cielo raso. Si no están averiados, pueden usarse por lo general con los nuevos rieles de la puerta.

Cómo instalar una nueva puerta de garaje

Mida el ancho de la cabecera de la puerta existente, del espacio abierto hacia el cielo raso, y de la abertura interna de la puerta. Compruebe las medidas con los requerimientos mínimos estipulados en el manual de instrucciones incluido con la puerta. Dependiendo del diseño de la puerta nueva y el sistema de resortes, quizás debe instalar primero una cabecera más ancha o hacer otras modificaciones al enmarcado o a la altura del sistema de control remoto para acomodar la nueva puerta.

Ensamble los rieles verticales, los soportes de las vigas y los soportes en ángulo, trabajando en el piso. Instale las ruedas y las bisagras en la sección inferior de la puerta.

Coloque la sección inferior de la puerta en su posición recostada contra las vigas laterales y ajústela a la izquierda o derecha hasta que las vigas las traslapen en forma equidistante. Revise el nivel de la sección superior de la puerta. Inserte estacas por debajo si es necesario nivelarla. Pida ayuda para sostener la sección en su lugar recostada contra las vigas hasta que sea asegurada sobre los rieles.

Coloque el riel vertical izquierdo sobre las ruedas de la sección y contra las vigas laterales. Nivélelas y ajuste los soportes de la viga contra la viga lateral usando los tornillos de cabeza cuadrada. Mida con cuidado, marque e instale el riel vertical derecho de la misma forma.

Dependiendo del diseño de la puerta, quizás deba instalar en este momento cables de levante en la sección inferior. Siga las instrucciones de instalación para colocarlos correctamente.

Apriete las bisagras de las puntas e intermedias de la sección inferior. Instale los soportes de ruedas y bisagras en las otras secciones de la puerta. Sólo conecte las bisagras en los bordes superiores de cada sección. De esta forma podrá acomodar una sección sobre la otra durante el ensamble.

(continúa)

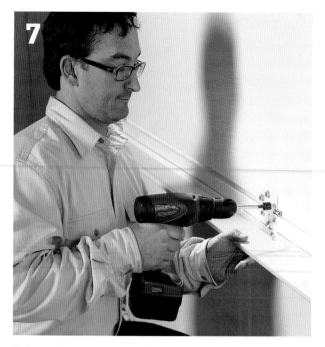

7

8

Coloque la segunda sección en los rieles y sobre la primera sección. Conecte las bisagras inferiores a la segunda sección. Repita el proceso hasta instalar todas las partes menos la sección superior.

La sección superior puede requerir soporte adicional, ruedas especiales u otro soporte para asegurar la unidad del control remoto. Instale esas partes en este momento siguiendo las instrucciones suministradas por el fabricante.

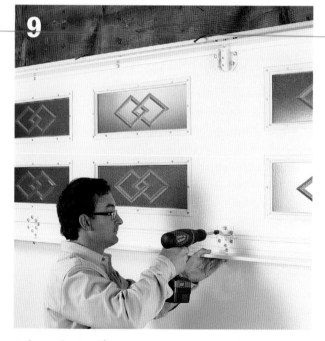

9

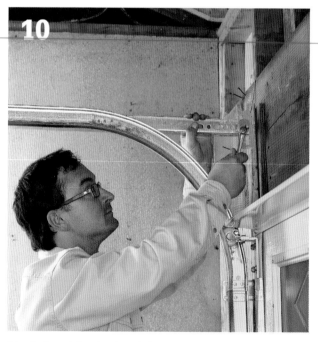

10

Coloque la sección superior en su lugar y conéctela a las bisagras inferiores. Sosténgala temporalmente con unas pocas puntillas clavadas en ángulo sobre la cabecera de la puerta.

Ajuste los rieles horizontales de la puerta contra los soportes en ángulo arriba de los rieles verticales. Compruebe el nivel de los rieles horizontales e inspeccione los puntos de conexión cercanos a los soportes que usó en la puerta antigua. *Nota: Si necesita modificar o reemplazar los soportes viejos, hágalo ahora y conecte los rieles horizontales a los soportes para completar la instalación. No abra la nueva puerta todavía.*

Ensamble los componentes de los resortes de flexión e instale cualquier soporte requerido sobre la viga de la puerta superior. Coloque el resorte de flexión en su posición en los soportes y ajústelos. Asegure los cables de tensión a los cilindros (vea la Advertencia en la página 203).

Instale las pinzas de seguridad o abrazaderas en cada riel para evitar que la puerta se levante cuando está enrollando los resortes de balance. Siga las instrucciones del fabricante para enrollar cada resorte correctamente. Use herramientas especiales (barras) para realizar esta operación. Puede alquilarlas en un centro de distribución de puertas o un instalador (ver la Advertencia en la página 203).

Antes de levantar la puerta por completo, revise el alineamiento de los rieles y el espacio entre las puertas y los mismos. Ajuste los soportes de las ruedas, si es necesario. Conecte el cable de desconexión de emergencia, el seguro de la puerta, las manijas para levantarla, y todos los otros accesorios que vienen con la unidad.

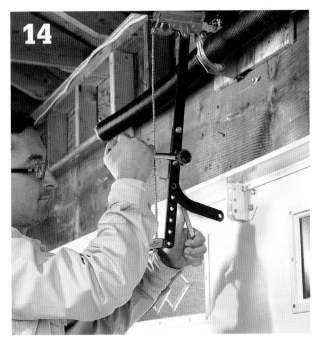

Instale el brazo del rodante de la unidad a control remoto al soporte de operación de la puerta. Quizás deba ajustar la longitud del brazo cambiando el orden de las partes para ajustarlo a la nueva puerta. Ensaye el movimiento de la puerta y luego instale la unidad a control remoto (opcional). Mida, corte y clave topes de parada y adicione el barredor de la puerta (también opcional).

Mantenimiento

Las puertas y ventanas deben resistir los efectos del clima, las temperaturas extremas, los daños de insectos, y el desgaste normal por el uso cotidiano. Por lo tanto, es lógico que de vez en cuando necesite repararlas. Los proyectos de reparación de estos elementos son fáciles de llevar a cabo. Si hace un mantenimiento regular a los mecanismos de operación, a las bisagras sueltas, o a los acabados en general antes que se conviertan en un problema, las puertas y ventanas durarán por décadas. Como resultado, los trabajos de mantenimiento quizás no son tan satisfactorios como instalar una elegante claraboya o una impresionante puerta de entrada, pero los esfuerzos serán recompensados en el ahorro de dinero debido a que no necesitará reemplazarlas prematuramente por falta de cuidado.

Este capítulo incluye:

- Reemplazar vidrios rotos en ventanas
- Mejorar el funcionamiento de una ventana
- Reemplazar ventanas con vidrios aislantes (IGU)
- Pintar puertas y ventanas
- Simular acabados de madera
- Recortar las puertas interiores
- Resolver problemas comunes de las puertas
- Reemplazar los umbrales
- Reparar puertas corredizas con malla
- Reparar y mantener puertas y ventanas contra tormentas
- Mantenimiento de las puertas de garajes

Reemplazar vidrios rotos en ventanas

En las casas modernas bien construidas, las ventanas instaladas en la estructura están fabricadas con vidrios dobles diseñadas para ahorrar energía de manera eficiente. En general, es una buena idea —en parte—. Estas ventanas de alta tecnología pueden romperse al igual que sus predecesoras. Las personas que viven en casas antiguas tienen menos problemas cuando se trata de reemplazar o reparar los paneles sencillos o ventanas contra tormentas. Si sólo necesita reemplazar un panel, puede terminar el trabajo en un par de horas. La parte más difícil de esta tarea es cuando tiene que trabajar desde una escalera. También necesitará quitar la ventana contra tormentas para reparar el panel porque el arreglo debe hacerse desde la parte exterior de la ventana.

Herramientas y materiales ▸

Aceite de linaza	Soportes para el vidrio
Pistola de calor	Panel de vidrio
Componente cristalizado	Cuchilla para raspar la pintura
Pintura de igual color	Alicates (punta delgada)
Cinta métrica	Espátula
Guantes resistentes	Brocha para pintar

Reemplazar el vidrio roto de panel de ventana no es tan común hoy día como lo era hace una o dos décadas, o antes que las casas tuvieran paneles de vidrio doble. Sin embargo, es recomendable saber como hacerlo aún cuando viva en casas más viejas.

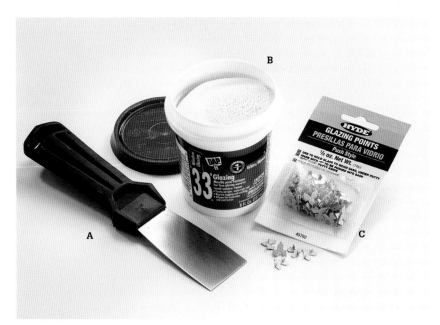

Una espátula limpia (A), un componente vidrioso (B), y un paquete de soportes para el vidrio (C), son las herramientas esenciales para reemplazar el vidrio de una ventana.

Consejo ▸

Una forma para estar seguro que el fabricante de la ventana cortará los vidrios a la medida correcta es suministrarle una plantilla igual al tamaño del panel que necesita. Llévela consigo cuando ordene la pieza.

Cada panel del vidrio en un marco de madera es sostenido y agrupado con otros similares para formar el panel total. El componente cristalizado se aplica al exterior de la ventana, tiene una textura suave similar a la silicona en el momento de aplicarse, y se endurece con el tiempo para sostener el vidrio en el marco y mantener el agua alejada. Si mueve las piezas rotas de vidrio de un lado a otro, el componente se soltará y así podrá removerlas.

Cómo reparar el panel roto de una ventana

Use guantes para trabajo pesado. Quite las piezas rotas de vidrio y suavice el componente que sostiene el vidrio con una pistola de calor o un secador de cabello. No sostenga la pistola en un solo lugar por mucho tiempo porque puede quemar la madera o rajar los paneles de vidrio adyacentes.

Después que el componente se haya suavizado, quítelo con una espátula. Hágalo con cuidado para evitar averiar la madera. Si es difícil de limpiar la sección por completo, aplique más calor con la pistola. El componente caliente es más fácil de remover.

Una vez la sección esté limpia, selle la madera con una capa de aceite de linaza o sellador. Si la madera no se sella, absorberá mucha humedad del componente cristalino y reducirá su efectividad.

Aplique una capa delgada de componente cristalino al marco de la madera y suavícelo con la punta del dedo.

5

Presione el vidrio sobre la abertura. Compruebe si está apretado en todos los lados. Muévalo en todas las direcciones hasta que quede bien sentado. Parte del componente se saldrá del marco, pero no lo saque por completo.

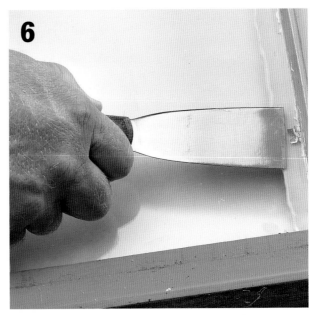

6

Introduzca los soportes del vidrio dentro del marco para sostener la pieza en su lugar. Use la punta de la espátula para empujar el soporte contra la superficie del vidrio. Instale al menos dos soportes en cada lado del panel.

7

Haga una cuerda con el componente (de más o menos 1/2" de diámetro) enrollándolo con las manos. Presiónelo contra el vidrio y el marco. Suavícelo con una espátula sostenida en un ángulo de 45°. Limpie el exceso de componente.

8

Deje secar el componente por lo menos una semana. Píntelo con sellador y pintura para empatar el color del resto de la ventana. Aplique pintura sobre las uniones entre el vidrio y el componente para sellarlas completamente. Raspe la pintura del vidrio con una cuchilla cuando se haya secado.

Mejorar el funcionamiento de una ventana

Muchos han experimentado dificultades al intentar abrir una ventana debido a la expansión de la madera o pintura dejada al interior de los rieles. También sucede que las ventanas no pueden mantenerse abiertas porque el cordón o la cadena están rotas. Para evitar estos inconvenientes, deberá realizar un mantenimiento regular en estas unidades. Las ventanas dobles estilo guillotina con rieles y resortes para su operación requiere de limpieza y del ajuste ocasional de los resortes sobre (o detrás) de los rieles. Las ventanas con giro por lo general fallan en la manija de operación. Si una buena limpieza no soluciona el problema, debe reemplazar todo el sistema de la manija. Los rieles de las ventanas contra tormentas deben estar limpios, y debe aplicarse algún aditivo no grasoso cada vez que las mallas son removidas.

Herramientas y materiales ▸

Destornilladores	Aspiradora
Cortador de pintura	Cepillo de dientes
o navaja	Solvente de pintura
Martillo / Tijeras	Trapos / Cuerda
Barra de	Cuerda para el panel
palanca pequeña	Lubricante
Cepillo con	Vela de cera
cerdas fuertes	Grasa para todo uso

Las ventanas soportan temperaturas extremas, el asentamiento de la estructura, y toda clase de usos y abusos. Tarde o temprano tendrá que hacer algún mantenimiento para mantenerlas trabajando correctamente.

Cómo ajustar las ventanas

Las ventanas que operan con resortes tienen un tornillo de ajuste al interior del riel. Ajuste ambos lados hasta que la ventana quede balanceada y abra y cierre con facilidad.

Las ventanas de levante con resortes operan con la ayuda de una cuerda impulsada por un resorte al interior de un tubo de metal. Ajústelos desatornillando del marco la punta superior del tubo y luego volteándolo para cambiar la tensión del resorte (hacia la derecha para mayor capacidad de levante, y hacia la izquierda para lo contrario). Sostenga el tubo con fuerza para evitar que se desenrolle.

Consejos para despegar ventanas trabadas ▶

Corte la capa de pintura si esa es la causa del problema. Introduzca un cortador de pintura o una navaja entre la ventana y el marco y corte la capa de pintura.

Coloque un bloque de retazo de madera contra el marco de la ventana, golpéelo suavemente con un martillo y destrabe la unidad.

Limpie los rieles de las puertas y ventanas corredizas usando una aspiradora o un cepillo de dientes. La acumulación de mugre es común en este tipo de ventanas.

Limpie las tiras de protección con un limpiador. Retire el polvo con un trapo. Use solvente para quitar manchas de pintura que puedan atascar las ventanas. Aplique una pequeña cantidad de lubricante para prevenir que se pegue.

Lubrique los rieles de madera de las ventanas con una vela, luego ábrala y ciérrela unas cuantas veces. No use lubricantes líquidos en las ventanas de madera.

Cómo reemplazar cordones rotos en paneles

1

Corte la capa de pintura entre el marco de la ventana y la cubierta del cordón de operación. Use una navaja o un cortador de pintura. Quite las cubiertas con una barra o quite los tornillos de la moldura.

2

Doble las cubiertas desde el centro para quitarlas del marco. Quite cualquier molde de protección en ese lugar.

3

Saque el marco inferior de la ventana. Saque los cordones clavados o anudados de los huecos a los lados de la ventana (ver paso 9).

4

Quite con una barra o saque el tornillo del compartimiento del contrapeso en la parte inferior del riel de la ventana. Saque el contrapeso y corte el cordón atado al mismo.

5

Amarre una punta de la cuerda guía a la puntilla y la otra punta al nuevo cordón del marco. Pase la puntilla sobre la polea y déjela caer en el compartimiento del contrapeso. Hale la puntilla y pásela por el compartimiento.

6

Hale la cuerda guía para sacar el cordón nuevo de la ventana sobre la polea y a través del compartimiento del contrapeso. Compruebe que el nuevo cordón se desliza con suavidad sobre la polea.

7

Amarre la punta del cordón del marco al contrapeso con un nudo doble y apretado. Coloque el contrapeso en el compartimiento. Hale el cordón hasta que el contrapeso toque la polea.

8

Coloque el marco inferior sobre el alféizar. Sostenga el cordón contra el lado del marco y corte lo suficiente para que llegue 3" más allá del hueco en el lado del marco.

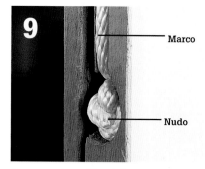

9

Amarre el cordón del marco y meta a presión el nudo dentro del hueco en el marco. Reinstale la cubierta del compartimiento. Coloque la ventana de nuevo en el marco así como las molduras antes removidas en su posición original.

Cómo limpiar y lubricar el compartimiento de una manija

Si la manija de la ventana es difícil de operar, limpie las partes movibles. Abra la ventana hasta que el rodillo en la punta del brazo de extensión quede alineado con la ranura de acceso en la canal de la ventana.

Pivotes de giro

Brazo de extensión

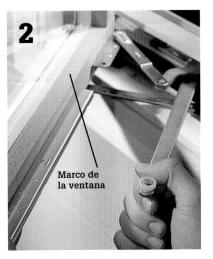

Suelte el brazo de extensión bajándolo y sacándolo de la canal. Limpie la canal con un cepillo con cerdas duras y los pivotes de los brazos y bisagras con un trapo.

Marco de la ventana

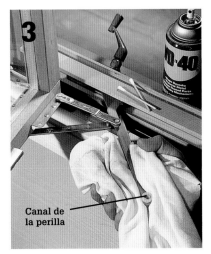

Lubrique el riel y las bisagras con lubricante en aerosol o aceite casero. Seque los excesos de aceite con un trapo y luego reinstale la extensión del brazo. Si lo anterior no resuelve el problema, repare o reemplace el ensamble de la manija (abajo).

Canal de la perilla

Cómo reparar un ensamble de la manija de ventana

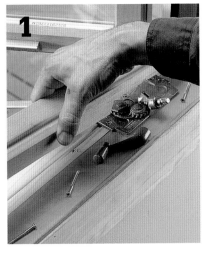

Desarme el brazo de extensión del riel de la ventana. Quite la moldura o cubierta que cubre el mecanismo de la manija. Quite los pivotes de los brazos conectados a la ventana.

Quite los tornillos que aseguran el ensamble de la manija, quite el ensamble y límpielo. Si los mecanismos están demasiado gastados, reemplace la unidad. Vaya a un centro de distribución o contacte al fabricante para comprar las partes nuevas. Tenga en cuenta en qué dirección se abre la ventana (izquierda o derecha) en el momento de ordenar las partes.

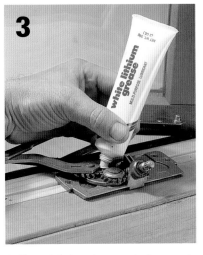

Aplique lubricante para todo uso al mecanismo de la manija. Reinstale la unidad. Conecte los pivotes del brazo y luego esta pieza a la ventana. Ensaye la ventana antes de instalar la cubierta o moldura de la manija.

Reemplazar ventanas con vidrios aislantes (IGU)

Si vive en una casa nueva, o ha reemplazado estas piezas en algún momento, es muy posible que estén construidas con paneles de vidrios dobles aislantes (IGU). Estas ventanas son mucho más eficientes para ahorrar energía que las de un solo vidrio, pero no son inmunes a los problemas y roturas normales que afectan el vidrio. El problema más común con las ventanas IGU es el sellado contra la filtración que puede causar que el vidrio parezca nebuloso o grabado (estampado).

La dificultad de cambiar una ventana IGU depende del tipo de diseño. Estas piezas vienen selladas y pueden colocarse al interior de los marcos de dos maneras. Algunos paneles pueden separarse en secciones. Una envoltura rodea el IGU que se acomoda en los rieles de los marcos de la ventana. Si el marco tiene un tornillo en cada esquina, puede ser de este estilo y es fácil de reparar. Si no hay tornillos en las esquinas, es muy posible que el marco esté ensamblado permanentemente. En este caso, los vidrios IGU son sostenidos en su lugar por molduras o por cinta de sellado o silicona especial. Las molduras de cubierta están instaladas a un lado del marco. En las ventanas de madera, ubique orificios de puntillas cubiertos sobre el marco al lado del vidrio (la masilla esconde los soportes que sostienen las molduras en su lugar). En las ventanas de aluminio o vinilo, las tiras de las molduras caven al interior de rieles sobre el marco. Para localizar las molduras en el marco, busque una discrepancia tenue en el color entre las molduras y el marco, o pequeñas grietas alrededor de los bordes que indican que esas piezas son removibles.

Herramientas y materiales ▸

Martillo
Destornillador
   o taladro
Espátulas con
   puntas delgadas
Raspador pequeño
   de pintura
Bloques para raspar

Silicona de
   color neutral
Molduras de reemplazo
Envoltura o cinta para
   sellar el vidrio
Puntillas para acabado
   con martillo neumático

Las unidades con vidrios aislantes (IGU) contienen un par de paneles de vidrio que atrapan gas inerte en el medio para aumentar su eficacia. La reparación de una de estas ventanas es mucho más difícil que reemplazar un panel sencillo, pero puede hacerse.

Partes de reemplazo ▸

Antes de intentar reemplazar una ventana IGU con gotera, quite el marco y llévelo a un sitio de reparación de ventanas. Ellos deberán tomar las medidas para la unidad de reemplazo, y pueden suministrar nuevos empaques, molduras, o cinta especial que pueda ser requerida para el trabajo. Estos almacenes también pueden determinar la edad de la ventana. Si la envoltura selladora está imperfecta, pero la ventana tiene menos de 10 años, la garantía del fabricante todavía puede estar vigente.

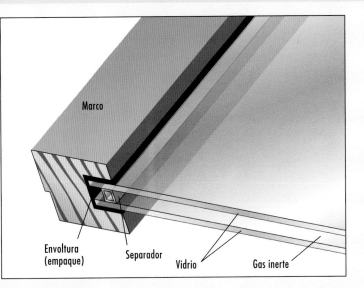

Algunos vidrios IGU son hechos con marcos de madera clavados juntos, lo cual es una forma de arreglar. El nuevo vidrio IGU es envuelto en un empaque de caucho e instalado en un marco de madera parcialmente desmontado.

Cómo reemplazar una unidad IGU en un marco con tornillos

Use un destornillador de mano o un taladro para quitar los dos tornillos de las esquinas opuestas del marco. Puede desmantelar la unidad en dos secciones en forma de "L" lo cual facilitará el ensamble.

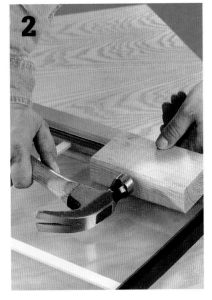

Separe las secciones para luego remover los vidrios. Puede necesitar un martillo para golpear con suavidad un bloque de madera para abrir el marco.

Quite la envoltura (empaque) del vidrio viejo. Si no está averiado, colóquelo alrededor del nuevo entre las secciones del marco. Reinstale los tornillos de las esquinas.

Cómo reemplazar una unidad IGU en un marco fijo

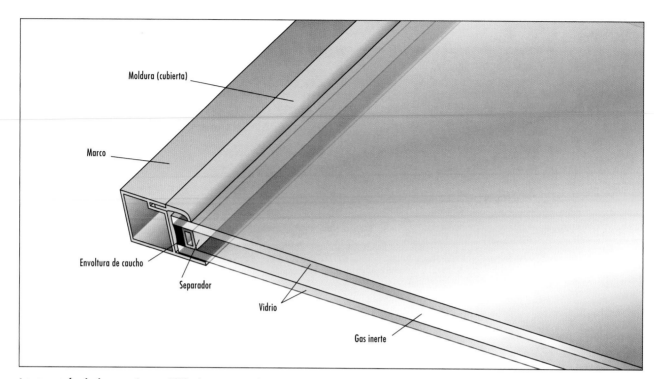

Moldura (cubierta)

Marco

Envoltura de caucho

Separador

Vidrio

Gas inerte

La mayoría de las ventanas IGU más nuevas están construidas con un solo marco sin soportes esquineros. El vidrio es conectado al interior de estos marcos fijos por medio de molduras removibles.

Introduzca una espátula de punta delgada entre una sección de la moldura y el marco. Saque con cuidado la moldura de la canal. Después de sacar la primera sección, las otras secciones son fáciles de quitar. Si las molduras están sujetadas con puntillas, sáquelas usando alicates.

Voltee el marco, y deslice la espátula a lo largo de la unión entre el vidrio y el marco. Quizás deba hacerlo en varias etapas para cortar la silicona o cinta especial que sostienen los vidrios IGU en su lugar. Trabaje con cuidado para evitar averiar el marco.

Use una espátula pequeña y algún disolvente mineral para remover la silicona vieja o cinta especial del marco después de quitar los vidrios IGU.

Instale nuevas tiras de cinta de sellado o una capa de silicona neutral sobre el canal del marco. La cinta o silicona debe formar una capa continua alrededor del marco.

Coloque el nuevo vidrio en el canal del marco presionándolo firmemente sobre la cinta o silicona. Asegúrese que el vidrio quepa en forma pareja en la canal. Use una cuchilla para remover el exceso de cinta o silicona sobre el vidrio.

Si las viejas tiras de moldura han sido averiadas, o están en mal estado, corte unas nuevas. Presione las molduras sobre las canales. Ajústelas en su lugar con puntillas para acabado con martillo neumático de 1". Clávelas en un ángulo leve al interior del marco para evitar romper el vidrio.

Pintar puertas y ventanas

Comience pintando las secciones internas de los marcos y continúe en dirección hacia áreas planas más grandes. Por ejemplo, en las ventanas, pinte primero los bordes más cercanos a los vidrios y luego el marco adyacente.

Las puertas deben ser pintadas con rapidez debido a su superficie grande. Para evitar marcas traslapadas siempre pinte desde las superficies secas hacia las mojadas. Los protectores de plástico para el piso o las espátulas de punta ancha pueden ayudar a proteger los pisos de madera o de alfombra de manchas de pintura.

Los esmaltes de látex o alcalinos son buenas opciones de pintura. Siempre lije un poco la superficie entre capas y límpielas con un trapo de tela afelpada para que la segunda capa se adhiera en forma apropiada.

Herramientas y materiales ▸

Destornillador	Espátula de punta ancha
Martillo	Pintura de esmalte
Brochas para pintar	o alcalina
Espátula	Sellador de madera
Caballetes	Papel de lija

Cuando pinte los marcos, comience en los bordes interiores más cercanos al vidrio. Luego continúe con las áreas adyacentes.

Pintar ventanas dobles de estilo guillotina es fácil si puede sacarlas de los marcos. Las ventanas con resortes nuevos pueden quitarse empujándolas contra el marco.

Coloque la ventana sobre una escalera en forma de caballete. Clave dos puntillas sobre las patas de la escalera o descánsela sobre una banca o un caballete. *Nota: No pinte los lados o la parte inferior de los paneles.*

Cómo pintar una ventana

1

Use una brocha de punta. Comience a pintar la madera junto al vidrio. Use el borde angosto de la brocha y aplique varias capas sobre el borde del vidrio para sellar esos espacios.

2

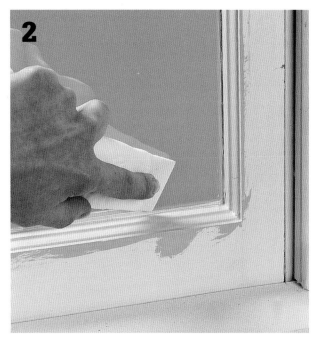

Limpie el exceso de pintura sobre el vidrio usando una espátula cubierta con un trapo. Cambie la posición del trapo con frecuencia para que siempre use un lado limpio. Deje $1/16$" de pintura traslapada sobre el vidrio.

3

Moldura del marco

Marco de la ventana

Alféizar

Repisa inferior

Pinte primero las partes planas del marco. Luego pinte las molduras, el marco de la ventana y la repisa. Aplique la pintura con pasadas largas y evite untar de pintura entre el marco de la ventana y el marco de la pared.

4

Si tiene que pintar las ventanas en su lugar, mueva las piezas desde arriba hacia abajo varias veces durante el proceso de secado para evitar que se peguen. Use una espátula para no tocar las superficies pintadas.

Cómo pintar una puerta

1

Saque la puerta empujando el pivote de la bisagra inferior con un destornillador y martillo. Pida ayuda para sostener la puerta. Luego quite los pivotes del centro y superior.

2

Coloque la puerta en posición plana sobre un par de caballetes. En las puertas con paneles, píntela en este orden: (1) paneles salidos; (2) canales horizontales; (3) canales verticales.

3

Deje secar la puerta. Si necesita aplicar una segunda mano, líjela levemente y remueva el polvo con un trapo de tela afelpada antes de pintarla de nuevo.

4

Selle los bordes sin pintar con un sellador transparente para evitar que la humedad entre en la madera. El agua puede combar y brotar la madera.

Consejos para pintar las molduras ▸

Proteja las superficies de las paredes y pisos con una espátula de punta ancha o con alguna herramienta de plástico para cubrir la pintura.

Limpie la espátula de punta ancha o la herramienta que esté usando cada vez que la mueve.

Pinte ambas caras de las puertas de gabinetes. Esto crea un sellado parejo contra la humedad y evita que se combe.

Pinte bien profundo las superficies con diseños con una brocha con cerdas fuertes (una brocha para pintar plantillas). Aplique capas circulares cortas para penetrar bien los relieves.

Simular acabados de madera

Las puertas de la entrada de la vivienda fabricadas con fibra de vidrio y acero son de excelente durabilidad y resistencia contra el uso y el clima, pero no pueden competir con la elegancia y belleza de la madera. Aún cuando la nueva tecnología ha hecho posible replicar en forma cercana la apariencia de la madera en puertas de fibra de vidrio, estas piezas son costosas. Si tiene una puerta de acero o fibra de vidrio, pero prefiere la apariencia de la madera, puede aplicar una técnica de imitación que puede llevarse a cabo con práctica y cuidado para satisfacer sus necesidades. La técnica aquí mostrada utiliza una herramienta especial de acabado (disponible en los centros de ventas de pinturas y de elementos para la construcción), pero si es creativo, puede lograr efectos similares con una brocha con cerdas secas.

Herramientas y materiales ▸

Brochas para pintar
Trapos limpios
Herramienta para el
  acabado (opcional)

Cinta para pintar
Sellador de madera
Barniz de poliuretano

Aplique un acabado similar a la madera a las puertas de fibra de vidrio o acero usando una herramienta especial para el terminado.

Cómo crear un acabado similar a la madera

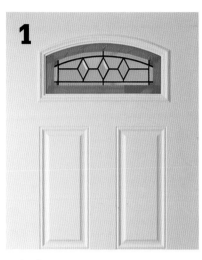

1

Quite la puerta y colóquela en forma plana sobre un par de caballetes. También quite todos los accesorios de instalación y límpiela por completo con solventes minerales. Cubra los paneles de vidrio con cinta para pintar. La secuencia de pintado es importante para crear un terminado convincente. Siga los pasos presentados ignorando los que no se relacionan con la puerta.

2

Use una brocha de espuma para aplicar una capa pareja de tintura sobre los paneles centrales en dirección de la veta de la superficie. No limpie los excesos de tintura. Escoja un tono medio u obscuro de madera (aquí se muestra un tono oscuro de roble).

3

Coloque la herramienta de terminado sobre la parte superior del panel y deslícela despacio y en forma pareja hasta el final del panel. Aplique poca presión hacia abajo. *Nota: Es buena idea practicar la técnica sobre un trozo de madera hasta sentirse a gusto. La mayoría de estas herramientas tienen diferentes acabados, y la forma como la mueve, también afectará el resultado. Puede crear un efecto de veta de cara frontal, veta en cuartos, o veta del borde.*

4

Golpee la herramienta sobre la tintura moviéndola un poco de lado a lado a medida que baja por el panel. Si no le gusta el diseño cuando llegue al final del panel, limpie la tintura y trate de nuevo. Cubra cada panel en forma individual. Deje secar la textura toda la noche después de terminar el trabajo.

5

Aplique la "capa de tono" sobre la capa de tintura con una brocha o un trapo suave. Por lo general el tono es aplicado con la misma tintura, pero si utiliza un tono algo diferente, puede lograr un efecto interesante. La capa de tono emparejará los patrones de las vetas. Aplique un tono más fuerte para disminuir el contraste.

6

Después que la capa de tono se ha secado, aplique una capa protectora de barniz de poliuretano. Use un atomizador si lo tiene para evitar marcas de brochas o líneas de rodillos. Use un barniz para uso exterior si la puerta va a ser expuesta al clima. Cuelgue la puerta después que el barniz se haya secado.

Recortar las puertas interiores

Debe existir un espacio de $^3/_8$ a $^3/_4$" gentre el borde inferior de la puerta y la superficie del piso terminado. Esto permite que la puerta oscile libremente sin golpear una alfombra u otra cubierta del piso. Sin embargo, si en algún momento desea instalar una nueva alfombra o un piso de cerámica o madera debajo de la puerta, necesitará cortar la puerta para crear el espacio requerido otra vez. Si posee una sierra circular con un disco de corte fino, es un trabajo sencillo de realizar.

La mayoría de las nuevas casas tienen puertas interiores sólidas, pero las puertas huecas todavía son comunes y se encuentran por lo general en las casas antiguas. Recortar una de estas puertas es un proceso similar, pero las huecas requieren de unos pasos más porque la pieza está compuesta de múltiples partes (ver la página 231).

Herramientas y materiales ▸

Martillo
Destornillador
Navaja
Caballete para serrar
Sierra circular con
   disco fino

Regla larga
Abrazaderas
Lima
Bloque para lijar
Trozo de contrachapado

Cambiar la cubierta del piso es una buena forma para actualizar la apariencia de la habitación. Si el piso nuevo es más ancho que el viejo, puede impedir la oscilación de la puerta, y por lo tanto debe recortarla.

Cómo recortar una puerta sólida

Coloque una pieza de contrachapado sobre el piso recostada contra la puerta y trace una línea de referencia para el corte de la puerta. El espesor del contrachapado indicará el espacio de la puerta y la línea mantendrá el corte parejo. No presione el contrachapado sobre la alfombra cuando trace la línea. Si el piso está disparejo, abra la puerta hasta donde haga más contacto y use ese punto para marcar el espacio.

Remueva la puerta del marco sacando los pivotes de las bisagras con un destornillador y martillo. Si los pivotes vienen fijos, debe desatornillar las hojas de las bisagras unidas al marco.

Para evitar que la sierra maltrate la madera durante el corte, use una navaja con filo para marcar la línea de corte. Incline la navaja contra la regla de metal. Marque ambos lados y los bordes.

(continúa)

Sujete una regla con abrazaderas a la puerta para que el disco corte más o menos $1/16$" sobre la línea en el lado del desperdicio. La regla sirve como guía para la base de la sierra. Instale un disco con dientes finos para hacer el corte.

Coloque el disco para que los dientes salgan más o menos $1/4$" debajo de la puerta. Guíe la sierra para hacer el corte de la puerta. Mantenga firme la máquina y aplique presión continua. Disminuya la velocidad del corte hacia el final para evitar astillar la puerta.

Use una lima para suavizar los bordes del corte y para formar una leve curvatura a lo largo de todo el borde inferior de la puerta. Use una lija de bloque y papel de grado medio para lijar cualquier marca del disco o desperfectos.

Con la puerta en su posición, mida ⅜" a partir de la cubierta del piso y marque la puerta. Saque la puerta de las bisagras sacando los pivotes de las bisagras con un destornillador y martillo.

Marque la línea de corte. Corte a través de la vena de la puerta con una navaja con filo para evitar que la puerta se astille durante el corte con la sierra.

Coloque la puerta sobre caballetes y ancle una regla a la puerta para usarla como guía para el corte. Corte la parte inferior de la puerta. La base hueca de la puerta puede quedar expuesta.

Para reinstalar la pieza del marco cortado en la parte inferior de la puerta, quite el chapado de ambos lados de la pieza removida.

Aplique adhesivo para madera a la pieza cortada. Inserte la pieza en el hueco de la puerta y sujétela con abrazaderas. Limpie el exceso de adhesivo y deje secar la puerta toda la noche.

Resolver problemas comunes de las puertas

Los problemas más comunes de las puertas son causados por bisagras sueltas. Cuando esto sucede, la puerta no cuelga bien causando roce y atascamiento, y a su vez la pérdida de balance de los mecanismos de seguridad. Lo primero que hay que hacer es revisar los tornillos de las bisagras. Si los huecos de los tornillos están gastados y ya no sostienen las piezas, intente su reparación según las instrucciones de la página siguiente.

Si las bisagras están ajustadas pero la puerta continua rozando contra el marco, lije o remueva parte del borde de la puerta. Si la puerta no cierra fácilmente, puede estar comba. Use una regla larga y derecha para revisar la comba. Es posible enderezarla un poco por medio de pesas, pero si es pronunciada, la comba no puede corregirse. En lugar de comprar otra puerta, quite la pieza para parar la puerta e instálela siguiendo la curvatura de la puerta.

Los problemas de los pestillos suceden por variedad de razones: bisagras sueltas, madera brotada, pestillos pegajosos, o acumulación de pintura. Si ya revisó todas estas posibilidades y la puerta todavía no permanece cerrada, posiblemente el marco de la puerta no está cuadrado. Esto sucede porque las casas se asientan con el tiempo. Puede hacer pequeños ajustes llenando la plaqueta de golpe en el marco de la puerta. Si hay algo de espacio entre el marco y la puerta, puede alinear la chapa y la placa por medio de estacas en las bisagras. También puede clavar un par de tornillos extra-largos para ajustar un poco el marco (ver la página 234, foto inferior izquierda).

Las puertas de closets comunes, como las corredizas o plegables, por lo general sólo necesitan ajustes mínimos y lubricación para mantenerlas funcionando.

Los cerrojos de las puertas trabajan bien, pero deben ser limpiados y lubricados de vez en cuando. Una forma simple de mantener funcionando el cerrojo de una puerta de entrada es aplicar lubricante en aerosol a través del hueco de la llave y luego meter y sacar la llave varias veces. No use grafito en las cerraduras porque puede corroer metales con el uso repetido.

Herramientas y materiales ▸

Destornilladores	Soportes de madera o
Juego de punzones	"Ts" para golf
Martillo / Taladro	Pegamento para madera
Navaja / Barra	Arandelas de cartón
Lima de metal	Tornillos para madera
Regla larga derecha	de 3"
Cepillo para aplanar	Puntillas de acabado
Brocha para pintar	Pintura o tintura
Lubricante	Papel de lija
en aerosol	Sellador para madera

Consejo ▸

Las cerraduras se pegan cuando están sucias o necesitan lubricación. Limpie y lubrique el sistema y revise que los tornillos de conexión no estén muy apretados (otra causa de problemas).

Un cerrojo y una placa mal alineados evitarán que la puerta se cierre. Un mal alineamiento puede ser causado por bisagras sueltas, o el marco de la puerta está mal cuadrado.

Las puertas que se pegan por lo general dejan marcas en el sitio donde se juntan con el marco. Las puertas con comba pueden resistirse al cierre y pueden rebotar cuando aplica presión. Revise la comba con una regla derecha.

Cómo quitar una puerta

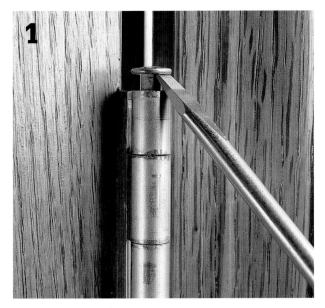

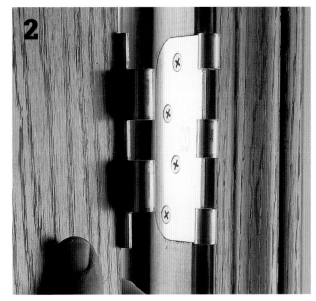

Quite el pivote inferior con un destornillador y un martillo. Pida ayuda para mantener la puerta en su lugar. Luego quite el pivote superior y del medio (si es el caso). Para incrustar la punta del destornillador debajo de la cabeza del pivote, use un punzón para empujar el pivote desde abajo.

Quite la puerta y póngala a un lado. Limpie y lubrique los pivotes antes de instalar la puerta de nuevo.

Cómo ajustar una bisagra suelta

Quite la puerta de las bisagras. Apriete los tornillos sueltos. Si la madera no los sujeta, quite las bisagras.

Cubra las "Ts" de golf o astillas de madera con pegamento y clávelos en los huecos. Si es necesario, agrande los huecos para introducir las piezas de madera. Deje secar el pegamento y corte el exceso de madera.

Abra agujeros guía en la madera nueva y reinstale la bisagra.

Compruebe que la puerta esté cuadrada. Si no está cuadrada con el marco, quítela (ver la página 233) y ajuste la bisagra superior a inferior con estacas (derecha). Clave tornillos largos al interior de las bisagras (abajo).

Instale una plantilla delgada de cartón detrás de la bisagra inferior para elevar la posición del cerrojo. Para bajar el cerrojo, coloque la plantilla en la bisagra superior.

Quite dos tornillos de ambas bisagras. Clave tornillos para madera de 3" en cada hueco. Estos llegarán hasta el marco de la pared y empujarán el marco de la puerta hacia afuera cambiando su ángulo. Clave tornillos largos en la bisagra superior para levantar el cerrojo, o en la inferior para bajarlo.

Arregle pequeños desajustes golpeando la placa del cerrojo hasta que quepa.

Cómo enderezar una puerta con comba

Examine la puerta con una regla derecha. También puede cerrar la puerta hasta el final y ver dónde tiene la comba (ver abajo). La distancia entre la puerta y el punto de cierre revela la cantidad de comba. La pieza para detener la puerta debe estar derecha cuando haga esta prueba (examínela con una regla).

Si la comba no es muy pronunciada, puede enderezar la puerta con pesas. Quite la puerta (ver página 233), y recuéstela sobre un par de caballetes. Coloque objetos pesados sobre la parte en el centro de la comba de la puerta. Use un cartón para proteger la pintura. Deje el peso sobre la puerta por varios días y examínela de vez en cuando con una regla derecha.

Cómo ajustar una puerta con una comba muy pronunciada

Marco para detener la puerta

Una comba muy severa no puede ser corregida. En su lugar, puede ajustar la pieza de detención para que siga la forma de la puerta. Si retoca el marco de la puerta con pintura o tintura después de hacer el arreglo, nadie notará la reparación.

Quite la pieza que detiene la puerta con una barra pequeña. Si está pintada, corte la capa de pintura con una navaja par evitar quebraduras. Saque las puntillas desde el lado trasero de la pieza para no averiar el frente. Quite todas las puntillas del marco.

Cierra la puerta con cerradura. Reinstale desde arriba el marco de detención dejando el borde interior a ras con la puerta. Clave puntillas de acabado en los mismos huecos de las antiguas y abra nuevos huecos guías. Clave las puntillas con un punzón después de examinar el funcionamiento de la puerta.

Cómo desajustar una puerta trabada

Ajuste todos los tornillos de las bisagras. Si la puerta sigue trabada, use un lápiz para señalar todas las áreas donde la puerta fricciona contra el marco.

Quite la puerta cuando el clima esté seco (ver la página 233). Si tiene que remover bastante material de la puerta, puede ahorrar tiempo usando un cepillo (paso 3). De lo contrario, lije las áreas marcadas con una lija de calibre mediano. Compruebe que la puerta cierra sin ninguna fricción y luego suavice las partes lijadas con una lija fina.

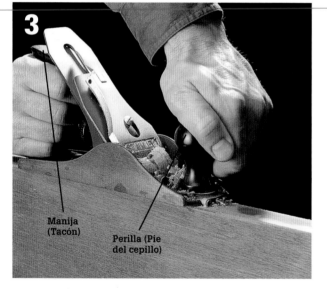

Manija (Tacón)

Perilla (Pie del cepillo)

Asegure el borde de la puerta. Si la pieza tiene superficies chapadas, córtelas con una navaja para evitar que se astillen. Mueva el cepillo en dirección de la veta (hacia arriba). Presione la perilla del cepillo con firmeza contra el marco y haga varias pasadas. Presione el cepillo sobre la perilla al comienzo del corte, y luego sobre la manija al final del movimiento para evitar que se hunda. Ensaye la puerta de nuevo y lije la parte corregida para alisarla.

Aplique un sellador transparente o pintura a la parte lijada (reparada) o sobre otras partes expuestas en la puerta. Esto evita que la humedad entre al interior de las puertas, lo cual es más importante en las puertas exteriores.

Cómo mantener una puerta corrediza

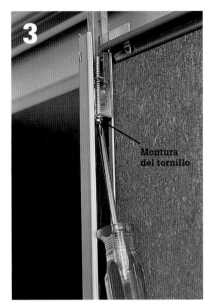

Limpie los rieles por encima y debajo de la puerta. Use un cepillo de dientes y un trapo húmedo o una aspiradora portátil.

Aplique lubricante aerosol no grasoso sobre las ruedas, pero no lo haga sobre los rieles. También reemplace cualquier parte averiada o gastada.

Revise el espacio a lo largo del borde inferior de la puerta para comprobar que esté parejo. Para ajustarlo, rote la montura del tornillo para levantar o bajar la puerta.

Cómo mantener una puerta plegable

Abra o quite las puertas y limpie los rieles con un trapo. Aplique lubricante no grasoso en los rieles, ruedas o pivotes.

Revise el alineamiento contra el marco de las puertas de closets. Si el espacio entre las puertas está disparejo, ajuste los bloques de detención pivote superior con un destornillador o una llave inglesa.

Los bloques de pivotes ajustables también se encuentran en la parte inferior de algunos tipos de puertas. Ajuste los bloques hasta que la distancia entre la puerta y el marco sea igual.

Reemplazar los umbrales

Aún cuando su tipo de construcción varía de una casa a otra, la parte de la vivienda generalmente llamada "umbral" es hecho de dos componentes separados: el alféizar, que sirve como la base del marco de la puerta y mantiene el agua y la mugre fuera de la casa, y el umbral o caballete, que es unido al alféizar y ayuda a sellar el espacio debajo de la puerta. Debido al uso constante y su exposición a los elementos climatológicos, el alféizar y umbral eventualmente necesitan ser reemplazados.

Las puertas modernas pre-enmarcadas por lo general tienen un alféizar cubierto con una capa de metal integrado a un caballete e instalados por encima del piso inferior. Las casas antiguas a menudo tienen alféizares gruesos de madera instalados más abajo que el alféizar de metal (a ras con el marco del piso) con un caballete separado para unir el espacio entre el alféizar y el piso terminado. Los caballetes se consiguen en variedad de estilos y materiales (madera, metal o vinilo). Debido a que el diseño de umbrales varía, es importante establecer el tipo de construcción del umbral de la puerta para determinar sus necesidades. En este proyecto se reemplazó el alféizar de madera deteriorado por uno nuevo de roble, y el caballete por uno contra el frío.

También puede cambiar el umbral para mejorar el acceso. Mientras que los umbrales normales están diseñados para mantener el mugre fuera de la casa, también dificultan el acceso a personas con limitaciones (en sillas de ruedas), pueden causar caídas a quienes caminan con dificultad. Vea la página 241 para consejos de cómo construir umbrales para facilitar el acceso.

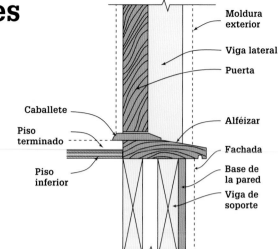

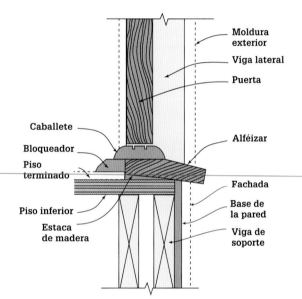

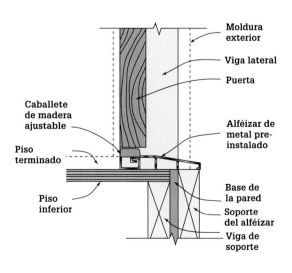

Herramientas y materiales ▸

Sierra recíproca
Barra de palanca
Martillo
Taladro con broca
   para agrandar
   topes de tornillos
Estacas
Masilla
Silicona

Sellador / Protector
Lápiz
Tornillos galvanizados
   de 3" y 1½",
   o puntillas con
   capa galvanizada
   10d u 8d

Cómo reemplazar un umbral de una puerta exterior

Quite el caballete viejo. Desatorníllelo o sáquelo con una barra. Si es necesario, córtelo en dos piezas con una sierra recíproca y luego saque los pedazos. Tenga cuidado de no averiar el piso o el marco de la puerta. Note cuál lado del caballete está más angulado. La nueva pieza debe ser instalada de la misma forma.

Examine si el alféizar tiene algún daño. Si necesita reemplazarlo, use una sierra recíproca para cortarlo en tres partes lo más cerca posible a las vigas. Quite la pieza central con una barra y use un martillo y cincel para cortar las piezas debajo de las vigas. Quite todas las puntillas debajo de las vigas con una sierra circular con disco para cortar metal.

Mida y corte el nuevo alféizar. Si es posible, use las partes de la pieza cortada como plantilla para marcar las muescas a cortar. Corte las muescas con una sierra de vaivén.

Pruebe la nueva pieza colocándola en su lugar debajo de los marcos. Use un martillo y un bloque de madera para empujarla en forma segura. Quítela de nuevo y, si es necesario, instale tiras de madera (o estacas) debajo del alféizar para que quede ajustado debajo de los marcos con una leve inclinación hacia afuera de la casa.

(continúa)

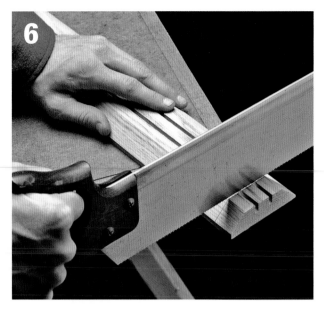

Aplique varias capas de silicona en el área debajo del alféizar. Coloque la pieza de nuevo en ese lugar. Abra agujeros cada 4 a 5" dejando espacio en la superficie para incrustar la cabeza de los tornillos. Clave la pieza con puntillas con capa galvanizada 10d, o con tornillos de 3".

Mida la distancia entre las vigas y corte el nuevo caballete a esa medida. Pruébelo. Marque las muescas en las puntas para acomodarlo alrededor del marco para detener la puerta. Use una sierra de vaivén. Aplique silicona debajo del caballete e instálelo. Así cubrirá el espacio entre el alféizar y el borde inferior de la puerta. Use tornillos galvanizados de 1$\frac{1}{2}$".

Variación ▸

Consejo ▸

Si va a instalar un caballete metálico, en lugar de cortar muescas en la pieza, use un martillo y cincel para hacer la muesca sobre el marco.

Un umbral adicional insertado sella el espacio entre la puerta y el caballete. Una pieza de barrido ayuda a detener las corrientes externas de aire frío.

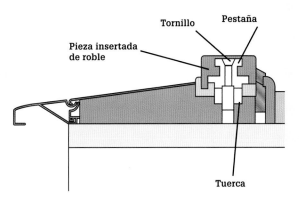

Alféizares ajustables: Muchas puertas pre-ensambladas tienen un alféizar de aluminio con un caballete de madera ajustable. Algunos modelos pueden ser accesibles sin modificaciones adicionales. Aquí se instala el caballete lo más bajo posible. Otros tipos pueden adaptarse incrustando el alféizar dentro de la base del piso.

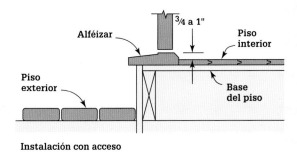

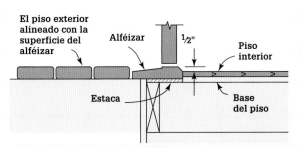

Umbrales accesibles: Hay varias formas de ajustar un umbral para permitir acceso. El primer paso es levantar la superficie del piso exterior al mismo nivel del umbral. Los umbrales de entradas no deben ser más de ¼" para alféizares con bordes cuadrados, y ½" para los que tienen bordes con curvatura.

Mini rampas: Los rieles de la mayoría de las puertas de vidrio corredizas presentan un gran obstáculo para personas en sillas de ruedas. La altura entre el borde superior e inferior del riel puede ser hasta de 2" Las mini rampas disponibles en el mercado pueden hacer accesibles los umbrales en este tipo de puertas.

Reparar puertas corredizas con malla

as puertas corredizas con malla son victimas fáciles de los animales domésticos y los niños, y con frecuencia necesitan reparación. Primero debe remover el panel de la malla. Es sostenido sobre rieles por cuatro ruedas operadas con resortes (una en cada esquina de la puerta). Luego corte una pequeña sección del empaque de caucho que sostiene la malla y compre uno de igual diámetro para reemplazarlo. Compre malla de repuesto junto con la herramienta para la instalación. Este accesorio viene con ruedas en ambas puntas: uno en forma convexa para forzar la malla al interior del riel de la puerta, el otro es cóncavo para forzar el empaque sobre la malla.

Herramientas y materiales ▸

Material de la malla
Disolventes minerales
Destornilladores
Cinta para enmascarar

Navaja
Rodillo para instalar
  el empaque
Empaque de caucho

Las puertas de malla corredizas son muy vulnerables a daños causados por los pies, animales domésticos u otras causas. Su arreglo es muy fácil cuando usa las herramientas y accesorios correctos.

Materiales de la malla ▸

Las mallas de las ventanas (técnicamente llamadas 'mallas contra insectos') son entretejidas con tres materiales diferentes: alambre galvanizado, alambre de aluminio y filamentos negros de fibra de vidrio. Cada uno tiene sus ventajas y desventajas. El alambre galvanizado es de bajo costo y puede encontrarse fácilmente, pero puede perder su forma u oxidarse. El alambre de aluminio es menos común, pero es fuerte y no pierde su color tan fácil. Los filamentos negros de fibra de vidrio son fáciles de maniobrar, no pierden color ni se oxidan, pero se rompen con facilidad. El mejor consejo es simplemente comprar una malla que combine con las ventanas del resto de la casa.

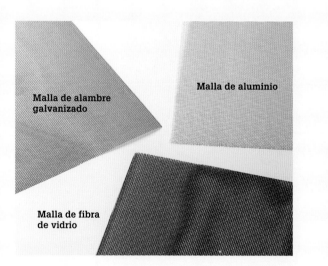

Malla de alambre galvanizado

Malla de aluminio

Malla de fibra de vidrio

Cómo reparar una puerta corrediza con malla

No podrá remover la puerta con malla hasta que libere la tensión de las ruedas. Suelte los tornillos de ajuste y luego saque la puerta del riel que la mantiene en posición.

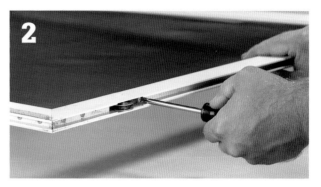

Quite las ruedas de la puerta con un destornillador. Algunas veces sólo tiene que sacarlos con una palanca, otras tiene que usar un destornillador pequeño.

Limpie las ruedas con un solvente mineral y una brocha vieja. Después de limpiar toda la mugre, déjelas secar y lubríquelas con aceite liviano.

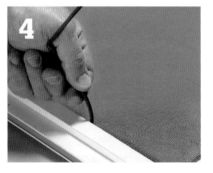

Quite una esquina del empaque viejo y sáquelo con cuidado del riel. Si el caucho todavía está suave y flexible, puede usarlo de nuevo.

Pegue la nueva malla a la puerta con cinta para enmascarar. Haga un corte diagonal en cada esquina para remover el exceso de malla. Esto evitará que se abulte en la esquina cuando se presiona dentro del riel.

Presione la malla al interior del riel con la rueda convexa de la herramienta para instalar el empaque. No la fuerce con un solo intento. Haga varias pasadas ligeras hasta que la malla llegue hasta el fondo del riel.

Después que la malla está en el riel, instale el empaque de caucho. Use la rueda cóncava y trabaje despacio para asegurarse que el empaque es forzado por completo al interior del riel. Quizás deba pasar la rueda varias veces.

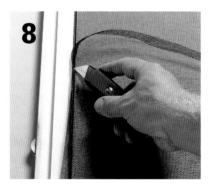

Corte cualquier exceso de malla con una navaja con filo. No corte el empaque. Reinstale las ruedas y coloque la puerta en el riel.

Reparar y mantener puertas y ventanas contra tormentas

Comparado con remover una ventana de madera y una malla contra las tormentas, reparar esta combinación es un poco más complicado. Sin embargo, hay varias reparaciones que puede hacer sin mucha dificultad, en la medida que encuentre las partes correctas. Lleve las llaves viejas de las esquinas, los empaques, y todas las otras partes originales al almacén que repara las ventanas y pida ayuda para comprar las partes de reemplazo correctas. Si no puede encontrar las partes correctas, haga construir un nuevo marco.

Herramientas y materiales ▸

Cinta para enmascarar
Destornillador
Tijeras / Martillo
Rodillo para instalar el empaque

Taladro / Navaja
Juego de punzones
Empaque de caucho
Malla / Vidrio
Uniones de caucho
Accesorios de reemplazo

Remueva el marco de la ventana contra tormentas. Presione la pestaña en el riel inferior y luego levante la unidad. Los colgantes del marco de la ventana en las esquinas del riel superior deben estar alineados con las muescas de los rieles laterales antes de removerla.

Pestaña para soltar la unidad

Cómo reemplazar la malla en una ventana de metal contra tormentas

1

Quite el empaque de caucho de la malla alrededor de la canal con un destornillador. Utilícelo de nuevo si todavía está flexible. De lo contrario reemplácelo.

2

Estire la nueva malla en forma ajustada sobre el marco para que traslape los bordes del mismo. Manteniendo la malla templada, use el lado convexo de la rueda para instalar el empaque para presionarla al interior de la canal de soporte.

3

Use el lado cóncavo de la rueda para presionar el empaque dentro de las canales (es bueno pedir ayuda en este paso). Corte el exceso de malla con una navaja.

Cómo reemplazar el vidrio en una ventana de metal contra tormentas

Remueva el marco de la ventana, luego quite por completo todos los vidrios rotos. Quite el empaque de caucho alrededor del panel junto con los pedazos de vidrios restantes. Tome las medidas entre los bordes interiores del marco y adicione el doble del espesor del caucho de empaque para sacar la medida del vidrio.

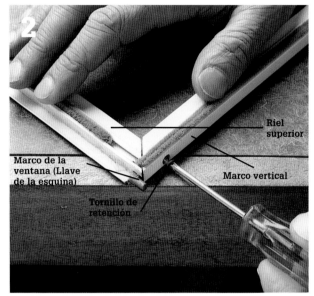

Riel superior

Marco de la ventana (Llave de la esquina)

Tornillo de retención

Marco vertical

Coloque el marco sobre una superficie plana. Desconecte el riel superior. Saque los tornillos de retención de los marcos verticales en el punto donde se unen con el riel superior. Saque el riel superior con cuidado hacia abajo para evitar averiar las llaves en forma de "L" que unen el riel y los marcos verticales. Para reemplazar el vidrio, sólo necesita desconectar el riel superior.

Instale el empaque de caucho (reemplácelo si el original está averiado) alrededor del borde del vidrio nuevo. En las esquinas, corte apenas parte de empaque que va a doblarse alrededor de la misma. Corte las cuatro esquinas hasta que el panel quede cubierto. Corte el exceso de material de empaque.

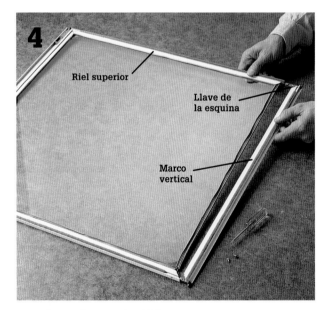

Riel superior

Llave de la esquina

Marco vertical

Introduzca el panel de vidrio al interior de los rieles del marco. Inserte llaves esquineras en el riel superior, y luego las otras puntas de las llaves en los marcos verticales. Presione el riel superior hasta que las esquinas anguladas queden a ras con los marcos verticales. Introduzca los tornillos de retención entre los marcos verticales y a través del riel superior para unir todo el marco. Reinstale el marco en la ventana.

Cómo desmontar y reparar un marco de metal de ventana

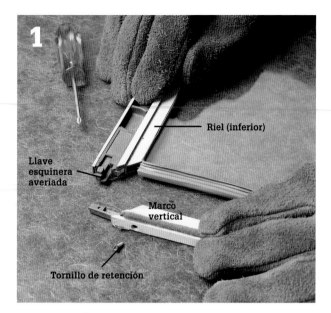

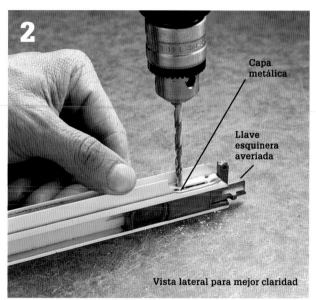

Riel (inferior)

Llave esquinera averiada

Marco vertical

Tornillo de retención

Capa metálica

Llave esquinera averiada

Vista lateral para mejor claridad

Los marcos de ventanas de metal están sujetos por piezas esquineras en forma de "L" que se ajustan en las canales de los marcos. Para desmontar una unión averiada, desconecte el marco vertical y el riel de la unión rota (por lo general hay un tornillo de retención a través del marco vertical y debe ser removido).

Las llaves esquineras están aseguradas a los rieles con capas metálicas que se ajustan contra el metal y sobre la llave. Para remover las llaves, perfore a través del metal en el área de la capa usando una broca del mismo diámetro de la capa metálica. Saque con cuidado las piezas rotas del marco usando un martillo y un destornillador.

Ensamble de la llave de repuesto esquinera

Ensamble de la llave original esquinera

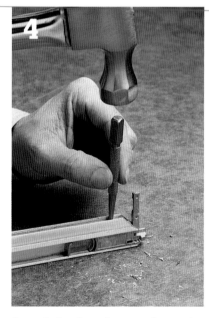

Consiga la pieza de reemplazo igual a la original. Por lo general consta de dos o tres piezas. Hay muchas clases similares y es importante usar la pieza averiada como referencia.

Conecte la pieza de reemplazo en la canal del riel. Use un punzón para clavarla en el metal sobre la llave esquinera creando una nueva capa para sostener la pieza en su lugar.

Inserte el vidrio y el empaque en las canales del marco. Ensamble de nuevo el marco e introduzca los tornillos de retención. En las ventanas con mallas, reemplace la malla.

Consejos para mantener las puertas y ventanas contra tormentas ▸

Reemplace los botones o seguros que no cierran bien las ventanas. Introduzca trozos de madera con pegamento en los huecos de los viejos tornillos antes de introducir los nuevos.

Lubrique los ensambles corredizos de los marcos de metal y mallas de las puertas o ventanas una vez al año. Use un aerosol penetrante.

Reemplace el componente cristalino deteriorado alrededor de los vidrios en los marcos de madera. Una capa nueva de este pegamento hace a la ventana más atractiva y ayuda a ahorrar energía.

Ajuste los cerrojos de las puertas contra tormentas. Si los tornillos no se ajustan bien a la base, suéltelos e inserte un pequeño trozo de madera en el orificio y reinstale los tornillos de nuevo.

Instale una cadena de viento sobre la puerta (si no tiene una). Esto previene que la puerta se abra por completo con el viento y pueda averiar las bisagras o seguros.

Ajuste el mecanismo de cerrado para dejarlo con la tensión adecuada para que la puerta cierre sin golpearse. Estos sistemas tienen tornillos de ajustes en el cilindro en el lado opuesto de las bisagras de conexión de la puerta.

Mantenimiento de las puertas de garajes

Imagínese llegando a su casa en una noche lluviosa. No se siente bien de salud, y cuando llega al frente de la puerta del garaje, oprime un botón, y la puerta se abre de inmediato. Ha llegado a su hogar. No tuvo que bajar del auto, mojarse, o levantar la puerta pesada de metal del garaje. Gracias a una puerta con buen mantenimiento y un control remoto en buenas condiciones, evitó estos y otros contratiempos.

Sin embargo, con el tiempo, muchas cosas buenas requieren de atención antes que creen problemas. La cabecera de una puerta de garaje no es la excepción. Para mantener todo el sistema funcionando a la perfección, se requiere de atención en tres frentes: la puerta, el control remoto, y los sensores electrónicos de seguridad del control. Esto es lo que necesita saber para mantener estos tres elementos en condiciones óptimas.

Herramientas y materiales ▸

Disolventes minerales	Nivel / Pinzas
Lubricante en aerosol para grafito	Mazo de punta suave
	Lubricante penetrante
	Tela absorbente
Empaque protector para la puerta	Llaves ajustables
	Aceite liviano
	Llaves fijas

Un poco de mantenimiento rutinario ayudará a mantener la puerta del garaje siempre en buen estado.

Cómo mantener una puerta de garaje

Comience el mantenimiento lubricando los rieles de la puerta, las poleas y las ruedas. Use un lubricante suave (no grasa) para este tipo de trabajo. La grasa absorbe demasiado polvo y tierra.

Quite las ruedas trabadas o dañadas desajustando los tornillos que las sostienen contra los soportes. La rueda saldrá con el soporte cuando éste es separado.

Los disolventes minerales y el queroseno son muy buenos para limpiar las esferas de las ruedas. Deje las ruedas en el solvente por media hora, luego limpie la mugre acumulada con una brocha vieja o un cepillo de dientes.

(continúa)

4

Si las ruedas están haciendo mucho ruido al moverse sobre los rieles, los rieles posiblemente están fuera de alineación. Revise el nivel y plomo de los rieles, y si no están a nivel, ajuste los soportes.

5

Para ajustar el nivel de los rieles, suelte los soportes de los mismos (por lo general 3 ó 4 por cada riel), y luego colóquelos a nivel.

6

Normalmente es más fácil ajustar los soportes soltando los tornillos un poco y golpeando el riel levemente con un mazo de caucho. Después que el riel esté a plomo, ajuste de nuevo los tornillos.

Algunas veces la barra de seguro de la puerta abre con dificultad porque el resorte de tensión ha perdido fuerza. La única forma de arreglarlo es reemplazar el resorte. Una punta se coloca sobre el cierre y la otra sobre la barra.

Si el cerrojo necesita lubricación, use grafito en aerosol o en polvo. No use aceites porque trabarán la puerta aún más con el polvo.

Alternativa: Algunas veces la barra de cierre no ajusta la puerta porque no se desliza al interior de la abertura en el riel de la puerta. Para arreglar este problema, suelte el soporte de guía que sostiene la barra de cierre y muévalo de arriba a abajo hasta que entre en la abertura.

(continúa)

10

El empaque de caucho debajo de la puerta averiado o gastado puede dejar entrar aire frío al interior del garaje. Revise el empaque a ver si está rajado, roto o tiene huecos. En ese caso quítelo y saque todas las puntillas que lo sostienen.

11

Mida el ancho de la puerta y compre otro empaque igual para reemplazarlo. Puede conseguirlos en almacenes de depósitos para materiales o centros especializados. Algunas veces vienen en juego con los accesorios de instalación incluidos. De lo contrario, clave el empaque en su lugar con puntillas galvanizadas para techo.

12

Si la cadena que opera el sistema de control remoto cuelga más de $1/2$" por debajo del riel, puede hacer mucho ruido al abrir y cerrar la puerta y puede averiar los componentes. Apriete la cadena siguiendo las instrucciones del fabricante.

13

En los sistemas con cadena, lubrique toda la cadena con un aceite liviano. No use grasa. Si el sistema opera con un tornillo, use el mismo tipo de lubricante.

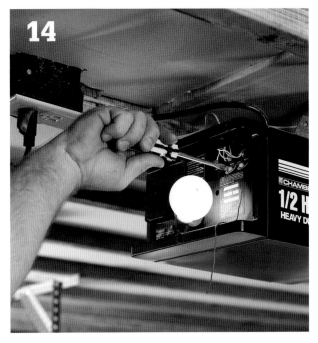

14

Examine la intensidad de cerrado de la puerta y haga los ajustes necesarios en la caja del motor de operación del sistema. Debido a que la sensibilidad y el mecanismo de ajuste varían bastante entre los diferentes modelos, siga las instrucciones del fabricante al pie de la letra. Si no tiene un manual, acuda a la Internet para localizar al fabricante y conseguir esa información.

15

Revise el alineamiento correcto de los sensores cerca del piso. Deben estar apuntando el uno al otro y los lentes deben estar libres de polvo y tierra.

16

Compruebe que los sensores estén comunicándose con el control remoto. Cierre la puerta y coloque la mano entre los dos sensores. Si la puerta se detiene de inmediato y reversa su dirección, está operando correctamente. De lo contrario, haga los ajustes recomendados por las instrucciones del fabricante. Si eso no funciona, contacte un profesional en el ramo y no use la puerta hasta que pase todas las pruebas.

Proteger ventanas y puertas contra los elementos

Las ventanas y puertas no sólo embellecen la apariencia de la vivienda, también son protectores importantes contra los elementos del clima. También crean barreras para ayudar a controlar los costos anuales de energía. Si está consiente del aumento constante de los costos de energía, o del impacto que nuestro consumo tiene en el medio ambiente, considere llevar a cabo una auditoría de energía en la vivienda; lleve a cabo su primer proyecto de protección de puertas y ventanas contra los elementos del clima. Esta es una forma correcta de saber dónde enfocar sus esfuerzos.

La clave para tener unas ventanas y puertas que ahorren energía, es bloquear las entradas de aire. En las ventanas, esto requiere crear un espacio sellado entre los paneles de vidrios externos e internos. Las ventanas modernas de doble o triple panel de vidrio contienen gases inertes en su interior para crear espacios de aire muerto. Puede crear el mismo efecto en ventanas antiguas usando empaques de caucho y una buena ventana contra tormentas, o tiras de plástico instaladas sobre las ventanas para bloquear el movimiento de aire. En las puertas exteriores, considere instalar una puerta contra tormentas. Luego revise que los marcos de las puertas estén bien sellados con tiras de metal o goma de neopreno y con un umbral ajustable. El siguiente capítulo lo familiarizará con los aspectos de protección contra los elementos y el ahorro de energía, y le enseñará cómo instalar los accesorios adecuados para cumplir con este objetivo.

Este capítulo incluye:

- Generalidades sobre ahorro de energía
- Detectar las fugas de energía
- Reemplazar las ventanas contra tormentas

Generalidades sobre ahorro de energía

Sin importar donde viva, en clima frío o caliente, proteger las puertas y ventanas contra los elementos del clima puede transformarse en una ganancia considerable de dinero. Los costos de calefacción y enfriamiento de la vivienda suman más de la mitad de los gastos de energía en la vivienda.

Debido a que la mayoría de proyectos de ahorro de energía son poco costosos, puede recobrar la inversión rápidamente. En algunas regiones (climas), puede recuperar el dinero en sólo una estación.

Si vive en un clima frío, con seguridad ya entiende la importancia de ahorrar energía. El valor de mantener el aire caliente al interior de la casa durante el frío invierno es obvio. Desde el punto de vista de eficiencia, es igualmente importante evitar que el aire caliente entre a la casa durante el verano.

Un proyecto para ahorrar energía es fácil de efectuar porque puede ser llevado a cabo poco a poco según su disponibilidad. En los climas fríos, el mejor momento de realizar estos proyectos es durante el otoño antes que el frío impida trabajar afuera.

Ya sea que su objetivo sea preservar el medio ambiente o ahorrar dinero en las cuentas de los servicios, algunos ajustes sencillos alrededor de la casa le ayudarán a cumplir su propósito.

La mayoría de estos trabajos tienen que ver con ventanas (ver las páginas 262 a 263) porque estas áreas presentan fugas de calor en la mayoría de las casas. Puede considerar las siguientes sugerencias para el exterior de la vivienda:

Antes de comprar una cubierta para la ventana del sótano, mida el punto más ancho de la abertura de la ventana y tenga en cuenta la forma.

Use silicona que empate el exterior de la vivienda y selle el marco de las puertas y ventanas.

Un accesorio de fieltro puede sellar la entrada de corrientes frías aún cuando se tenga un piso disparejo o un umbral bajo.

Disminuya la pérdida de calefacción a través de las ventanas del sótano cubriéndolas con techados de plástico (foto arriba a la izquierda). La mayoría de estas cubiertas tienen una pestaña diseñada para incrustarse debajo de la fachada de la pared. Después de instalarla sobre la fachada, clave la cubierta contra el cimiento con anclajes de concreto y presione contra el piso la pestaña inferior con piedras. Para una mayor protección, selle los bordes con silicona.

Instalar la silicona es sólo cuestión de aplicarla sobre los espacios angostos al interior y exterior de las superficies. También está disponible en pasta removible que puede ser quitada al final de la estación.

Al comprar la silicona, use la mitad de un tubo por cada puerta o ventana, cuatro tubos para un tamaño promedio de un cimiento, y por lo menos uno más para cerrar los espacios alrededor de los tubos de ventilación y otras aberturas.

Aplique silicona alrededor de los marcos exteriores de puertas y ventanas para sellar todos los espacios. Para mejores resultados, use una masilla que empata con el color de la fachada.

Existen muchas clases de siliconas o materiales para la protección contra el clima. Todos son de poco costo y son fáciles de instalar, pero es importante comprar los materiales correctos para el trabajo, o los mejores diseñados para una aplicación específica.

Por lo general, los materiales hechos de metal, o los reforzados con metal, para la protección son más durables que los hechos de plástico, caucho o espuma. Sin embargo estos últimos vienen en gran variedad de calidades. Los mejores productos de caucho son los fabricados con goma de neopreno (utilícelos siempre que estén disponibles).

Un accesorio de fieltro para el borde de la puerta (ver página anterior), se instala en este lugar para detener la entrada de corrientes frías del exterior. Uno de cerdas duras o fieltro son buenos si existen pisos desiguales o un bajo umbral. También puede conseguir modelos de vinilo o caucho.

Las tiras para insertar debajo del umbral se colocan alrededor de la base de la puerta (ver página 240). La mayoría tiene un barrido en el lado interno y un borde en curva en la parte exterior para dirigir el agua lejos del umbral.

El inserto del umbral sella el espacio entre la puerta y el umbral. Son hechos de vinilo o caucho y pueden reemplazarse con facilidad (ver la página 238 a 241).

Las tiras autoadhesivas de espuma (abajo) se pegan a los alféizares y marcos para sellar las corrientes de aire en puertas y ventanas. Las espumas reforzadas tienen una espina de metal que adiciona rigidez en áreas de mucho impacto, como las tiras en el marco para detener las puertas.

Aquí se incluyen algunos productos comunes disponibles para ahorrar energía encontrados en centros de construcción: juego de tira de plástico aislante transparente instalada con calor (A); umbral de aluminio para la puerta con protección insertada (B); una tira de caucho para clavar sobre el marco (C); aerosol de espuma de mínima expansión (D); silicona para puertas y ventanas (E); tira de celda abierta de espuma (F); rollo de espuma de protección de celda cerrada autoadhesiva (G); rollo de tira de latón flexible también llamado acanalado "V" (H).

Detectar las fugas de energía

lgunas de las indicaciones que la vivienda tiene fugas de energía son obvias: corrientes de aire, ventanas nubladas o congeladas, acumulaciones de hielo, separaciones alrededor de las ventanas en las paredes de cimiento, y cuentas altas en los servicios. Sin embargo, es más difícil detectar problemas como el aislante inadecuado en una pared, o la pérdida de aire caliente alrededor de la ventilación del ático. Las siguientes son algunas formas de detectar dónde está perdiendo energía la vivienda.

- Mida la temperatura en diferentes puntos de la habitación. Una discrepancia de más de uno o dos grados indica que el lugar está sellado en forma inadecuada. La solución es cambiar la protección alrededor de las puertas y ventanas (ver página 257).
- Examine las corrientes de aire alrededor de las puertas y ventanas sosteniendo un trozo de papel delgado (de seda) en un día ventoso. Si el papel se ondea, la protección no es adecuada. Otra señal son rayos de luz alrededor de los marcos.
- Lleve a cabo una auditoría de energía. La mayoría de las compañías de servicios le proveerán el material necesario para llevar a cabo la inspección.
- Controle el uso de energía cada año. Si hay un incremento significativo que no puede ser justificado por los cambios en el clima, considere contratar a un profesional para llevar a cabo la inspección.

Las casas por lo general tienen escapes pequeños los cuales colectivamente pueden equivaler a un hueco de 2 pies en la pared. El aire que se filtra a través de estas grietas puede ser responsable por un tercio del total de la pérdida de energía.

La acumulación de hielo o condensación en las ventanas es una muestra de una ineficiente protección o una inadecuada ventana para tormentas.

Las piezas de protección o el aislante pueden estar en deterioro. Otras señales incluyen caída de la espuma o el caucho.

Las inspecciones de energía llevadas a cabo por expertos pueden utilizar una puerta "de soplar" para medir el flujo de aire y detectar filtraciones.

Consejos para proteger las ventanas contra los elementos ▸

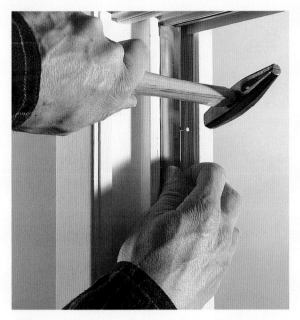

Ventanas corredizas: Inspecciónelas como si fueran estilo guillotina volteadas en ángulo de 90°. Use tiras metálicas protectoras de tensión en lugar de espuma con autoadhesivo para mayor duración. Colóquela sobre la canal de la puerta que se une contra el borde del marco de la puerta cuando está cerrada.

Ventanas con giro: Instale tiras de espuma autoadhesiva o caucho de compresión sobre los bordes exteriores de los marcos que detienen la ventana.

Ventanas contra las tormentas: Construya una barrera ajustada con tiras de espuma de compresión en el exterior de los topes de la ventana contra las tormentas. Después de instalar la ventana, llene los espacios entre el marco exterior de la ventana y la unidad contra tormentas con una tira de espuma (izquierda). Inspeccione la superficie interior de la ventana contra tormentas durante tiempo frío para ver si hay condensación o hielo (página anterior). Si el hielo está atrapado entre la ventana externa y la permanente, perfore uno o dos pequeños agujeros a través del riel inferior (derecha) para permitir el escape de aire húmedo. Ábralos en un ángulo un poco hacia arriba.

Cómo proteger una ventana contra los elementos

1

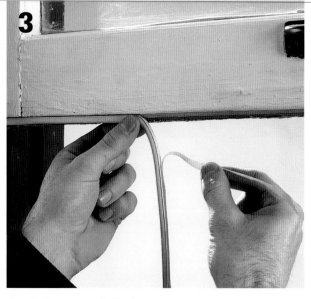

Corte una pieza de metal acanalado "V" para instalarla en las canales del panel. Córtela al menos 2" más larga de la posición cerrada para cada ventana (no cubra los mecanismos de seguro de las ventanas). Instale la pieza acanalada "V" con las tiras de alambre (suministradas por el fabricante) usando un martillo de cabeza pequeña. Clávelas a ras con la superficie para que el marco corredizo no se trabe al pasar.

2

Ensanche la punta de la pieza acanalada "V" con una espátula dejando la canal un poco más ancha que el espacio entre el marco y la canal. Evite abrirla demasiado en un solo intento porque es difícil presionar la pieza junta sin causar algo de comba.

3

Limpie la parte inferior interna del marco de la ventana con un trapo mojado. Déjela secar y luego instale la tira de espuma o de caucho autoadhesiva en ese lugar. Utilice tiras de goma de neopreno huecas de buena calidad, si las puede conseguir. Esto creará un espacio ajustado en la ventana cuando esté cerrada y asegurada.

4

Marco inferior (levantado)

Marco superior (bajado)

Selle el espacio entre el marco superior y el inferior en una ventana estilo guillotina. Levante la pieza inferior y baje la superior para mayor acceso e instale la pieza de metal acanalada "V" sobre el riel inferior del marco superior usando tiras de alambre. *Consejo: La punta abierta de la pieza acanalada debe apuntar hacia abajo para que la humedad no se acumule al interior. Ensanche la canal con una espátula para acomodarlo en el espacio entre el marco.*

Reemplazar las ventanas contra tormentas

A medida que las viejas ventanas removibles contra tormentas se deterioran, muchos consumidores eligen reemplazarlas con versiones modernas combinadas. Diseñadas para montarse permanentemente sobre la ventana existente, estas nuevas ventanas son fáciles de instalar y también son de bajo costo.

La mayoría de estas piezas se instalan sobre los bordes exteriores de los marcos de tope de las ventanas, y en los lados y parte superior de la abertura. La mayoría de las ventanas no tiene un marco inferior de detención. Asegure el riel inferior de la nueva ventana con silicona. Los tamaños más comunes están disponibles en los centros de materiales para construcción. Tome la medida exacta cuando vaya a comprar la ventana. También debe escoger el color y estilo. Si tiene ventanas dobles de estilo guillotina, escoja ventanas de tres marcos para que tenga la opción de abrir el marco superior de la ventana contra tormentas.

Las ventanas contra tormentas de reemplazo se instalan sobre los marcos de tope en la ventana existente. Use las mismas medidas de las piezas antiguas cuando compre las nuevas. De lo contrario, mida el punto más angosto entre los marcos verticales para establecer el ancho, y entre la cabecera y el alféizar (donde se juntan con los bordes frontales de los topes) para encontrar la altura.

Herramientas y materiales ▸

Destornillador
Cinta métrica
Silicona o adhesivo
    para paneles

Taladro
Tornillos
Ventana de reemplazo
    contra tormenta

Cómo instalar una ventana combinada contra tormentas

1

Compre las ventanas de reemplazo a la medida de la abertura. Pruébela antes de instalarla. Aplique una capa de adhesivo para paneles o silicona sobre los bordes exteriores de los topes de la ventana en la parte superior y en los lados.

2

Perfore agujeros guía sobre las pestañas de montura. Sepárelos cada 12" y céntrelos sobre los marcos de tope. Presione la nueva ventana dentro de la abertura centrada entre los topes verticales. El riel inferior debe descansar sobre el alféizar.

3

Clave los tornillos a partir desde la parte superior (use tornillos para metal (#4 × 1"). Compruebe que la ventana esté cuadrada al interior de la abertura y luego clave los tornillos sobre los topes laterales. Aplique silicona a lo largo del riel inferior dejando un espacio de $1/4$" en la mitad como agujero de drenaje.

Consejos para proteger las puertas contra los elementos ▸

La protección contra el clima en las puertas puede a fallar debido a la exposición constante a los elementos. Utilice protección de metal sobre las superficies en la medida que pueda (en especial alrededor de los marcos). Es más durable que los productos autoadhesivos. Si el trabajo requiere de empaques protectores flexibles, use productos de goma de neopreno (no use espuma). Reemplace los viejos umbrales de las puertas (ver las páginas 238 a 241) o los insertos tan pronto como muestren deterioro.

Instale una puerta contra tormentas para contrarrestar las corrientes de aire y ahorrar energía en las puertas de entrada. Instale una puerta con aislante, con bisagras continuas, y con superficie exterior sin uniones.

Ajuste el marco de la puerta para eliminar espacios grandes entre ambas piezas. Quite la moldura interior y clave nuevas estacas entre el marco y la viga en el lado de las bisagras para reducir el tamaño de la abertura. Cierre la puerta y pruébela. Haga los ajustes antes de reinstalar la moldura.

Puertas de patio: Use tiras de caucho de compresión para sellar las canales en los marcos donde las partes movibles se sellan al cerrarse. También instale un juego de tira de plástico (similar al instalado sobre las ventanas) al interior de la puerta.

Puerta de garaje: Instale una nueva barrera de caucho sobre el borde inferior de la puerta si la vieja ya está averiada. Revise los marcos para ver si tienen entradas de corrientes de aire. Instale empaques de protección si es necesario.

Cómo proteger una puerta exterior contra los elementos

Corte dos piezas de metal acanalada "V" de tensión a la medida de la altura total de la abertura de la ventana, y corte otra al ancho. Use tiras de alambre para conectar las tiras a los marcos y cabecera en el lado interior de los marcos de tope. *Consejo: Instale las tiras de arriba hacia abajo para evitar que se broten. Ensanche la tira con una espátula para cubrir los espacios entre los marcos y la puerta cuando se encuentre en posición cerrada (no la ensanche demasiado en un solo intento).*

Adicione tiras de refuerzo de espuma en el lado exterior del marco de tope de la puerta. El empaque debe quedar ajustado cuando la puerta esté cerrada. *Consejo: Clave sujetadores sólo hasta que queden a ras con la superficie de la tira de refuerzo (si los clava demasiado puede averiar y brotar el empaque).*

Consejo ▸

Instale una nueva barrera debajo del borde inferior interior de la puerta (material de fieltro o cerdas duras es más apropiado si el piso está desnivelado). Antes de clavarlo permanentemente, coloque la barrera en la puerta y pruebe la oscilación para comprobar que deja el espacio necesario.

Repare cualquier rajadura en puertas de madera con silicona para madera para bloquear las corrientes de aire. Si la puerta está pintada con tintura, use masilla con tintura y aplíquela desde el interior. Lije el arreglo y píntelo o séllelo.

Apéndice: Preparación

Instalar una nueva puerta o ventana en la vivienda requiere de una preparación cuidadosa al comienzo del proyecto, seguido por un proceso de retoque y acabado al final del trabajo. El proceso de preparación del área de trabajo requiere de inspeccionar instalaciones eléctricas escondidas, plomería o conductos, y localizar las vigas de estructura más cercanas. Determinar los sitios de reubicación o desconectar mecanismos ocultos evitará errores costosos o aún posibles accidentes. Una vez tenga claro qué está oculto detrás de las paredes, puede determinar la localización de la nueva unidad con confianza, y remover la cubierta de la pared para construir la abertura.

Después que la nueva puerta o ventana ha sido colocada en su lugar, deberá reparar el área adyacente (interna y externa) de las cubiertas de las paredes. Luego, el retoque final hará lucir estos elementos como si siempre hubieran estado ubicados en ese sitio.

Este capítulo incluye:

- Preparación de los proyectos
- Paredes que soportan cargas
- Remover puertas y ventanas
- Aplicar silicona
- Remover la cubierta de la pared
- Remover paredes de yeso
- Remover superficies exteriores
- Instalar y acabar cubiertas de pared
- Retoques sobre paredes exteriores

Preparación de los proyectos

Durante el proceso de planear la instalación de una puerta o ventana —u otro proyecto de carpintería— debe considerar y escoger entre numerosos diseños y opciones para la construcción.

Considere contratar expertos en cualquier momento del proyecto si no está seguro de las habilidades requeridas para llevarlo a cabo.

Organice el proyecto en etapas —diseño, planeamiento, permisos (si son requeridos), compras, preparación del área de trabajo, construcción e inspección—. Las etapas cortas le ayudan a trabajar con mejor eficiencia y le permite dividir proyectos grandes en tareas diarias más pequeñas.

Si el proyecto requiere de permisos de los inspectores locales de construcción, no inicie el trabajo hasta que el inspector haya aprobado los planos y haya emitido los permisos necesarios. Las compras son más fáciles después de obtener los permisos requeridos. Haga una lista detallada de los materiales y realice las compras al principio.

Durante la fase de preparación, trate de preservar y reciclar los máximos materiales posibles. Las unidades de puertas y ventanas en buen estado pueden ser usadas en otro lugar o vendidas a centros de materiales de segunda. La mayoría de los materiales básicos, como los viejos marcos de aluminio de las ventanas contra tormentas, son aceptados en los centros de reciclaje.

La mayoría de los trabajos de carpintería comparten las mismas técnicas básicas de preparación, y siguen la misma secuencia. Comience inspeccionando los sistemas mecánicos escondidos en el área de trabajo, y desconecte o reubique las instalaciones eléctricas, de plomería, u otras líneas de servicios. Si no se siente seguro de realizar estas labores, contrate a alguien experto.

Ensaye los tomacorrientes antes de iniciar cualquier demolición de paredes, cielo raso o pisos. Remueva todos los desperdicios del área de trabajo, y haga lo mismo con los materiales de sobra cuando haya empezado la construcción. En trabajos de gran envergadura, considere alquilar un contenedor para la basura.

Herramientas y materiales ▸

Destornilladores	Localizador electrónico
Escoba / Trapos y lonas	de vigas
Barra de palanca	Alicates acanalados
Contenedores para	Puntillas de acabado
la basura	Cinta para enmascarar
Probador de circuitos	Papel de construcción
de neón	Contrachapado

Cómo preparar el área de trabajo

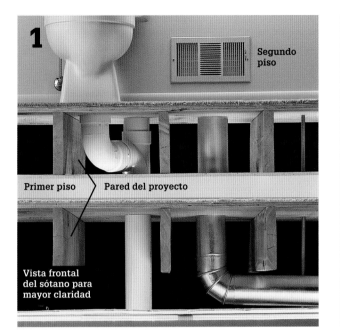

Compruebe si existen líneas de plomería, de ventilación o gas antes de cortar una pared para crear la abertura para una puerta o ventana. Determine la localización de estos elementos, examine el área arriba y abajo de la pared del proyecto. En muchos casos estas tuberías corren a lo largo de las paredes verticales entre los pisos.

Desconecte el suministro de electricidad antes de cortar las paredes. Establezca la ruta de los cables hacia el tomacorriente afuera del área de corte, luego corte la electricidad y desconecte los cables al interior del área de corte. Conecte la electricidad de nuevo y pruebe la corriente con un probador de circuitos antes de cortar las paredes.

Ubique las vigas con un localizador electrónico o golpeando las paredes hasta sentir un punto sólido. Compruebe la ubicación clavando puntillas a través de la pared. Después de encontrar el centro de la viga, mida más de 16" para ubicar la viga contigua.

Saque el mugre a través de una ventana. Use una carretilla para acelerar el trabajo de demolición. Use láminas de contrachapado para cubrir plantas y arbustos al lado de las puertas y ventanas. Cubra las áreas adyacentes con tiras de plástico o lonas para simplificar la limpieza.

Paredes que soportan cargas

Si el proyecto requiere de remover más de una viga en una pared que soporta carga, necesitará construir soportes provisionales mientras crea el enmarcado. La técnica para construir este tipo de soportes varía dependiendo de la estructura de la vivienda.

Remover las paredes internas que acarrean peso requiere de un soporte provisional en ambos lados de la pared. Para crear soportes provisionales en plataformas de enmarcado use gatos hidráulicos o una pared de soporte temporal. El método de la pared de soporte es mejor si los soportes deben permanecer en pie por más de un día.

Para construir soportes provisionales para enmarcados salientes, vea abajo y en la página 271. El proyecto presentado requiere de trabajar en una pared exterior en el primer piso de una vivienda con enmarcado saliente. Consulte un experto si quiere alterar la pared de carga interior, o una pared exterior en el piso superior de una vivienda con enmarcado saliente. Contrate un experto para quitar cualquier pared de más de 12 pies de largo.

Herramientas y materiales ▸

Cinta métrica	Maderos de 2 × 4
Nivel / Martillo	Tornillos de cabeza
Sierra circular	cuadrada de 3 y 4",
Llave de trinquete	y para pared de 2"
Taladro y broca plana	Puntillas 10d
Gatos hidráulicos	Tela de paño

Los soportes provisionales para una plataforma enmarcada en una casa deben sostener las vigas del cielo raso debido a que dicha plataforma sostiene el peso de los pisos superiores. El enmarcado de la plataforma puede ser identificada con la placa principal donde se clavan las vigas de la pared.

Los soportes provisionales para enmarcados salientes en una casa sostienen las vigas de las paredes que soportan el peso superior. La cabecera del soporte provisional es anclada a las vigas de la pared en la parte superior de la abertura en construcción y soportada por las vigas de la pared y los refuerzos adyacentes al borde de la abertura. El enmarcado saliente puede identificarse por vigas largas de pared que pasan sin cortarse a través del piso hasta la placa del alféizar que descansa sobre el cimiento.

Cómo sostener el enmarcado de una plataforma con gatos hidráulicos (Vigas perpendiculares a la pared)

1

Mida el ancho de la abertura a construir y agregue 4 pies para que el soporte provisional se extienda más allá de la abertura. Corte tres maderos de 2 × 4 a esa medida. Clave dos de esos maderos juntos con puntillas 10d para crear la placa superior. El otro madero se utilizará como base. Coloque el madero de 2 × 4 en el piso a 3 pies de la pared centrado en la abertura a construir.

2

Ubique los gatos hidráulicos sobre el madero a 2 pies de distancia de las puntas. Use tres gatos si la abertura tiene más de 8 pies de ancho. Construya un poste para cada gato clavando juntos dos maderos de 2 × 4. Deben ser más o menos 4" más cortos que la distancia entre la parte superior de los gatos y el cielo raso. Clave los postes a la placa superior a 2 pies de las puntas con tornillos clavados al interior de la superficie de la madera.

3

Dirección
de las vigas

Cubra la parte superior de la placa con una tela gruesa para proteger el cielo raso de marcas y raspaduras. Levante la estructura de soporte sobre los gatos hidráulicos.

4

Ajuste la estructura de soporte dejando los postes perfectamente a plomo. Levante los gatos hasta que la placa superior comience a levantar el cielo raso. No la levante demasiado porque puede averiar el piso o el cielo raso.

Cómo sostener el enmarcado de una plataforma con una pared con vigas provisionales (Vigas perpendiculares a la pared)

Construya una pared de soporte con maderos de 4 cuatro pies más ancha que el tamaño de la abertura, y $1^3/4$" más corta que la distancia del piso al cielo raso.

Levante la estructura y colóquela a 3 pies de distancia de la pared. Céntrela en la abertura a construir.

Coloque un madero de 2 × 4 entre la parte superior de la estructura y el cielo raso. Compruebe que la estructura esté a plomo. Clave estacas debajo de la placa superior cada 12" de intervalo hasta que la pared quede ajustada en su lugar.

Cómo sostener el enmarcado de una plataforma con gatos hidráulicos (Vigas paralelas a la pared)

Siga las direcciones de la página 269, excepto: Construya dos soportes cruzados de 4 pies de largo con un par de maderos de 2 × 4 clavados juntos. Clave los soportes en cruz a la placa doble a un pie de las puntas con tornillos incrustados más allá de la superficie.

Coloque la placa de base de 2 × 4 sobre la viga del piso, y luego los gatos sobre la placa. Para cada gato, construya un poste 8" más corto que la distancia del gato hasta el cielo raso. Clave los postes a la placa superior a 2 pies de distancia de las puntas. Cubra los soportes con una tela y coloque la estructura sobre los gatos.

Ajuste la estructura de soporte dejando los postes perfectamente a plomo. Suba los gatos hasta que los soportes en cruz comiencen a levantar el cielo raso. No lo levante mucho porque puede averiar el cielo raso o el piso.

Cómo sostener un enmarcado saliente

Remueva las superficies alrededor de la abertura a construir desde el piso hasta el cielo raso. Construya un soporte provisional de cabecera con un madero de 2 × 8. Debe ser al menos 20" más largo en cada lado el borde de la abertura. Centre la cabecera entre las vigas de la pared a ras con el cielo raso. Clávelo en su lugar con tornillos de 2".

Corte dos maderos de 2 × 4 para colocarlos en forma ajustada entre la cabecera y el piso. Colóquelos debajo de las puntas de la cabecera y clávelos con puntillas 10d y placas de clavado.

Perfore dos agujeros de $3/16$" en la cabecera al interior de cada viga de la pared. Asegure la cabecera con tornillos de cabeza cuadrada de $3/8 × 4$".

Introduzca estacas por debajo de cada soporte para ayudar a sostener la estructura.

Remover puertas y ventanas

Si el proyecto requiere de remover las puertas y ventanas viejas, no inicie el trabajo hasta que todo el proceso de preparación haya sido terminado y las superficies de la pared interior y los marcos hayan sido removidos. Deberá cerrar las aberturas de la pared lo más pronto posible, y por lo tanto deberá tener todas las herramientas necesarias, la madera de enmarcado, y las nuevas puertas o ventanas listas antes de iniciar los pasos finales de la demolición. Prepárese para finalizar el trabajo lo más rápido posible.

Las puertas y ventanas son removidas siguiendo los mismos pasos. En muchos casos las unidades viejas pueden salvarse para ser vendidas o usadas posteriormente. Tenga cuidado en el momento de removerlas.

Herramientas y materiales ▸

Navaja	Sierra recíproca
Barra de palanca	Contrachapado
Destornillador	Cinta para enmascarar
Martillo	Tornillos

Utilice cinta para enmascarar para evitar que las ventanas se destrocen

Remover las puertas o ventanas conlleva un proceso similar y es más fácil si tiene ayuda. Tenga cuidado al remover ventanas grandes o puertas de patios porque son muy pesadas.

Cómo remover puertas

Utilice una barra y un martillo para remover con cuidado la moldura interior. Guárdelo para utilizarlo después de instalar la nueva puerta.

Corte la vieja silicona entre la pared exterior y la moldura del marco de la puerta usando una navaja.

Utilice una barra de palanca o un martillo para quitar las puntillas que aseguran la moldura contra los marcos. Corte las puntillas que no puede sacar con una sierra recíproca (ver paso 2 abajo). Saque la puerta de la abertura.

Cómo remover ventanas

Utilice una barra para quitar con cuidado la moldura interior alrededor de la ventana. En el caso de ventanas dobles estilo guillotina con pesas en los marcos, remueva las pesas cortando los cordones y sacándolas de los compartimientos ubicados cerca del fondo de los marcos laterales.

Corte las puntillas internas sosteniendo la ventana contra el marco. Use una sierra recíproca. Cubra la ventana con cinta para enmascarar para evitar que se destroce. Saque la unidad de la abertura.

Pestaña de clavado

Variación: En el caso de puertas o ventanas clavadas sobre pestañas, corte o quite el material de la fachada con una barra y luego saque las puntillas que sostienen la unidad. Ver las páginas 282 a 284 para mayor información de cómo remover la fachada.

Aplicar silicona

Después de haber reparado la superficie exterior alrededor de la nueva puerta o ventana, el último paso es aplicar una capa de silicona para sellar los espacios en las uniones. La silicona evitará que la humedad penetre al interior de la fachada y deteriore las vigas, enmarcado o materiales aislantes. También protege contra los insectos.

Aplicar silicona no es nada difícil, pero si requiere de práctica. El secreto es abolir la tendencia a aplicar demasiada masilla porque crea rápidamente un problema que se transforma en una limpieza tediosa. El objetivo es aplicar una capa lo suficientemente gruesa para cubrir el espacio entre ambos lados de la unión. Además, deberá aplicar el material con precisión para que requiera un mínimo —o ningún— retoque una vez aplicado.

En el proceso de preparación, corte la punta del tubo a 45° para crear un agujero no más grande de $1/4$". Introduzca una puntilla al interior del hueco para romper la cubierta interior y darle paso a la silicona. Luego cargue con el tubo la pistola de aplicación. Empuje el émbolo de la pistola hacia adelante hasta hacer contacto con la base trasera del tubo. Gire el lado angulado del émbolo para conectar los dientes con el gatillo de la pistola.

Oprima el gatillo varias veces hasta que la silicona comience a fluir. Presione la punta contra la unión y muévala lentamente a medida que oprime el gatillo de la pistola para crear una capa pareja, suave y continua. Cuando desee detener el flujo, gire la punta del tubo hacia abajo para soltarlo.

Si se comienza a acumular exceso de silicona alrededor de la punta del tubo, deténgase y límpiela antes de continuar de nuevo. Trate de mantener el área de la punta del tubo limpia a medida que trabaja para mantener una capa uniforme.

Herramientas y materiales ▸

Espátula
Navaja
Pistola para silicona
Silicona

Brocha para pintar
Sellador
Pintura

Las pistolas para silicona son usadas para aplicar una variedad de productos caseros, no sólo silicona. Las pistolas son un poco difíciles de usar al principio, pero con práctica podrá manejarlas con facilidad.

Existen muchas clases de silicona, pero el mejor tipo para las puertas y ventanas es la silicona acrílica. El material es flexible y de fácil limpieza con agua y jabón.

Cómo aplicar silicona en una puerta o ventana

Antes de aplicar la silicona es buena idea aplicar sellador para uso exterior sobre la unión. Esto es de importancia especialmente cuando aplique silicona sobre molduras en ladrillos nuevos o ventanas con marcos de madera.

Después que el sellador haya secado aplique la silicona en la unión y suavice la capa con la punta del dedo o con una espátula.

Finalice el trabajo aplicando dos capas de pintura con una brocha. Antes de pintarla, deje secar la silicona según las instrucciones del fabricante.

Remover la cubierta de la pared

Deberá remover la superficie de la pared interior antes de iniciar el trabajo de enmarcado en la mayoría de los casos cuando desee cambiar puertas o ventanas. Casi siempre el material a remover es la cubierta de la pared, y el proceso de demolición de una sección es sucio, pero no difícil. Antes de empezar corte la electricidad e inspeccione la pared en busca de instalaciones eléctricas o de plomería.

Remueva material suficiente para facilitar la instalación del nuevo enmarcado. Cuando construya un enmarcado para puertas o ventanas remueva la superficie de la pared desde el piso hasta el cielo raso y hasta las primeras vigas en ambos lados de la abertura a construir.

Nota: Si las paredes están cubiertas con paneles de madera, quite las piezas sin averiarlas si desea usarlas de nuevo. Puede ser difícil encontrar nuevos paneles que empaten con los ya instalados.

Herramientas y materiales ▸

Destornilladores
Cinta métrica
Lápiz
Localizador de vigas
Cuerda con tiza
Navaja

Barra de palanca
Sierra circular
  con disco para
  demolición
Martillo
Gafas protectoras

Consejo ▸

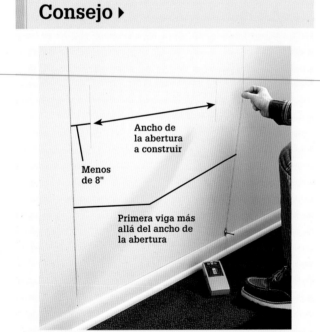

Si la abertura está a menos de 8" de la viga siguiente, no tendrá espacio para instalar una viga adicional. Use una cuerda con tiza para marcar la línea de corte en el centro de la viga de la pared. La porción expuesta de la viga creará la superficie necesaria para clavar la nueva pared cuando haya terminado el trabajo.

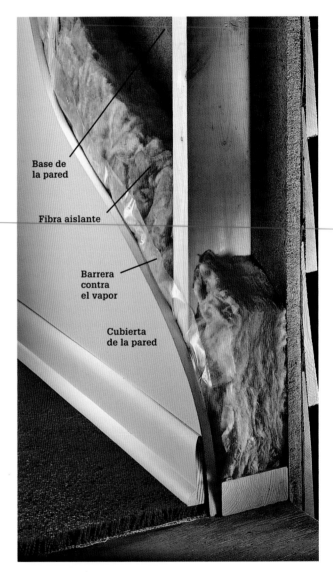

Antes de remover la cubierta de la pared exterior, examine esta imagen para familiarizarse con los componentes que normalmente forman la pared.

Cómo remover una cubierta de pared

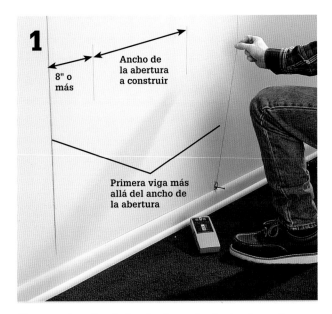

1

Ancho de
la abertura
a construir

8" o
más

Primera viga más
allá del ancho de
la abertura

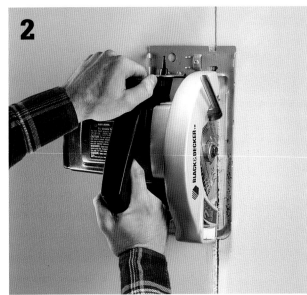

2

Marque el ancho de la abertura y localice la primera viga a cada lado de la misma. Si la abertura pasa más de 8" de la siguiente viga, use una cuerda con tiza para marcar una línea de corte sobre el borde interior de la viga. Durante el enmarcado se instalará una viga adicional para dar superficie de soporte para clavar la nueva pared.

Remueva las molduras sobre la base y prepare el área de trabajo (ver las páginas 266 a 267). Haga un corte a $1/2$" de profundidad desde el piso hasta el cielo raso a lo largo de las líneas de corte. Use una sierra circular. Use una navaja para finalizar los cortes en ambos extremos y para cortar la pared donde se une con el cielo raso.

3

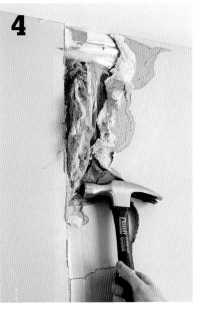

4

5

Introduzca la punta de una barra en el corte cerca de una de las esquinas de la abertura. Haga palanca hasta que rompa la cubierta de la pared. Saque los pedazos rotos. No averíe la pared fuera del área de la abertura.

Continúe quitando la cubierta a medida que golpea la superficie con el lado de un martillo. Quite los pedazos con la barra o las manos.

Use una barra para sacar las puntillas y tornillos, o cualquier otro elemento de clavado, de las vigas. Quite también la barrera contra el vapor y el material aislante.

Remover paredes de yeso

Quitar las paredes de yeso es un trabajo que crea mucho polvo, por lo tanto siempre debe usar gafas de protección y máscaras contra el polvo durante la demolición. Use tiras de plástico para cubrir los muebles y para bloquear espacios abiertos. Este tipo de material es muy quebradizo y debe trabajar con cuidado para evitar rajar el yeso en áreas que no van a ser removidas.

Si el espacio que se va a quitar cubre casi toda la pared, considere remover toda la superficie. Reemplazar toda la superficie con una lámina nueva de yeso es más fácil y da mejores resultados que tratar de reparar alrededor del área del proyecto.

Herramientas y materiales ▸

Regla derecha
Lápiz / Navaja
Cuerda con tiza
Barra de palanca
Máscara
   de protección
Martillo

Tijeras para latón
Guantes de trabajo
Sierra recíproca
   o de vaivén
Gafas protectoras
Cinta para enmascarar
Maderos de 2 × 4

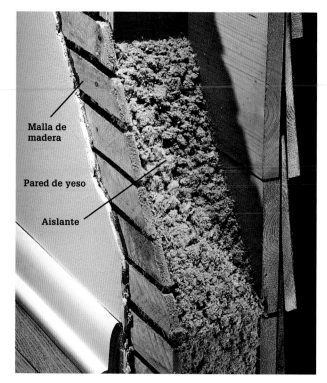

Malla de madera

Pared de yeso

Aislante

Antes de remover la pared exterior de yeso, examine esta imagen para familiarizarse con los componentes que normalmente forman la pared.

Cómo remover una pared de yeso

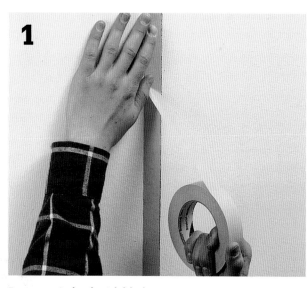

Desconecte la electricidad e inspeccione si hay cables o tubería. Marque el área a remover. Coloque dobles capas de cinta para enmascarar a lo largo de borde exterior de cada línea de corte.

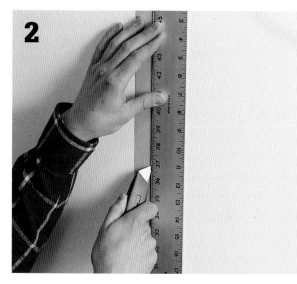

Corte varias veces con una navaja a lo largo de todas las líneas de corte. Utilice una regla como guía hasta que los cortes queden al menos $\frac{1}{8}$" de profundidad.

3

Comience en la parte de arriba de la pared, en el centro de la abertura a construir. Rompa el yeso golpeando la pared levemente con el lado del martillo. Corte el yeso desde el piso hasta el techo a 3" de la línea de corte.

4

Rompa el yeso sobre los bordes sosteniendo un trozo de madera de 2 × 4 un poco adentro de la línea de corte. Golpéelo con el martillo. Use una barra para quitar el resto del yeso.

5

Corte la malla a lo largo de los bordes del yeso utilizando una sierra circular o una de vaivén.

Malla de metal

Variación: Si la pared tiene una malla de metal sobre la de madera, use tijeras para cortar latón para cortar los bordes de la malla. Presione los bordes salidos de la malla contra la viga de la pared. Estas puntas son muy cortantes y debe usar guantes para hacer el corte.

6

Remueva la malla de las vigas con una barra de palanca. Saque todas las puntillas y quite la protección contra el vapor y la fibra aislante.

Remover superficies exteriores

Todas las superficies de las paredes exteriores deben ser removidas cuando se crea una abertura o se agranda el espacio para una puerta o ventana. Determine cuál es el mejor método a utilizar de acuerdo a la superficie exterior existente y al tipo de puerta o ventana a instalar.

La fachada de madera puede ser removida en una sola pieza o en varias partes para exponer el área de construcción de la abertura. En el caso de unidades con molduras, puede ubicarlas provisionalmente en su lugar, hacer la marca de la moldura sobre la fachada de madera, y luego cortarla exactamente para que quepa alrededor de la moldura. Este método es mostrado en las páginas 58 y 59.

Una alternativa es remover la moldura de la puerta o ventana, luego cortar la fachada a ras con el marco de la abertura. Después de instalar la unidad, coloque la moldura parcialmente en su lugar alrededor de la fachada. Corte la fachada y luego conecte permanentemente la moldura a todo el marco. Use este método para instalar ventanas con pestañas de clavado, pero debe remover la suficiente fachada durante el corte inicial para dar campo a las pestañas (ver las páginas 55 a 57).

En el caso de fachadas de vinilo o metal, es mejor remover piezas completas de la fachada para exponer la abertura, y luego cortarlas a la medida después que la

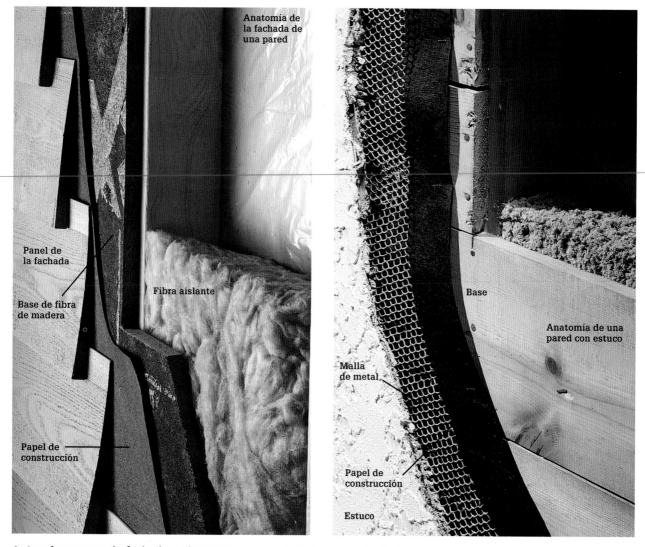

Anatomía de la fachada de una pared

Panel de la fachada

Base de fibra de madera

Fibra aislante

Papel de construcción

Anatomía de una pared con estuco

Base

Malla de metal

Papel de construcción

Estuco

Antes de remover la fachada o el estuco, examine estas imágenes para familiarizarse con los componentes que normalmente forman la pared.

unidad y la moldura han sido instaladas. Tenga en cuenta que las fachadas de vinilo y metal normalmente requieren molduras especiales alrededor de las aberturas. Consulte con el fabricante de la fachada antes de hacer cualquier corte y para estar seguro que todas las piezas necesarias están disponibles.

Las superficies de estuco pueden ser cortadas para que las molduras descansen sobre la superficie de la pared y haga contacto con la base. También puede usar anclajes de metal para concreto (ver la página 57) e instalar la unidad con la moldura sobre el estuco.

Si va a instalar puertas o ventanas en una nueva abertura enmarcada, no quite la superficie exterior hasta que complete el enmarcado.

Herramientas y materiales ▶

Grapadora	Sierra circular
Barra plana	y recíproca
de palanca	Disco para
Accesorio para	cortar concreto
separar la fachada	Broca para concreto
de metal	Tijeras para cortar latón
Taladro	Papel de construcción
Cuerda con tiza	Puntillas
Martillo y cincel	Madero de 1 × 4

Pestaña de clavado

Moldura de la unidad

La moldura por lo general viene pre-instalada en las puertas y ventanas. Para removerla, use una barra de palanca a lo largo del marco exterior para evitar averiar partes expuestas en los marcos y moldura.

La pestaña de clavado permite anclar la mayoría de las ventanas de vinilo. Después de la instalación, las pestañas se cubren con molduras, maderos para uso exterior 1×, o moldura acanalada para fachadas de vinilo o metal.

Corte de la foto mostrado
para mayor claridad

Para remover una pieza de madera de la fachada comience quitando con una barra de palanca la pieza superior cerca del lugar de las puntillas. Saque la pieza superior hacia abajo con un martillo para exponer las puntillas. Inserte separadores entre la fachada y la base para facilitar el trabajo. Use una sierra para cortar metal o un cincel para cortar las puntillas que no puede sacar.

Las piezas de la fachada de vinilo y metal tienen una canal de seguro en forma de "J" que se ajusta sobre la tira de clavado de la pieza inferior. Use un accesorio para separar los paneles (foto anexa). Insértelo en la tira de traslapo más cercana al área a remover sobre la canal "J", halándola hacia afuera un poco para desconectar la unión del panel inferior. Saque las puntillas del panel y empújelo hacia abajo para desconectarlo.

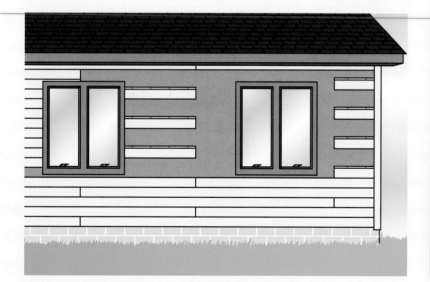

Remueva piezas completas de la fachada para exponer el área de la abertura de la puerta o ventana. Los paneles de la fachada son instalados en orden intercalado para que las uniones entre hileras sucesivas no coincidan. Numere las piezas a medida que las remueve para facilitar su reinstalación.

Instale parches de papel de construcción después de remover la fachada. Suelte el papel arriba del parche, introduzca la parte superior del parche por debajo y clávelo con grapas. Use cemento para techos para cubrir huecos pequeños o reparar roturas.

Cómo construir una abertura en una fachada de madera

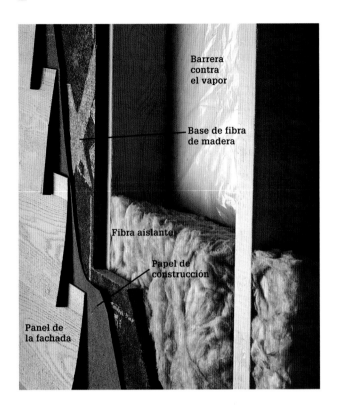

Barrera
contra
el vapor

Base de fibra
de madera

Fibra aislante

Papel de
construcción

Panel de
la fachada

Consejo ▸

Siempre corte la electricidad y reubique las líneas de servicios, remueva las superficies interiores y enmarque la nueva abertura antes de remover la superficie exterior. Para proteger las cavidades de la pared contra la humedad, cubra la nueva abertura apenas remueva la vieja fachada.

Herramientas y materiales ▸

Taladro con broca de 8" y $^3/_{16}$" de giro
Martillo
Cinta métrica
Cuerda con tiza
Sierra recíproca

Sierra circular con disco para remodelar
Gafas protectoras
Puntillas con recubrimiento 8d
Madero de 1 × 4

1

Abra orificios con un taladro en las esquinas de la abertura enmarcada al interior de la casa. Clave puntillas con recubrimiento en los huecos para marcar la ubicación. Para ventanas en curva, abra huecos alrededor de la curva (ver las páginas 58 y 59).

2

Mida la distancia entre las puntillas afuera de la casa para comprobar que las medidas son correctas. Marque las líneas de corte con una cuerda con tiza conectada entre las puntillas. Clave las puntillas contra la pared.

3

Clave un madero derecho de 1 × 4 en el borde interno de la línea derecha del corte. Clave la cabeza de las puntillas con un punzón para evitar raspar la base de la sierra. Establezca la profundidad del disco para cortar la fachada y la base de la pared.

(continued)

Descanse la sierra sobre el madero de 1 × 4 y corte sobre la marca usando el madero como guía. Detenga el corte como a 1" de las esquinas para no averiar las vigas.

Reubique el madero de 1 × 4 y haga los cortes derechos restantes. Clave puntillas a 1½" del borde interior del madero. La fachada debajo de esa área será removida para dar espacio a las molduras de la puerta o ventana.

Variación: En el caso de ventanas redondas, haga los cortes en curva con una sierra recíproca o de vaivén. Haga el corte lentamente para un buen acabado. Dibuje la marca redonda con una plantilla (ver la página 58).

Complete el corte en las esquinas con una sierra recíproca o de vaivén. No debe cortar más allá de las marcas esquineras y sostenga la sierra con ambas manos mientras hace el corte.

Remueva la sección cortada. Si lo desea, puede remover las piezas de la base y usarlas en el futuro.

Cómo construir una abertura en estuco

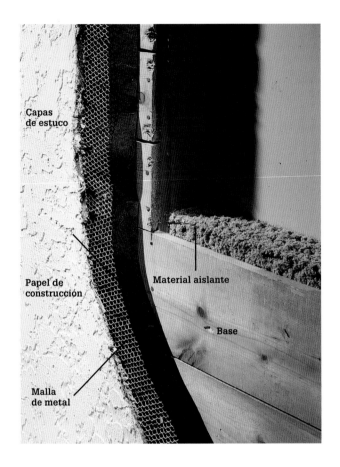

Capas de estuco

Papel de construcción

Malla de metal

Material aislante

Base

Herramientas y materiales ▸

Taladro con broca de 8" y $^3/_{16}$" de giro, y brocas para concreto

Cinta métrica

Cuerda con tiza

Martillo para concreto

Gafas protectoras y tapones para oídos

Compás

Cierra circular con disco para concreto y para remodelar

Cinceles

Barra de palanca

Tijeras para cortar latón

Puntillas con recubrimiento 8d

Abra orificios en las esquinas de la abertura enmarcada al interior de la casa. Use una broca de giro para perforar la base y luego una para concreto para terminar los huecos. Clave puntillas con recubrimiento a través de los huecos para marcar su ubicación.

En la pared exterior, mida la distancia entre las puntillas para comprobar que las medidas son correctas. Trace las líneas de corte entre las puntillas con una cuerda con tiza.

(continúa)

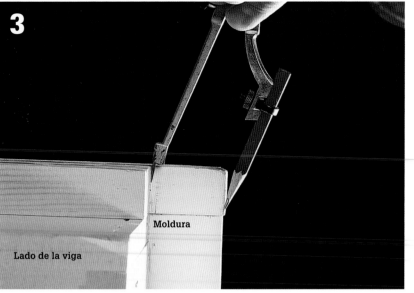

3

Moldura

Lado de la viga

Use un compás para igualar la distancia entre el lado de las vigas y el borde de la moldura en la puerta o ventana.

4

Perfore las esquinas y haga las marcas de corte con una cuerda con tiza. Mida desde la línea con tiza la misma distancia del ancho de la moldura de la puerta o ventana. Marque la segunda serie de líneas afuera de las marcas (la margen agregada permitirá que la moldura se ajuste contra la base de la pared). Haga un corte sobre las líneas externas en la superficie de estuco usando un cincel y martillo. Los cortes deben ser de por lo menos $1/8$" de profundidad.

5

Haga cortes derechos con una sierra circular con disco para cortar concreto. Haga varios cortes progresivamente hasta que el disco apenas corte la malla de metal (va a crear chispas). Detenga el corte al llegar a las esquinas para evitar averiar el estuco más allá de la línea de corte. Complete los cortes con un cincel y martillo.

Variación: En el caso de ventanas curvas, haga las marcas sobre el estuco con una plantilla como guía (ver la página 58), y abra una serie de agujeros sobre la marca con una broca para concreto. Complete el corte con un cincel y martillo.

6

Rompa el estuco con un martillo para concreto o un mazo. Exponga la malla de metal. Use tijeras para cortar latón para cortar la malla alrededor de la abertura. Use una barra para remover la malla y el estuco restante.

7

Marque la abertura sobre la base usando una regla derecha como guía. Corte a lo largo de la marca interior sobre las vigas con una sierra circular o una recíproca. Remueva la parte cortada de la base.

Instalar y acabar cubiertas de pared

Use los paneles de cubierta para terminar paredes nuevas y para remendar las áreas expuestas durante la instalación de puertas o ventanas.

Las aberturas en paredes de yeso por lo general pueden ser reparadas con paneles, pero si necesita empatar la textura del yeso, es recomendable contratar a un experto para terminar el trabajo.

Los paneles para las paredes están disponibles en tamaños de 4 × 8 pies ó 4 × 10 pies, y con un espesor de $\frac{3}{8}$", $\frac{1}{2}$" y $\frac{5}{8}$". Las nuevas paredes tienen un espesor estándar de $\frac{1}{2}$".

Utilice un componente para todo uso y cinta de papel para unir los paneles. Instálelos de tal manera que las uniones queden en el centro de las aberturas (no en los costados), o use piezas sólidas en las aberturas. Instale todas las cavidades del enmarcado alrededor de cada abertura.

Consejo ▶

Marque con una navaja el papel de la cara frontal del panel. Use una escuadra como guía. Doble el panel hacia afuera sobre la marca hasta que se rompa. Haga el corte sobre la parte trasera (foto anexa) y separe las piezas.

Herramientas y materiales ▶

Cinta métrica	Espátulas para paneles (6, 12")	Tornillos de rosca burda para pared de 1¼"
Navaja	Esponja para lijar #150	
Escuadra	Panel para la pared	Componente para unir paneles
	Cinta para panel	Esquinas de metal para paneles

Cómo instalar y acabar una cubierta de pared

Instale los paneles unidos en los bordes en curva. Clávelos con tornillos de 1¼" separados cada 8" alrededor de los bordes y a 12" en el interior. Clave los tornillos lo suficiente hasta que brote la superficie del panel pero sin romper el papel de cubierta (foto anexa).

Termine las uniones aplicando una capa pareja de componente de más o menos ⅛" de espesor. Use una espátula de 6" con borde redondo.

3

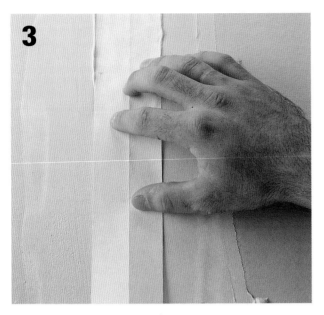

Centre la cinta sobre la unión y presiónela suavemente al interior del componente. Debe quedar lisa y derecha.

4

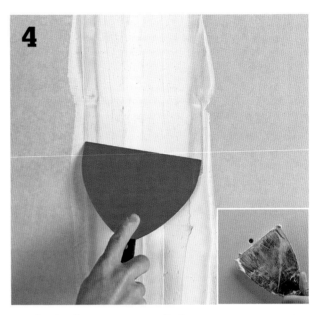

Suavice la cinta con una espátula. Aplique suficiente presión para forzar el componente hacia afuera por debajo de la cinta. Deje la cinta plana con apenas una capa delgada de componente por debajo. Cubra la cabeza de los tornillos con las primeras tres capas (foto anexa). Deje secar el componente toda la noche.

5

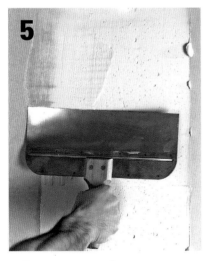

Aplique una segunda capa delgada de componente sobre las uniones con una espátula de 12". Suavice los extremos primero sosteniendo la espátula casi plana y aplicando presión hacia afuera para que el centro de la espátula apenas pase sobre la unión.

6

Después de suavizar ambos lados haga una pasada sobre el centro de la unión dejándola lisa y pareja. Los bordes deben quedar prácticamente sin componente. Cubra por completo la cinta. Deje secar la segunda capa y luego aplique la tercera con la espátula de 12". Después que la tercera capa se haya secado por completo, lije el componente levemente con una lija para pared, o con una esponja de lija #150.

Consejo ▶

Finalice las esquinas interiores con capas de esquinas de metal para paneles para crear bordes durables y derechos. Cubra las esquinas con una tercera capa de componente, luego emparéjelas con la espátula. Aplique dos capas de acabado sobre las esquinas y lije el componente suavemente.

Retoques sobre paredes exteriores

Muchos proyectos de remodelación incluyen en algún momento la reparación o remiendo de superficies de paredes exteriores, y la clave para una buena labor es la continuación del trabajo original. De esa manera podrá determinar cuál es el mejor método de instalación para asegurar que todos los reparos armonizan con las áreas adyacentes.

Para hacer un arreglo sobre la fachada, use un patrón intercalado para evitar que las uniones verticales queden alineadas de una hilera a otra. Si instaló una puerta o ventana en una abertura existente, es posible que tenga que remover algunas piezas de la fachada antes de hacer los arreglos para mantener el patrón intercalado de la instalación.

La fachada de madera por lo general es fácil de mezclar con nuevos materiales. Las superficies de vinilo o metal pueden ser más difíciles de mezclar. En este caso se recomienda consultar los fabricantes antes de hacer cualquier cambio sobre la superficie. También es importante tener las piezas correctas de molduras para asegurar que el remiendo es correcto y crea una buena barrera contra la humedad.

Las puertas y ventanas con pestañas de clavado deben cubrirse con molduras de metal o madera (vendidas por separado). Después de instalar la ventana, sostenga las molduras juntas, luego marque una línea alrededor de ellas sobre la fachada. Corte la fachada a la medida.

Herramientas y materiales ▸

Sierra circular / Llana	Fachada
Barra de palanca	Puntillas 6d
Tijeras (cortar latón)	Silicona para pintarse
Herramienta	Mezcla de estuco,
para raspar	tintura (opcional)
Escobilla de mano	Botella para atomizar
Base de pared exterior	Malla de metal de
Papel de construcción	auto-separación

Consejos para instalar fachadas de vinilo ▸

Corte la fachada de vinilo con una sierra circular, con tijeras para latón, o con una navaja. Monte un disco de dientes finos en la sierra, e instale el disco en dirección opuesta con los dientes hacia abajo. Haga los cortes lentamente siguiendo las técnicas estándar. *Nota: No corte otro material fuera de la fachada de vinilo. Cuando haga la marca con una navaja, use una escuadra como guía y parta la pieza a lo largo de la misma.*

Instale los paneles en la fachada para que se expandan y encojan con los cambios de temperatura. Si es necesario, asegure el borde inferior debajo de la tira de clavado con una herramienta especial (la página 282). Sostenga el panel en forma plana sin halarlo hacia arriba y clávelo en el centro de los agujeros sobre la tira de conexión dejando más o menos $1/32$" de espacio entre la cabeza de la puntilla y el panel. Conecte primero el medio del panel y separe las puntillas según las instrucciones del fabricante.

Cómo reparar una fachada de madera

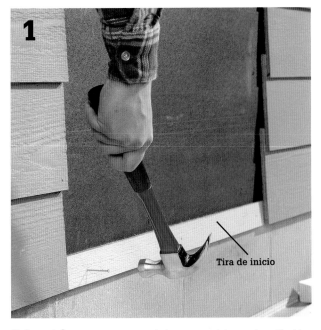

Cubra el área a reparar con la base y papel de construcción (si no está instalado). Si la hilera inferior de la fachada no está instalada, clave una pieza inicial a lo largo de la parte inferior del remiendo con puntillas 6d. Deje una distancia de $\frac{1}{4}$" en cada unión en la tira inicial para permitir la expansión.

Use una barra de palanca plana para quitar tiras de paneles en ambos lados del área a reparar. Establezca un patrón intercalado. Al instalar nuevos paneles, las puntas de las uniones quedarán intercaladas para que sean menos notorias.

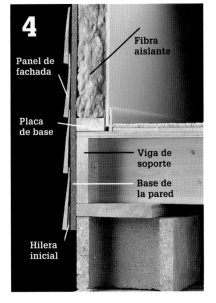

Corte la pieza inferior de la fachada para que cubra toda la abertura y clávela sobre la tira inicial. Deje un espacio para expansión de $\frac{1}{4}$" entre las puntas de cada panel. Clave las piezas con un par de puntillas para fachada 6d clavándolas sobre cada viga.

Corte e instale hileras sucesivas de paneles clavándolas cerca del borde superior en el lugar de las vigas. Instálelas hacia arriba para crear el traslapo correcto.

Cubra las uniones entre los paneles con silicona que pueda pintar. Pinte toda la superficie tan pronto se seque la silicona para proteger la nueva fachada contra los elementos del clima.

Consejos para reparar estuco ▸

Ingredientes de estuco para una capa de base y una de color marrón

- 3 partes de arena
- 2 partes de cemento Portland
- 1 parte de cemento
- Agua

Ingredientes para una capa final de estuco

- 1 parte de cal
- 3 partes de arena
- 6 partes de cemento blanco
- Tintura (al gusto)
- Agua

En trabajos pequeños, use estuco pre-mezclado. Aplíquelo en dos o tres capas para mejores resultados. Deje secar cada capa por completo antes de aplicar la siguiente. También puede usarse en áreas grandes, pero es más costoso que mezclarla con sus propios ingredientes.

En trabajos grandes, mezcle el estuco con agua según las instrucciones del fabricante, o use los ingredientes mostrados en esta lista. Un acabado contiene por lo general dos o tres capas según la aplicación (ver abajo). Las mezclas para la base y las capas marrón deben tener la humedad suficiente para que mantenga su forma cuando se comprime (foto anexa). Una mezcla de acabado requiere un poco más de agua que las otras capas. Si va a colorear la capa final, haga mezclas de prueba con diferentes cantidades de tintura en cada una. Déjelas secar por lo menos una hora para tener una buena indicación del color final.

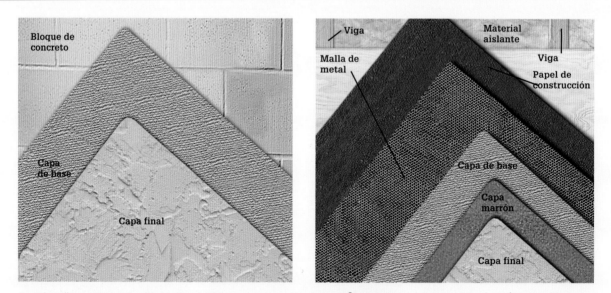

Cuando aplique estuco sobre bloque (izquierda), use dos capas: Una base de ⅜" de espesor y una de acabado de ¼" No aplique estuco sobre una pared de bloque pintada. En enmarcado de madera o en una superficie con tablero de madera aislante (derecha), cubra el área con papel de construcción y malla de metal. Aplique tres capas de estuco: Una base de ⅜ a ½" de espesor, una marrón de ⅜", y una de acabado de ⅛". La base sobre paredes de ladrillos y sobre el enmarcado de madera debe ser 'raspada' después de ser aplicada. Haga canales horizontales sobre una superficie parcialmente seca con una herramienta para raspar. Construya una herramienta clavando puntillas de 1½" en un madero de 1 × 2. Las canales forman una superficie de agarre para la capa siguiente.

Cómo reparar estuco

1

Cubra el área a reparar con base y papel de construcción (si ya no está cubierta). Corte la malla de metal de auto-separación con tijeras para latón y clávela con puntillas galvanizadas para techo de $1\frac{1}{2}$" incrustadas cada 6". en las vigas de la pared. Traslape las piezas de metal 2". *Nota: Si el área a reparar se extiende hasta la base de la pared, instale un metal de retención en la parte inferior de la pared.*

2

Mezcle una tanda de estuco para la capa de base (página contigua). Aplique una capa de $\frac{3}{8}$" de espesor sobre la malla con una llana. Presione con firmeza para evitar vacíos y cubra la malla por completo. Deje secar la mezcla hasta que pueda dejar su huella con el dedo. Luego use la herramienta para raspar para crear canales sobre toda la superficie. Deje curar el estuco por dos días mojándolo varias veces para curarlo en forma pareja.

3

Mezcle una tanda de estuco para la capa marrón (página contigua). Aplique una capa de $\frac{3}{8}$" de espesor o hasta que el remiendo esté de $\frac{1}{4}$ a $\frac{1}{8}$" de distancia de la superficie contigua. Deje curar el estuco por dos días mojándolo varias veces para curarlo en forma pareja.

4

Mezcle una tanda de estuco para la capa final (página contigua). Moje la superficie y aplique la capa final para empatar el estuco adyacente. En la foto arriba, la textura de la capa final fue salpicada con leve movimiento de una escobilla manual, y luego aplanada con una llana. Mantenga la capa final húmeda por una semana mientras se cura. Deje secar el estuco por varios días si lo va a pintar.

Glosario

A nivel — Perfectamente horizontal.

Abertura — El espacio creado para acomodar el enmarcado para una puerta o ventana.

Alféizar — Pieza de enmarcado en la parte inferior de una puerta o ventana, o la inclinación exterior de la base de una puerta o ventana.

Banda trasera — Moldura que rodea el marco de una ventana o puerta por lo general para incrementar la profundidad.

Base de la pared — Una capa de contrachapado u otro material apropiado para cubrir el enmarcado del techo o pared de una vivienda.

Base de la ventana — Pieza plana colocada debajo del alféizar o repisa.

Caballete — Tira colocada sobre el umbral para sellar el espacio debajo de la puerta.

Cabecera — El área en la parte superior de una puerta o ventana. El enmarcado horizontal sobre la abertura de una puerta o ventana que soporta la estructura sobre la misma.

Caja provisional de ventana — Piezas de maderos usadas como marco de ventana para instalar la ventana final sobre concreto o bloques.

Canal de borde — Protector prefabricado contra el agua instalado sobre la moldura superior de una puerta o ventana.

Clavado de cara — Unión de dos maderos con puntillas clavadas sobre las caras de ambas piezas.

Clavado de punta — Unión de dos maderos con puntillas clavadas sobre la cara de uno y la punta del otro.

Clavar en ángulo — Clavar dos maderos en el ángulo correcto clavando puntillas en ángulo de un madero al otro.

Código de construcción — Una serie de regulaciones para construcción y mandatos gubernamentales de cómo debe ser construida o modificada una vivienda. La mayoría de los códigos son controlados por autoridades locales.

Cordón del marco — Cuerda que conecta el marco de una ventana a las pesas en el interior del marco. El cordón corre sobre una polea que rota cuando la ventana abre o cierra.

Cornisa — Marco de madera usado como elemento de la parte superior de una ventana.

Corte angulado — Corte en un ángulo de 45° en la punta de una pieza de moldura o de un marco.

Corte biselado — Un corte en ángulo del ancho o espesor de un madero u otro tipo material similar.

Cubiertas de pared (o pared seca) — Paneles de yeso cubiertos con papel usados en la mayoría de las superficies de paredes y cielo rasos interiores.

Cuña — Trozo de madera usado para alinear una puerta o ventana sobre la abertura.

Dibujo de alzada — Un dibujo arquitectónico que muestra la vista lateral de una habitación o exterior, por lo general con una pared en el dibujo.

Enmarcado — La madera interior y exterior que rodea el marco de una puerta o ventana.

Enmarcado saliente — Tipo de enmarcado en la construcción donde cada viga de la pared exterior corre desde el alféizar del cimiento hasta el techo del enmarcado en una sola pieza. Usado comúnmente en la construcción de viviendas antes de 1930.

Envoltura — Una base o cubierta, por lo general de vinilo o metal, que cubre las partes exteriores de una puerta o ventana.

Hastial de pared — Pared triangular exterior debajo de un techo inclinado dividido en dos partes.

Lámina contra la humedad — Una tira delgada, por lo general de metal o plástico diseñada para desviar el agua de una unión u otra superficie construida.

Marco para vidrios — La pieza de enmarcado más salida que sostiene el vidrio en una ventana.

Marco vertical — Los miembros verticales del marco de una ventana o del panel de una puerta. Las piezas que conforman el marco de una puerta o ventana.

Marcos divisorios — Miembros secundarios y más pequeños que dividen los vidrios o aberturas en secciones en una puerta o ventana.

Moldura sobre ladrillos — Pieza gruesa de madera para uso exterior tradicionalmente usada con ladrillos para cubrir el marco y el acabado exterior.

Parrilla — Ornamento en ventanas con marcos superficiales que no dividen el vidrio.

Placa de base — Un madero de 2 x 4 ó de 2 x 6 clavado en forma plana sobre el piso para soportar las puntas de las vigas de una pared.

Plano de planta — Dibujo arquitectónico que muestra la distribución de las habitaciones desde arriba.

Plataforma de enmarcado — Un tipo de construcción de enmarcado donde las vigas sólo se expanden un solo piso, y cada piso actúa como plataforma para construir y sostener el siguiente nivel. Utilizado en la mayoría de las viviendas construidas a partir de 1930.

Plomada — Ubicación perfectamente vertical. Una cuerda a plomo está exactamente perpendicular al nivel de la superficie.

Poste divisorio — Poste vertical que divide múltiples ventanas al interior de una sola unidad.

Puerta pre-enmarcada — Una puerta ya montada con bisagras en el marco.

Punzón — Un metal con punta para acabados de carpintería. Es usado para introducir puntillas de acabado al interior de la superficie de madera.

Repisa — Una pieza de enmarcado horizontal al interior de la base de una ventana.

Riel — El miembro horizontal del marco de una ventana, o del panel de una puerta.

Saliente del altillo — Un elemento que se proyecta desde la caída del techo conteniendo una ventana vertical.

Soporte horizontal provisional — Viga de soporte provisional utilizada para la modificación de un enmarcado saliente.

Tiras contra la humedad — Tiras de metal, plástico, espuma, o cualquier otro material usado para sellar puertas y ventanas para evitar la filtración de aire o la entrada de agua.

Tiras de estacas — Trozos de madera usados para nivelar o adicionar espesor a la superficie.

Tope — Tiras delgadas de montura instaladas sobre los marcos de puertas o ventanas como guía para el movimiento del marco o para detener la oscilación de la puerta.

Triforio / Claraboya — Una ventana cerca de la parte superior de una pared. Por lo general se instalan en serie para proveer luz indirecta.

Umbral — La base del marco de cualquier puerta exterior hecha del caballete y alféizar. Puede ser el mismo caballete.

Valor "R" — La medida de resistencia de un material para el paso de calor.

Ventana de emergencia — Una ventana con las especificaciones y requerimientos específicos para usar como salida de emergencia.

Ventana lateral — Una ventana alta y delgada al lado de la puerta.

Vidrio de baja graduación "E" — Vidrio de baja emisión debido a una capa o cubierta metálica que limita la filtración de calor.

Vidrio enmarcado — Ventanas o puertas con vidrios divididos con monturas o marcos.

Viga de soporte — Un miembro del enmarcado de una pared usado para soportar la cabecera en una puerta o abertura de una ventana.

Vigas de soporte cortadas — Vigas cortas de una pared colocadas sobre la cabecera de ventanas o puertas y debajo de alféizares de ventanas.

Viga de soporte horizontal — Miembro del enmarcado horizontal de un piso o cielo raso.

Viga de soporte principal — La primera viga en ambos lados de una abertura enmarcada extendida desde la placa inferior hasta la superior.

Viga de soporte vertical — El miembro vertical del enmarcado de una pared.

Recursos

Access One, Inc.
800 561 2223
www.beyondbarriers.com

AGI Group, Inc.
800 823 6677
www.agigroup.com

American Institute of Architects
800 242 3837
www.aia.org

American Society of Interior Designers
202 546 3480
www.asid.org

Andersen Windows, Inc.
800 426 4261
www.andersenwindows.com

Atrium
Ventanas y puertas para patio
800 935 2000
www.home.atrium.com

Bilco Company
203 934 6363
www.bilco.com

Cherry Tree Design
Puertas, luces, espejos
800 634 3268
www.cherrytreedesign.com

CLOPAY Doors
Puertas de garajes
800 225 6729
www.clopaydoor.com

Construction Materials
   Recycling Association
630 548 4510
www.cdrecycling.org

Craftmaster Manufacturing, Inc.
800 405 2233
www.craftmasterdoorsdesign.com

Designer Doors
715 426 1100
www.designerdoors.com

Emtek Products, Inc.
800 356 2741
www.emtek.com

Endura
800 447 8442
www.endura-flooring.com

Energy & Environmental
   Building Association
952 881 1098
www.eeba.org

FLOR
Diseños modulares para cubiertas de pisos
866 281 3567
www.FLOR.com

Hunter Douglas
800 265 1363
www.hunterdouglas.com

International Conference of
   Building Officials
800 284 4406
www.icbo.com

JELD-WEN, Inc.
800 877 9482
www.jeld-wen.com

Kohler
800 456 4537
www.kohler.com

Kolbe & Kolbe Millwork Co., Inc.
800 955 8177
www.kolbe-kolbe.com

Kwikset Corporation
714 535 8111
kwikset.com

Larson Manufacturing
800 411-larson
www.larsondoors.com

Madawaska Doors, Inc.
800 263 2358
www.madawaska-doors.com

Marvin Windows and Doors
888 537 8268
www.marvpulg.com

Milgard Windows
*Presenta vidrios decorativos de
   Hoffman York*
800-MILGARD
www.milgard.com

Nostalgic Warehouse
Grandeur by Nostalgic Warehouse
www.nostalgicwarehouse.com
www.grandeur-nw.com

National Association of the Remodeling
   Industry (NARI)
847 298 9200
www.nari.org

Peachtree Doors and Windows
800 732 2499
www.peach99.com

Pittsburgh Corning Corporation
800 732 2499
www.pittsburghcorning.com

Roto Frank of America
800 787 7709

Schlage, Ingersoll Rand Security
   Technologies
*Equipos de seguridad para uso
   residencial y comercial*
800 847 1864
www.schlage.com

Simpson Door Company
800 952 4057
www.simpsondoor.com

Suntunnel Skylights
800 369 7465
www.suntunnel.com

Thermatru
*Puertas de entrada de fibra de vidrio; páginas
   126 a 129, y sistemas de puertas para patio
   vendidos por distribuidores nacionales,
   depósitos de madera y construcción*
800 537 8827
www.thermatru.com

US Environmental Protection Agency
www.epa.gov

VELUX America, Inc.
800 888 3589
www.velux-america.com

Vetter
Ventanas y puertas para patio
www.vetterwindows.com

Wayne Dalton
*Puertas de garaje y sistemas de control
   remoto; páginas 202 a 207*
www.wayne-dalton.com

Wheatbelt, Inc.
800 264 5171
www.rollupshutter.com

Wood Harbor
Puertas y Gabinetes
641 423 0444
www.woodharbor.com

Woodport Interior Doors
715 526 2146
www.woodport.com

Recursos, Diseño Universal

ABLEDATA
800 227 0215
www.abledata.com

Adaptive Environments
    Center, Inc.
617 695 1225
www.adaptenv.org

American Association of
    Retired Persons (AARP)
800 424 3410
www.aarp.org

Center for Inclusive Design &
    Environmental Access
School of Architecture and
    Planning, University of Buffalo
716 829 3485
www.ap.buffalo.edu

Center for Universal Design
NC State University
919 515 3082
www.design.ncsu.edu/cud

National Association of Home Builders
    (NAHB)
800 638 8556
www.nahbrc.org

Weathershield Windows & Doors
800 538 8836
www.weathershield.com

Woodharbor
Doors and cabinetry
641 423 0444
www.woodharbor.com

Fotografías y reconocimientos

Tablas de conversión

Conversiones métricas

Para convertir:	En:	Multiplique por:
Pulgadas	Milímetros	25.4
Pulgadas	Centímetros	25.4
Pies	Metros	0.305
Yardas	Metros	0.914
Pulgadas cuadradas	Centímetros cuadrados	6.45
Pies cuadrados	Metros cuadrados	0.093
Yardas cuadradas	Metros cuadrados	0.836
Onzas	Mililitros	30.0
Pintas (USA)	Litros	0.473 (Imp. 0.568)
Cuartos (USA)	Litros	0.946 (Imp. 1.136)
Galones (USA)	Litros	3.785 (Imp. 4.546)
Onzas	Gramos	28.4
Libras	Libras	0.454

Para convertir:	En:	Multiplique por:
Milímetros	Pulgadas	0.039
Centímetros	Pulgadas	0.394
Metros	Pies	3.28
Metros	Yardas	1.09
Centímetros cuadrados	Pulgadas cuadradas	0.155
Metros cuadrados	Pies cuadrados	10.8
Metros cuadrados	Yardas cuadradas	1.2
Mililitros	Onzas	.033
Litros	Pintas (USA)	2.114 (Imp. 1.76)
Litros	Cuartos (USA)	1.057 (Imp. 0.88)
Litros	Galones (USA)	0.264 (Imp. 0.22)
Gramos	Onzas	0.035
Libras	Libras	2.2

Convertir temperaturas

Convierta grados Farenheit (F) a grados Centígrados (C) siguiendo esta simple fórmula: Reste 32 de la temperatura Farenheit. Luego multiplique ese número por $5/9$. Por ejemplo, 77°F - 32 = 45. 45 × $5/9$ = 25°C.

Para convertir grados Centígrados en grados Farenheit, multiplique la temperatura en Centígrados por $9/5$. Luego adicione 32. Por ejemplo, 25°C × $9/5$ = 45. 45 + 32 = 77°F.

Farenheit		Centígrados
55°		15°
50°		10°
45°		5°
40°		5°
35°	Punto de	0°
30°	congelación	
25°		-5°
20°		-10°
15°		
10°		-15°
5°		
0°		

Paneles de contrachapado métricos

Los paneles de contrachapado métricos están disponibles en dos tamaños: 1,200 mm × 2,400 mm y 1,220 mm × 2,400 mm, que equivalen más o menos a paneles de 4 × 8 pies. Los paneles estándares y a la medida vienen en espesores estándares, mientras que los paneles lijados están disponibles en espesores especiales.

Grado del panel estándar		Grado lijado	
7.5 mm	($5/16$ pulg.)	6 mm	($4/17$ pulg.)
9.5 mm	($3/8$ pulg.)	8 mm	($5/16$ pulg.)
12.5 mm	($1/2$ pulg.)	11 mm	($7/16$ pulg.)
15.5 mm	($5/8$ pulg.)	14 mm	($9/16$ pulg.)
18.5 mm	($3/4$ pulg.)	17 mm	($2/3$ pulg.)
20.5 mm	($13/16$ pulg.)	19 mm	($3/4$ pulg.)
22.5 mm	($7/8$ pulg.)	21 mm	($13/16$ pulg.)
25.5 mm	(1 pulg.)	24 mm	($15/16$ pulg.)

Dimensiones de los maderos

Nominal - USA	Actual - USA (en pulgadas)	Métrico
1 × 2	$3/4$ × $1^{1}/_{2}$	19 × 38 mm
1 × 3	$3/4$ × $2^{1}/_{2}$	19 × 64 mm
1 × 4	$3/4$ × $3^{1}/_{2}$	19 × 89 mm
1 × 5	$3/4$ × $4^{1}/_{2}$	19 × 114 mm
1 × 6	$3/4$ × $5^{1}/_{2}$	19 × 140 mm
1 × 7	$3/4$ × $6^{1}/_{4}$	19 × 159 mm
1 × 8	$3/4$ × $7^{1}/_{4}$	19 × 184 mm
1 × 10	$3/4$ × $9^{1}/_{4}$	19 × 235 mm
1 × 12	$3/4$ × $11^{1}/_{4}$	19 × 286 mm
$1^{1}/_{4}$ × 4	1 × $3^{1}/_{2}$	25 × 89 mm
$1^{1}/_{4}$ × 6	1 × $5^{1}/_{2}$	25 × 140 mm
$1^{1}/_{4}$ × 8	1 × $7^{1}/_{4}$	25 × 184 mm
$1^{1}/_{4}$ × 10	1 × $9^{1}/_{4}$	25 × 235 mm
$1^{1}/_{4}$ × 12	1 × $11^{1}/_{4}$	25 × 286 mm
$1^{1}/_{2}$ × 4	$1^{1}/_{4}$ × $3^{1}/_{2}$	32 × 89 mm
$1^{1}/_{2}$ × 6	$1^{1}/_{4}$ × $5^{1}/_{2}$	32 × 140 mm
$1^{1}/_{2}$ × 8	$1^{1}/_{4}$ × $7^{1}/_{4}$	32 × 184 mm
$1^{1}/_{2}$ × 10	$1^{1}/_{4}$ × $9^{1}/_{4}$	32 × 235 mm
$1^{1}/_{2}$ × 12	$1^{1}/_{4}$ × $11^{1}/_{4}$	32 × 286 mm
2 × 4	$1^{1}/_{2}$ × $3^{1}/_{2}$	38 × 89 mm
2 × 6	$1^{1}/_{2}$ × $5^{1}/_{2}$	38 × 140 mm
2 × 8	$1^{1}/_{2}$ × $7^{1}/_{4}$	38 × 184 mm
2 × 10	$1^{1}/_{2}$ × $9^{1}/_{4}$	38 × 235 mm
2 × 12	$1^{1}/_{2}$ × $11^{1}/_{4}$	38 × 286 mm
3 × 6	$2^{1}/_{2}$ × $5^{1}/_{2}$	64 × 140 mm
4 × 4	$3^{1}/_{2}$ × $3^{1}/_{2}$	89 × 89 mm
4 × 6	$3^{1}/_{2}$ × $5^{1}/_{2}$	89 × 140 mm

Equivalentes de medidas de líquidos

1 Pinta	= 16 Onzas líquidas	= 2 Tazas
1 Cuarto	= 32 Onzas líquidas	= 2 Pintas
1 Galón	= 128 Onzas líquidas	= 4 Cuartos

Guía para las brocas de taladro

Broca de espiral	Broca para concreto con punta de carburo	Broca para vidrio y baldosa	Broca plana	Broca con cabecera ajustable	Broca de sierra hueca

Puntillas

La longitud de las puntillas es identificada por medio de números desde el 4 al 60, seguido por la letra "d" (indica la longitud). Para el enmarcado y trabajos de reparación en general, use puntillas comunes o en caja. Las puntillas comunes son recomendables por su fortaleza. Las de caja son más pequeñas en diámetro que las comunes, y son más fáciles de clavar y rajan menos la madera. Use puntillas de caja para trabajo liviano y en materiales delgados. Ambas clases de puntillas tienen una cubierta de vinilo o cemento que mejoran su capacidad de agarre.

Libras	mm	Pulg.
20d	102 mm	4"
16d	89 mm	3½"
10d	76 mm	3"
8d	64 mm	2½"
6d	51 mm	2"
5d	44 mm	1¾"
4d	38 mm	1½"

Diámetros de los agujeros guía, la altura y abertura de la cabeza

Tamaño del tornillo	Diámetro de la abertura para la cabeza del tornillo (en pulg.)	Profundidad del hueco para el enroscado (en pulg.)	Diámetro del hueco guía	
			Madera dura (en pulg.)	Madera suave (en pulg.)
#1	.146 (⁹/₆₄)	⁵/₆₄	³/₆₄	¹/₃₂
#2	¼	³/₃₂	³/₆₄	¹/₃₂
#3	¼	⁷/₆₄	¹/₁₆	³/₆₄
#4	¼	⅛	¹/₁₆	³/₆₄
#5	¼	⅛	⁵/₆₄	¹/₁₆
#6	⁵/₁₆	⁹/₆₄	³/₃₂	⁵/₆₄
#7	⁵/₁₆	⁵/₃₂	³/₃₂	⁵/₆₄
#8	⅜	¹¹/₆₄	⅛	³/₃₂
#9	⅜	¹¹/₆₄	⅛	³/₃₂
#10	⅜	³/₁₆	⅛	⁷/₆₄
#11	½	³/₁₆	⁵/₃₂	⁹/₆₄
#12	½	⁷/₃₂	⁹/₆₄	⅛

Índice

Otras obras Creative Publishing international

Black & Decker®
La Guía Completa sobre
Instalaciones Eléctricas

ISBN: 978-1-58923-485-7

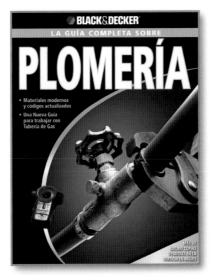

Black & Decker®
La Guía Completa sobre
Plomería

ISBN: 978-1-58923-486-4

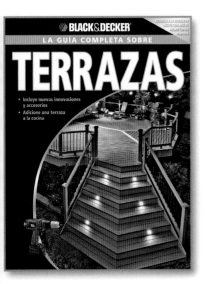

Black & Decker®
La Guía Completa sobre
Terrazas

ISBN: 978-1-58923-490-1

Black & Decker®
La Guía Completa sobre
Albañilería y Mampostería

ISBN: 978-1-58923-491-8

¡Pronto a Publicarse en Español!

Black & Decker
La Guía Completa sobre
Puertas y Ventanas
ISBN: 978-1-58923-548-9
• Reparar
• Renovar
• Reemplazar

Black & Decker
Las Guía Completa sobre
Decoración con Baldosa
de Cerámica
ISBN: 978-1-58923-517-5
• Técnicas modernas y diseños para
pisos, paredes, cocinas, baños y otros
acabados atractivos

Black & Decker
La Guía Completa sobre Pisos
ISBN: 978-1-58923-547-2
• Incluye nuevos productos
y técnicas de instalación
• Reparación y acabados
de pisos de madera
• Pisos laminados, de baldosa,
alfombra y otros

Disponibles en Inglés

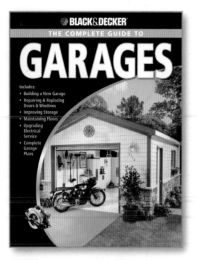

ISBN-13: 978-1-58923-457-4

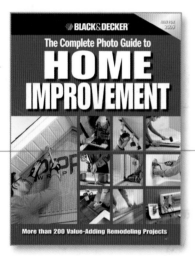

ISBN-13: 978-1-58923-452-9

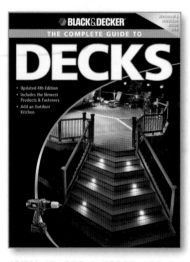

ISBN-13: 978-1-58923-412-3

Complete Guide to A Green Home
Complete Guide to Attics & Basements
Complete Guide to Basic Woodworking
Complete Guide: Build Your Kids a Treehouse
Complete Guide to Contemporary Sheds
Complete Guide to Creative Landscaping
Complete Guide to Custom Shelves & Built-Ins
Complete Guide to Decorating with Ceramic Tile
Complete Guide to Decks
Complete Guide to Dream Bathrooms
Complete Guide to Dream Kitchens
Complete Guide to Finishing Walls & Ceilings
Complete Guide to Floor Décor
Complete Guide to Gazebos & Arbors
Complete Guide to Home Carpentry
Complete Guide to Landscape Construction
Complete Guide to Maintain Your Pool & Spa
Complete Guide to Masonry & Stonework
Complete Guide to Outdoor Wood Projects
Complete Guide to Painting & Decorating
Complete Guide to Patios
Complete Guide to Plumbing
Complete Guide to Roofing & Siding
Complete Guide to Trim & Finish Carpentry
Complete Guide to Windows & Entryways
Complete Guide to Wiring
Complete Guide to Wood Storage Projects
Complete Guide to Yard & Garden Features
Complete Outdoor Builder
Complete Photo Guide to Home Repair
Complete Photo Guide to Home Improvement
Complete Photo Guide to Homeowner Basics
Complete Photo Guide to Home Decorating Projects

QUAYSIDE
PUBLISHING GROUP

Creative Publishing
international